견훤의 후백제 건국과 광주

지역사연구소 총서 3

견훤의 후백제 건국과 광주

인 쇄 2023년 8월 25일
발 행 2023년 8월 30일

저 자 변동명·배재훈·채희숙·최영주·이옥희·홍창우
발행인 김광석
발행처 전남대학교출판문화원

등 록 1981. 5. 21. 제53호
주 소 61186 광주광역시 북구 용봉로 77
전 화 (062) 530-0573
팩 스 (062) 530-0579
홈페이지 http://www.cnup.co.kr
이메일 cnup0571@hanmail.net

값 17,000원

ISBN 978-89-6849-982-1 (93910)

* 잘못된 책은 바꿔드립니다.

지역사연구소
총서 3

견훤의
후백제 건국과 광주

변동명
배재훈
채희숙
최영주
이옥희
홍창우

공저

전남대학교출판문화원

| 권두언 |

약속은 지켜야 한다

역사란, 우리는 누구인가, 어찌하여 우리는 여기 이 길에 이 방식으로 이렇게 사는가 하고 질문하는 것이다. 사람이란 역사를 창조하는 동물이다. 우리가 우리의 앞에 산 사람들보다 더 우월하다는 생각은 버려야 한다. 그렇지만 우리의 역사가 진보하지 않는다면 우리는 부끄럽게도 우리 선조들보다 열등하다는 것을 스스로 인정하는 것이다. 한 걸음 나아갈 자리에서 나아가지 못하고 퇴보한다는 것은 참으로 남우세스러운 큰 변고이다.

우리가 이 땅 이 사회에 사는 것 자체가 또 나라를 만들어 사는 것이 이 역사가 진전하도록 노력하겠다는 약속인 것이다. 우리의 역사가 발전했다고 말할 수 있는 부분은 어떤 것인가. 역사발전의 과정에서 우리는 수많은 곡절을 겪으면서도 늘 개인의 자유를 신장하고 다름을 인정하며 서로 존중하는 가운데 전쟁이 아닌 평화를 추구해 왔다. 한때 한 사람 또는 일부의 잘못된 생각과 행동이 우리 인류를 괴롭힌 적이 있었지만, 그 잘못을 고쳐 교훈으로 삼으며 다시는 그런 행위를 못하도록 공동의 노력을 끊임없이 기울여 왔다. 그렇게 해야 한다는 것이 인류를 사랑하는 사람들의 공통된 인식이다. 여기에 어긋나는 것은 인류 보편의 약속을 어기는 것이다. 현대에서 문명한 국가 또 그 국가의 구성원들은 이 약속을 지킬 의무가 있다. 이 의무를 저버리거나 소홀히 여기는 사람이나 사회가 있다면 고쳐야 한다. 이건 인류의 의무다. 이것이 문명한 사회를 사는 사람들의 의무이고 약속이다.

그런데 우리 사회에선 이런 약속을 저버리는 사람들이, 집단들이 많이 눈에 띈다. 협력하고, 서로 존중하고 사랑하며, 정직과 친절을 일상화하고, 명예를 귀히 여기며, 서로 믿고 살아야 마땅한데도, 지금은 독선, 폭력, 협박, 강압, 거짓, 협잡, 부정, 부패, 조작, 배제와 불신이 난무하는 세상이 되었다. 이러한 부정적인 행위나 사고는 소위 선택받은 집단에게서 더욱 두드러지게 나타나는 듯 보인다. 갈등을 조정하고 자원의 공정한 분배를 의무로 하는, 말하자면 고위 정치인들, 관료들, 권력이나 재산 또는 전문지식을 가진 집단들 사이에서 도리어 그것이 한층 만연한 듯싶다. 이런 상태가 지속된다면 이 사회가 발전할 수 있는 희망은 찾을 수가 없게 될 것이다. 한마디로, 파괴된 민주주의를 복원하고 위협받는 평화를 지키겠다고 노력해온 이제까지의 우리의 정성이 위협받는 상황에 이른 것이다. 이러한 퇴행을 막아야할 의무가 우리에게 있다. 어느 한 사람이나 집단의 일이 아니고 우리 모두의 일이다.

우리는 인류가 점차로 더 현명해지고 정직해질 것을 믿고 살았다. 큰 시각으로 보면 그런 걸음들이 없지는 않았다. 우리는 역사의 선한 의지를 믿는다. 우리는 독선의 독재자들을 몰아냈다. 민주사회를 지탱하는 데 꼭 필요한 언론의 자유를 수호하고자 선배들이 노력한 결과를 지키기 위해 우리는 온힘을 쏟았다. 갈라진 나라를 다시 화목한 나라로 만들기 위해, 남북이 평화를 위해 서로 기여할 것을 다짐했다. 지역과 직역과 집단과 남녀가 분열되는 것을 막으려 노력했다. 가진 자들과 그러지 못한 자들이 서로 존중하며 살자고 노력했다. 그런 노력들이 성과를 내는 데는 희생이 많이 있었다. 그러나 점진적으로 발전한 것은 사실이다. 그런데 지금의 현실은 어떠한가. 이 모든 것들을 한꺼번에 무너뜨릴 기세다. 막아야 한다. 우리 모두는 역사의 선한 의지를 믿고, 그러나 기다리지만 말고 함께 노력해야 한다. 역사를 공부하고 역사에서 교훈을 찾자.

오늘 변동명 교수를 비롯한 지역사 연구자들이 〈견훤의 후백제 건국과 광주〉를 주제로 발표한 성과물의 일부를 묶어 한 권의 책으로 우리 앞에 내어 놓았다. 지금까지 꾸준하게 시도해 온 지역사연구의 한 결과물이다. 호의적이지 않은 어려운 환경에서 지금까지 크게 조명받지 못한 부면의 연구를 진행한 학자들의 고뇌를 짐작한다. 화려한 것을 취하지 않고 깊은 생각으로, 이 땅과 이 땅에 산 사람들의 이야기를 연구한 진지함을 높이 산다. 역사는 현재를 사는 역사가가 과거와 나누는 대화라고 한다. 내가 사는 이 땅이 어떠한 이력을 가졌으며, 그것이 오늘 우리의 삶에서 어떻게 영향하고 있는가를 말하는 것이고, 그리하여 현재를 사는 사람들을 향해 충고한다고 한다. 내 삶은 동떨어진 삶이 아니다. 여기가 지금 어찌해서 이

상태인가를 알고, 또 우리는 무엇을 해야 하는가를 성찰하자는 것이다. 우리의 선조들이 산 삶에 비해 보다 진보된 삶을 살기 위한 노력이 역사의 연구라고 생각한다. 읽고 헤아려서 스스로의 삶을 발전시키는 데 도움이 되기를 바라는 마음으로 이 책을 권한다. 연구와 집필에 힘쓰신 분들에게 거듭 고마움을 표하고 그간의 노고를 치하하며 꾸준한 노력으로 우리 시대의 발전에 기여하기를 바란다.

2023. 8.
강정채

차례

甄萱의 擧兵과 光州 定都

변동명

Ⅰ. 머리말

사서史書에 따르면, 견훤은 진성여왕 6년(892)에 현 광주光州를 도읍으로 정하고 전남全南 일원을 그 세력권으로 삼아 자립하여 왕이 되었다.[1] 아직 공공연히 왕을 칭하지는 않았다지만, 스스로 군왕의 행세를 하며 신라의 통치에서 벗어난 독자적 정치세력으로서의 위상을 분명히 하였다.[2] 이후 새로운 정권

---

* 이 글은 「甄萱의 擧兵과 光州 定都」(『호남학』 73, 2023년 6월)를 수정·보완한 것이다.

1) · 景福元年 眞聖王六年 後百濟甄萱 自稱王 (『三國史記』 31 年表)
· 壬子(眞聖6) 始都光州 (『三國遺事』 1 王曆 後百濟 甄萱)
· 完山賊甄萱 據州自稱後百濟 武州東南郡縣降屬 (『三國史記』11 眞聖王 6년)

2) …唐昭宗景福元年 是新羅眞聖王在位六年 嬖竪在側 竊弄政柄 綱紀紊弛 加之以饑饉 百姓流移 羣盜蜂起 於是萱竊有覦心 嘯聚徒侶 行擊京西南州縣 所至響應 旬月之間 衆至五千人 遂襲武珍州自王 猶不敢公然稱王 自署爲新羅西面都統指揮兵馬制置持節都督全武公等州軍事行全州刺史兼御史中丞上柱國漢南郡開國公食邑二千戶… (『三國史記』 50 甄萱傳)

수립에 따른 명분을 제시하는 등 체제를 정비하는 한편 영향력을 넓혀나가 전주全州를 차지하고 공주公州로 세력을 키워갔다. 그가 자서自署하였던 것으로 전하는 '신라서면도통지휘병마제치지절도독전무공등주군사행전주자사겸어사중승상주국한남군개국공식읍이천호新羅西面都統指揮兵馬制置持節都督全武公等州軍事行全州刺史兼御史中丞上柱國漢南郡開國公食邑二千戶'에, 무주武州와 함께 전주全州와 공주公州를 거명하였던 데서, 해당 지역을 자신의 영향권 안에 포섭한 그의 자신감이 묻어난다. 견훤이 900년에 전주로 천도한 것은, 그러므로 그처럼 넓혀간 세력권의 지리적인 중심부 정도에 해당하는 고장을 정치적 근거지로 삼아, 새로이 창업한 왕조로서의 출범을 대내외적으로 공식화하려는 의욕의 산물이었다 할 것이다.[3)]

견훤이 전주로 천도하며 후백제의 출범을 공식적으로 국내외에 천명할 수 있었던 것은, 거병한 이래 무주(광주)를 도읍으로 삼아 10년 가까운 기간에 걸쳐 애써 쌓아올린 성과에 의지해서였다. 후삼국의 문을 열며 격동기를 이끌었던, 새로운 왕조의 등장을 알리는 최초의 무대가 광주에서 그 막을 열어 일대 전기를 마련해갔다고 하여 지나친 말이 아니었던 것이다. 견훤정권의 광주 도읍시기가 지닌 의미를 헤아릴 수가 있거니와, 그처럼 광주를 거점으로 기반을 다져가던 즈음으로 한정

3) …萱西巡至完山州 州民迎勞 萱喜得人心 謂左右日…摠章中 唐高宗…攻百濟滅之 今予敢不立都於完山 以雪義慈宿憤乎 遂自稱後百濟王 設官分職 是唐光化三年 新羅孝恭王四年也 遣使朝吳越 吳越王報聘 仍加檢校太保 餘如故… (『三國史記』 50 甄萱傳)

하여 후백제가 역사의 전면에 등장하는 초반을 검토하려는 게 이 글의 목적이다.[4)]

견훤이 광주를 도읍으로 삼아 활동하던 시기를 다룬 연구는 제법 나온 편이다. 그렇지만 대부분은 그 출신이나 진출해간 지역이라든지 호족 내지 농민의 동향 혹은 군사적 기반이나 대외교류·교역과 같은, 특정한 분야에 치우쳐 산발적으로 언급하는 경우가 대부분이었다.[5)] 광주를 거점으로 새로운 왕조

---

4) 甄萱과 後百濟를 대상으로 삼은 論著는 무척 많다. 저술로 간행된 예만도 적지 않은데, 참고로 관련 연구서를 제시하면 다음과 같다. 申虎澈, 『後百濟 甄萱政權研究』, 一潮閣, 1993 ; 이도학, 『진훤이라 불러다오』, 푸른역사, 1998 ; 백제연구소 편, 『후백제와 견훤』, 서경문화사, 2000 ; 전북전통문화연구소 편, 『후백제 견훤정권과 전주』, 주류성, 2001 ; 후백제 문화사업회 편, 『후백제의 대외교류와 문화』, 신아출판사, 2004 ; 申虎澈, 『후삼국사』, 도서출판 개신, 2008 ; 문안식, 『후백제 전쟁사 연구』, 혜안, 2008 ; 김갑동, 『고려의 후삼국 통일과 후백제』, 서경문화사, 2010 ; 전주시·전주역사박물관, 『후백제 왕도 전주』, 흐름출판사, 2013 ; 이도학, 『후백제 진훤대왕』, 주류성, 2015 ; 국립전주박물관 편, 『대외관계로 본 후백제』, 공감인, 2015 ; 국립전주박물관 편, 『후백제와 오월』, 세종씨앤씨, 2016 ; 국립전주박물관, 『견훤, 새로운 시대를 열다』, 꿈과 놀다, 2020 ; 전주시·장수군·국립전주박물관·군산대가야문화연구소, 『후백제와 견훤』, 서경문화사, 2021 ; 국립익산박물관·후백제학회, 『후백제와 익산』(미륵사 개탑 1,100주년 기념 학술대회 발표집), 2022.

5) 申虎澈, 「甄萱의 出身과 社會的 進出」·「甄萱政權의 成立」, 『後百濟 甄萱政權研究』, 1993 ; 김수태, 「후백제 甄萱정권의 성립과 농민」, 『百濟研究』 29, 1999 ; 李喜寬, 「甄萱의 後百濟 建國過程上의 몇 가지 問題」, 『후백제와 견훤』, 서경문화사, 2000 ; 李文基, 「甄萱政權의 軍事的 基盤」, 같은 책 ; 李道學, 「甄萱의 出身地와 그 初期 勢力 基盤」, 『후백제 견훤정권과 전주』, 주류성, 2001 ; 金甲童, 「후백제 영역의 변천과 멸망 원인」, 같은 책 ; 姜鳳龍, 「甄萱의 勢力基盤 擴大와 全州 定都」, 같은 책 ; 鄭淸柱, 「甄萱의 豪族政策」, 『全南史學』 19, 2002 ; 문안식, 「견훤의 후백제 건국과 전남지역 호족세력의 추이」, 『慶州史學』 22, 2003 ; 이도학, 「신라말 견훤의 세력 형성과 교역」, 『新羅文化』 28, 2006 ; 이윤미, 「9世紀 後半 武州地域의 政治的 動向과 甄萱의 自立」, 『歷史教育論集』 44, 2010 ; 배재훈, 「견훤의

를 건설해가던 견훤정권을 주요한 목표로서 정면 겨냥한 연구는 최근에 한 편이 나온 정도에 지나지 않는다.[6] 이제라도 차분히 더듬어가며 음미할 대목이 적지 않은 듯 여겨지거니와, 광주에 도읍한 시기의 후백제 내지 견훤정권을 집중적으로 살펴보고자 새삼 나서게 된 까닭이다.

이 글에서 주로 다루려 하는 내용은 다음과 같다. 첫째, 견훤이 종군從軍하여 거병擧兵에 이르는 과정을 찬찬히 따져보도록 하겠다. 그가 군인이 되어 방수군防戍軍으로 복무하기까지의 경로라든지 방수군 시절의 행적을 주요한 대상으로 삼아 봉기하기까지의 경과를 차분히 되새겨 봄으로써, 마침내 광주에 도읍하여 왕조를 창업하는 데 성공하기에 이른 경위를 뜯어보려 한다. 둘째, 무진주를 점령하고 자립自立하여 자왕自王하던 시기의 견훤정권을 들여다보도록 하겠다. 광주를 도읍으로 삼아 정권 수립의 명분을 제시하고 그 세력권을 넓히며 다양한 방면으로 역량을 확충하여 새로운 왕조의 기반을 구축하는 등, 나름의 체제를 갖춰가는 모습을 더듬어 광주 도읍시기 견훤정권의 모습을 알아보려 한다. 셋째, 전주로의 천도를 다시금 조명하겠다. 전주 천도의 경위를 밝히는 일이야말로 견훤정권의 광주 도읍시기가 지니는 의미를 평가하는 데 긴요한

군사적 기반」, 『新羅文化』 36, 2010 ; 이도학, 「後百濟의 全州 遷都와 彌勒寺 開塔」, 『韓國史硏究』 165, 2014 ; 조인성, 「통일에서 분열로 -후백제의 성립 배경과 관련하여-」, 『新羅史學報』 42, 2018 ; 陳政煥, 「後百濟王 甄萱의 900~901年 言行의 意味」, 『전북사학』 57, 2019 ; 진정환, 「후백제 주도세력의 변화와 그 영향」, 『新羅史學報』 51, 2021.

6) 배재훈, 「무진주 시기 견훤 정권의 동향」, 『한국고대사연구』 103, 2021.

사항이려니와, 이제까지의 여러 견해에도 불구하고 천도하지 않으면 안 되었던 이유를 향한 궁금증이 말끔히 해소되는 데에는 미치지 못한 느낌이다. 견훤 내지 후백제의 입장에서 그것을 거듭 되짚어 음미함으로써, 전주 천도의 필요성을 헤아려 나름의 계통을 세워 정리하는 것은 물론, 더불어 광주 도읍 시기의 견훤정권이 마주한 현실을 이해하는 데에도 일조할 수 있기를 희망한다.

이상과 같은 논의가 올바로 진행되어 견훤과 후백제를 둘러싼 논란이 다소라도 줄어들며, 나아가 광주에 도읍한 시기의 후백제 견훤정권을 좀 더 넓은 안목에서 조감할 수 있는 작은 기틀이나마 마련되기를 바라는 마음 간절하다.

Ⅱ. 방수군防戍軍 생활과 거병擧兵

견훤甄萱은 방수군防戍軍으로 복무하던 중 군사를 일으켜 마침내 후백제後百濟를 세운 창업주로서 역사에 그 이름을 남겼다. 거병擧兵을 계기로 그가 왕조 건설의 본격적인 첫 걸음을 내딛었으며, 그 거병이 또한 그의 방수군 생활을 바탕으로 가능하였음을 알려준다. 견훤이 군에 들어가 방수군으로 활동하기에 이른 경위라든지 더불어 그의 방수군 시절을 밝히는 게, 후백제가 광주를 도읍으로 삼아 자리를 잡아가는 초창기를 이해하는 데 필수적임을 알 수가 있다. 우선 다음의 기록을 살펴보자.

> (견훤은) 상주尙州 가은현加恩縣 사람으로서, 본성本姓은 이李인데 뒤에 견甄으로 씨氏를 삼았다. 부父는 아자개阿慈介이니, 농사로 자활自活하다가 후에 집안을 일으켜 장군將軍이 되었다. 처음에 훤萱이 태어나 아기 포대기에 싸여 지낼 적에, 부父가 들에 나가 밭을 가니 모母가 음식을 갖다 주면서 어린애를 나무숲 아래에 두었는데, 범이 와서 젖을 먹였으므로 마을에서 들은 이들이 기이하게 생각하였다. (견훤이) 장성하여서는 체모體貌가 웅대기이雄大奇異하고 의지와 기개가 활달하여 비범하였다. 종군從軍하여 왕경王京에 들어갔다가 서남해西南海로 나아가 방수防戍에 임하였는데, 창을 베개로 베고 적을 기다리며 그 용기가 항상 사졸士卒들에 앞섰으므로, 노고를 인정받아 비장裨將이 되었다.[7)]

『삼국사기』 견훤전의 첫머리이다. 상주 가은현에서 태어난 견훤이 군인으로 서남해에 나아가 방수하던 중 비장에 올랐음을 전한다. 견훤이 상주 가은현 곧 오늘의 문경시聞慶市 가은읍加恩邑에서 농사짓던 아자개의 아들이라는 데서 그의 전기가 시작되거니와, 학계와 일반을 막론하고 널리 인정을 받는 이른바 견훤의 상주(문경·가은) 출신설이다.[8)] 한편 논자 중에는 『삼국유사』의 '고기古記'를[9)] 근거로 견훤이 광주光州 출신임을

---

7) (甄萱) 尙州加恩縣人也 本姓李 後以甄爲氏 父阿慈介 以農自活 後起家爲將軍 初萱生孺褓時 父耕于野 母餉之 以兒置于林下 虎來乳之 鄕黨聞者異焉 及壯 體貌雄奇 志氣倜儻不凡 從軍入王京 赴西南海防戍 枕戈待敵 其勇氣恒爲士卒先 以勞爲裨將… (『三國史記』 50 甄萱傳)

8) 견훤의 출신을 둘러싼 논란을 두고 일일이 註記를 달지는 않겠다. 위의 註 4)와 5)에 제시한 논저를 참고하라.

내세우기도 한다. 대체로는 『삼국사기』의 사실적 기록에 비해 설화 형식의 『삼국유사』에 비중을 두지 않으려는 게 일반적 추세인 듯싶은데, 이 글에서는 당시의 시대적 상황이라든지 견훤의 행적 등에 비추어 광주 출신일 가능성이 보다 높은 것으로 이해하고 논의를 진행하려 한다.[10]

9) …又古記云 昔一富人 居光州北村 有一女子 姿容端正 謂父日 每有一紫衣男到寢交婚 父謂日 汝以長絲貫針 刺其衣 從之 至明尋絲於北墻下 針刺於大蚯蚓之腰 後因姙 生一男 年十五 自稱甄萱 至景福元年壬子稱王… (『三國遺事』 2 紀異 後百濟 甄萱)

10) 邊東明, 「甄萱의 出身地 再論」, 『震檀學報』 90, 2000, 29-56쪽. 한편 최근에 견훤의 출신지를 둘러싸고 엇갈리는 견해들을 절충하려는 연구가 나와 흥미로운데(허인욱, 「견훤의 出自 관련 논의 재검토」, 『후백제와 견훤』, 서경문화사, 2021, 77-110쪽), 그 글 중에서 견훤의 父라는 아자개의 王建 歸附를 두고 "…왕건은 견훤과 정치적·군사적으로 심각한 대치 상태를 여러 차례 겪었고 그 과정에서 상대의 정통성에 상처를 줄 수 있는 글들이 오갔으면서도 아자개의 귀부는 언급하지 않았다…왕건의 입장에서 견훤의 권위나 정통성에 타격을 주는 가장 쉬운 방법 가운데 하나가 아자개의 귀부 문제를 거론하는 일이었음…그럼에도 왕건은 견훤을 비방하면서 이 문제는 전혀 언급하지 않았다"고 하여(허인욱, 같은 글, 95쪽), 왕건에 귀부한 아자개와 후백제 창업주 견훤이 父子 사이라는 說에 의문을 품는다든지, 혹은 또 다른 논자의 "…명확하게 경상도 상주라고 기록되어 있기 때문에 감히 다른 이설을 제기한다는 것이 어렵다…견훤이 초기에 旬月之間에 무리를 5천이나 모을 수 있었던 것은 바로 옛 백제 지역에 살고 있던 사람들의 통일신라에 대한 반감이 크게 작용한 것이었을 것이다. 경상도 억양을 구사하면서 옛 백제 지역민들의 정서에 호응한다는 점이 선뜻 이해되지 않는다. 즉 견훤은 광주 출신으로서 옛 백제 유민의 정서를 어려서부터 몸으로 체득하고 있었던 사람이었을 것이다. 견훤은 광주 출신일 가능성이 크다는 것이다…"와 같은(김주성, 「견훤의 전주 천도와 왕궁 위치」, 『후백제 왕도 전주』, 흐름출판사, 2013, 42-44쪽), 다소 소박하지만 공감이 가는 지적 등은 유의해 마땅할 것으로 생각한다. 무엇보다 왕건이 견훤에게 보낸 國書에서, 명분상의 우위라든지 승리한 전투나 공략한 지역 및 귀부해온 세력 등 자신의 우월함을 과시할 만한 수많은 사항들을 누누이 나열하면서도, 견훤의 父라는 尙州豪族 阿慈介의 高麗 歸附는 전혀 언급하지 않았다는 사실이 눈길을 끈다. 견훤으로서는 결정적

먼저 견훤의 종군을 알아보겠다. 견훤은 왕건王建의 10년 연상으로서 867년(경문왕景文王7)에 태어났다. 그리하여 부父 아자개가 장군으로 자립하던 광계光啓 연간(885~887),[11] 그러니까 견훤이 대략 20세(886, 정강왕定康王1) 되던 즈음, 종군하여 왕경에 들어갔을 것으로 이해들을 한다. 지방세력가로 성장한 아자개가 신라 정부와 연결을 꾀함으로써 자신의 권위를 굳건히 하고자, 장남인 견훤을 중앙군으로 입역立役시켰으리라는 것이다.[12]

그런데 『삼국유사』에 수록된 '고기'에 따르면 견훤은 15세에 '자칭견훤自稱甄萱'하였다고 한다.[13] 그 무렵 부모의 슬하에서 벗어나 자신의 길을 찾아 나섰을 것임을 암시한다. 본성本姓이 이李였는데 후에 견甄으로 성씨를 삼았다는 『삼국사기』의 기록과 연결하여,[14] 부父 아자개와의 갈등 속에서 15세 무렵

인 약점일 터이며, 그런 만큼 양측의 명분 다툼에서 왕건으로 하여금 우위에 설 수 있도록 해줄 중요한 사실임이 분명한데도, 견훤 父의 고려 귀부를 왕건이 전혀 거론하지 않았다는 것은 쉬이 이해가 되지를 않는다. 견훤이 상주호족 아자개의 아들이며 그 상주호족 아자개가 아들 견훤의 적수인 고려 왕건에게 귀부하였다는 것을 실제 역사적 사실로 받아들이기에는, 여러 모로 어려움이 적지 않을 듯 여겨지는 것이다.

11) 三國史本傳云 甄萱尙州加恩縣人也 咸通八年丁亥生(867, 경문7) 本姓李 後以甄爲氏 父阿慈个 以農自活 光啓中據沙弗城 自稱將軍 有四子 皆知名於世 萱號傑出 多智畧… (『三國遺事』 2 紀異 後百濟 甄萱)

12) 申虎澈, 『後百濟 甄萱政權硏究』, 12-15쪽.

13) 위의 註 9)에 제시한 사료를 참조하라.

14) 견훤의 本姓이 李(『三國史記』 50 甄萱傳) 그러니까 아자개·견훤 父子가 본시 李氏였다는 뜻인데, 공교롭게도 저들의 출신지 본향이라고 하는 加恩 나아가 聞慶의 土姓을 비롯한 姓氏 조항에는 李氏가 아예 나타나지를 않는다. 조선전기의 지리지인 『慶尙道地理志』(尙州道 尙州牧·聞慶縣·兼加恩縣)·『世宗實錄地理志』(『世宗實錄』 150 地理志 慶尙道 尙州牧·聞慶縣·

이李에서 견甄으로 성을 바꾼 것으로 간주하기도 한다.[15] 견훤이 집을 떠나 종군하였다면 아마도 15세 즈음이 아니었을까 헤아리게 하는 대목이다. 헌강왕憲康王 7년(881)에 해당하거니와, 견훤이 종군하여 왕경에 들어간 것은 이 무렵이었을 가능성이 높아 보인다.[16]

종군이라 함은 자원해서 모병募兵에 응한 것으로 해석된다. 사서에서 견훤의 체격이라든지 의지나 기개가 보통과 달랐던 것으로 전하는 사실에 비추어, 전문적인 직업 군인으로서의 생애를 스스로 선택하였으리라는 이해이다.[17] 한편 견훤이 그처럼 모병에 응한 사실과 관련하여, 당시 신라 조정에서 병력을 확충하려고 들었을 만한 상황이 조성된 사실에 눈길이 간다. 황소黃巢의 난(875~884)이 일어나 당唐이 위협을 받자, 신

屬縣加恩)·『新增東國輿地勝覽』(28 慶尙道 尙州牧, 29 慶尙道 聞慶縣·屬縣加恩) 등에서, 聞慶과 加恩의 土姓·姓氏와 같은 姓氏 관련 조항 중 李氏를 전혀 찾아 볼 수가 없는 것이다. 다만 尙州의 경우, 土姓에는 없으며 來姓에 李가 나타날 뿐이다. 土姓은 대체로 신라말 고려초의 豪族과 연결되며, 來姓은 고려초 土姓이 확정된 이후의 상황을 전하는 것으로 이해되거니와(李樹健, 「土姓의 形成過程과 內部構造」·「土姓의 分化」, 『韓國中世社會史硏究』, 一潮閣, 1984, 34-69·97-101쪽), 문경·가은을 비롯하여 상주의 토성 중 李가 보이지 않음은 견훤의 출자와 관련하여 눈여겨볼 만한 부분이 아닌가 여겨진다. 한편 光州의 경우 『世宗實錄』 151 全羅道 茂珍郡 土姓 및 『新增東國輿地勝覽』 35 全羅道 光山縣 姓氏의 항목에, 卓을 이어 둘째로 李가 수록되어 위의 加恩 등과 대비된다. 또한 음미해봄 직하다.

15) 李喜寬, 「甄萱의 後百濟 建國過程上의 몇 가지 問題」, 30-32쪽.

16) 김종수, 「신라 하대 군제의 변화와 그 붕괴」, 『軍史』 80, 2011, 23-24쪽 ; 이상훈, 「신라 하대 왕위계승전과 사병의 확대」, 『新羅史學報』 48, 2020, 20쪽.

17) 李基白, 「新羅 私兵考」, 『歷史學報』 9, 1957 ; 『新羅政治社會史硏究』, 一潮閣, 1974, 273쪽.

라의 헌강왕이 당에 군사협조를 자청하였다는 지적이 그것이다. 881년(헌강왕7) 10월 이전의 일로서 당 측의 거절에 따라 파병이 실제 이행되지는 않았다 이르는데,[18] 견훤이 군인으로서 왕경에 들어간 것으로 추정되는 시기와 거의 일치하여 공교롭기 그지없다. 이 무렵 신라 조정에 군사력을 확충하려는 분위기가 조성되었을 가능성을 떠올려 지나치지 않을 듯싶거니와, 지방 유력자의 자제로 추정되는 견훤이 군인으로서의 출세를 염두에 둔 가운데 부모의 슬하를 벗어나 왕경의 중앙군에 들어갈 수 있었던 당시의 상황을 엿보게 하는 대목이 아닐 수 없다.

헌강왕 7년(881) 무렵 병력 확충에 나선 신라 조정의 모병에 응하여, 15세 즈음의 견훤이 고향을 떠나 왕경에 들어가 중앙군이 되었을 것임을 헤아렸다. 한데 신라 측의 당唐을 향한 군사협력 제안은 무위로 돌아갔다. 모병의 주된 동인動因이 사라진 셈이거니와, 때마침 지방의 심상찮은 동향에 불안을 느끼던 신라 조정에서는[19] 모병한 저들을 각자의 연고지에 배치하였던 듯 여겨진다. 신라 중앙과 연결된 군인을 본시 인연이 깊었던 고장에 보내어 방수防戍에 임하도록 안배함으로써, 저

18) 李基東, 「新羅 下代 賓貢及第者의 出現과 羅唐 文人의 交驩」, 『新羅骨品制社會와 花郎徒』, 一潮閣, 1984, 283쪽.

19) 당시 각 지역에서의 불온한 움직임을 논의한 글은 많거니와, 그 중에서도 무진주라든지 옛 백제지역의 그것은 다음의 논문이 참고 된다. 이윤미, 「9世紀 後半 武州地域의 政治的 動向과 甄萱의 自立」, 『歷史教育論集』 44, 2010 ; 조인성, 「통일에서 분열로 -후백제의 성립 배경과 관련하여-」, 『新羅史學報』 42, 2018 ; 배재훈, 「무진주 시기 견훤 정권의 동향」, 『한국고대사연구』 103, 2021.

들로 하여금 기왕의 연고를 활용하여 지역사회를 안정시키도록 고무 격려하는 게 유리하다는 판단에서였을 터이다. 중앙군이 된 견훤이 서남해西南海에서 방수防戍하기에 이른 경위는 그러하였던 것으로 판단된다.

견훤이 방수하러 나선 서남해 지역을 두고는 논의가 엇갈린다. 애초에는 무진주의 서남해 즉 흔히 나주지역羅州地域이라 일컬어지던 현 전남의 서남해 방면으로 간주하는 게 보통이었으나, 근자에는 순천·여수지역을 중심으로 하는 순천만·광양만 곧 현 전남의 동남부 일원으로 받아들이는 경향이 다소 강해 보인다.[20] 요즘 들어 새삼스레 나주지역 중에서도 그 동남쪽에 해당하는 반남과 영암 일원을 견훤의 방수처로 지목하는 견해가 거듭 제기되었는데, 전남의 서남 방면을 영산강의 북서부와 동남부로 분리해 파악하며 내세운 논의로서 일견 흥미를 끈다.[21] 그렇지만 진성여왕 6년(892)에 견훤이 처음 거병하여 '왕경王京 서남西南의 주현州縣을 지나며 치자 이르는 곳마다 메아리치듯 호응'한 사건을 두고[22] '무주武州 동남東南의 군현郡縣

---

20) 구체적인 내용은 위의 註 4)와 5)에 제시한 글들의 해당 언급을 참고하라. 단 어느 쪽이든 甄萱의 防戍處를 武珍州 일원으로 파악하는 데에는 이견이 없거니와, 당시 신라 중앙의 입장에서 防戍軍을 보낼 적에 당사자의 연고를 우선 배려하는 게 합리적이었을 듯싶다는 점에서, 견훤과 무진주 사이에도 남다른 연고를 상정하는 게 자연스러워 보인다(邊東明, 「甄萱의 出身地 再論」, 34-35쪽). 그가 尙州(聞慶·加恩) 아닌 光州 출신일 가능성이 한층 높지는 않을까 여겨지는 것이다.

21) 배재훈, 「견훤의 군사적 기반」, 『新羅文化』 36, 2010 ; 배재훈, 「공산 지역 고대 정치체의 성장과 발전」, 『고려의 후삼국통합과정과 나주』(호남사학회 편), 景仁文化社, 2013 ; 배재훈, 「무진주 시기 견훤 정권의 동향」, 『한국고대사연구』 103, 2021.

들이 항복해 속하였다'고 기술하여[23] 왕경王京의 서남西南이 곧 무주武州의 동남東南임을 전하는 『삼국사기』의 기록이라든지, 혹은 견훤정권의 핵심에 속하는 박영규朴英規나 김총金惣과 같은 인물들이 순천·여수 출신이라는 점 등 몇몇 사실에 비추어, 견훤이 방수한 곳은 그가 처음 거병해 차지한 전남의 동남부 즉 순천지역 일원으로 이해하는 게 온당할 것으로 생각한다.[24]

견훤은 서남해를 방수하는 군인으로서의 역할에 열성을 다하였다. 군인으로 출세하려는 의도에서 중앙군에 들어갔던 만큼 당연한 일이었을 성싶다. 전투에 참전하는 등의 구체적 사실은 기록에 전하지 않지만, 노고를 인정받아 비장裨將에 올랐음이 사서에 특기되어 전한다. 그러다 나라가 혼란에 빠진 틈

22) 眞聖王在位六年…百姓流移 羣盜蜂起 於是(甄)萱竊有覦心 嘯聚徒侶 行擊京西南州縣 所至響應 旬月之間 衆至五千人 遂襲武珍州自王… (『三國史記』 50 甄萱傳)

23) 完山賊甄萱 據州自稱後百濟 武州東南郡縣降屬 (『三國史記』 11 眞聖王 6年)

24) 邊東明, 「甄萱의 出身地 再論」, 『震檀學報』 90, 2000 ; 邊東明, 「高麗時期 順天의 山神·城隍神」, 『歷史學報』 174, 2002 ; 「순천의 산신·성황신」, 『한국 전통시기의 산신·성황신과 지역사회』, 전남대출판부, 2013 ; 邊東明, 「順天의 海龍山城」, 『韓國中世의 地域社會硏究』, 學硏文化社, 2002 ; 邊東明, 「金惣의 城隍神 推仰과 麗水 豪族」, 『全南史學』 22, 2004 ; 「麗水豪族 金惣과 그의 城隍神 추앙」, 『여수해양사론』, 전남대출판부, 2010 ; 변동명, 「新羅末·高麗初의 順天 豪族 朴英規」, 『歷史學硏究』 62, 2016. 위 註 22)·23)에 제시한 史料의 '行擊京西南州縣 所至響應…'과 '武州東南郡縣降屬'을 동일 사건이 아닌 순차적 사건으로, 즉 甄萱이 거병하여 먼저 京西南州縣을 쳤고 뒤이어 武州東南郡縣이 그에게 항복한 것으로 간주하려는 논의가 있다(배재훈, 「무진주 시기 견훤 정권의 동향」, 311-312쪽). 그렇지만 문제의 사료는 『三國史記』 列傳(50 甄萱傳)의 진성여왕 6년에 견훤이 무진주를 장악하고 '自王'하였다는 내용을, 동일한 史書의 本紀(『三國史記』 11 眞聖王 6年)에서 '自稱後百濟' 운운하며 압축해 기록한 것으로 판단된다는 점에서, 그와 같은 순차적 사건이라는 해석은 아무래도 지나쳐 보인다.

을 타서 거병하여, 한 달쯤 만에 5천의 무리를 모아 무진주에 들어가 스스로 왕이 되었다[自王]는 것이다.[25)]

『삼국사기』에 따르면 견훤의 거병과 무진주 점령 및 '자왕自王'은 진성여왕 6년(892)의 어느 한 달 사이 일이었던 듯 보인다. 그런데 『삼국유사』에는 그와 다른 기년紀年이 전한다. 견훤이 무진주를 차지해 자왕自王한 것이 진성여왕 3년(889)이며, 930년에 행해진 그의 안동 공격을 42년 경인庚寅의 사실 곧 889년에서 42년 되던 해의 일로 기록한 등이 그것이다.[26)] 889년을 견훤 기원紀元의 출발로 계산하는 기년법紀年法의 존재를 암시하거니와, 그리하여 견훤이 진성여왕 3년(889)에 거병해서 무진주를 점령하고 자립自立·자왕自王한 것으로 이해들을 한다. 그리고 892년에 가서는 공공연히 칭왕稱王하기에 이른 것으로 간주한다.[27)]

견훤이 무진주를 장악하고서 자립하여 스스로 왕의 행세를 한 게 진성여왕 3년(889)의 일이었다면, 같은 시기 상주尙州에서 일어난 원종元宗·애노哀奴의 봉기보다 그 파장이 한층 더 크

---

25) …以勞爲裨將 唐昭宗景福元年 是新羅眞聖王在位六年 嬖竪在側 竊弄政柄 綱紀紊弛 加之以饑饉 百姓流移 羣盜蜂起 於是萱竊有覦心 嘯聚徒侶 行擊京西南州縣 所至響應 旬月之間 衆至五千人 遂襲武珍州自王 猶不敢公然稱王… (『三國史記』 50 甄萱傳)

26) …以勞爲裨將 唐昭宗景福元年 是新羅眞聖王在位六年(892) 嬖竪在側 竊弄國權…遂襲武珍州自王 猶不敢公然稱王 自署爲 新羅西南都統行全州刺史兼御史中丞上柱國漢南郡開國公 龍化(紀)元年己酉也(889) 一云景福元年壬子(892) 是時 北原賊良吉雄强 弓裔自投爲麾下 (甄)萱聞之 遙授良吉職爲裨將…四十二年庚寅(930) 萱欲攻古昌郡 大擧而… (『三國遺事』 2 紀異 後百濟 甄萱)

27) 申虎澈, 『後百濟 甄萱政權研究』, 40-48쪽.

고 깊지는 않았을까 여겨진다. 상주의 원종·애노 등 봉기세력은 머잖아 진압되었던 듯싶다. 우여곡절은 있었지만 해를 넘기면서까지 이어지지는 않았던 듯 보인다.[28] 반면에 무진주의 견훤은 스스로 왕 행세를 하며 지속적으로 세력을 굳혀가, 진성여왕 6년(892)에는 왕을 칭하는 단계로 성장하였다고 한다. 왕을 칭하였다면 국호도 내세웠을 터이며, 그리하여 백제의 부흥을 표방하는 정치세력이 무진주를 장악한 채 웅거하는 상황으로 이어진 셈이다. 그 시작에서 벌써 무진주를 점거하는 등 원종·애노의 봉기에 뒤지지 않은 위세를 자랑하였던 듯싶거니와, 그 뒤의 사태 전개에서는 이를 나위 없이 무진주의 견훤이 훨씬 더 폭발적이었으며 그만큼 신라 조정에 위협적으로 받아들여졌을 법하다. 그럼에도 전통시기의 사서史書에서는 진성여왕 3년의 대표적인 봉기로 원종·애노의 사례 하나만을 거론하였다. 견훤이 하나의 봉기세력으로 사서에 등장하는 것은 진성여왕 6년에 가서의 일이었다.[29] 견훤의 거병과 무진주를 거점으로 한 자립自立·자왕自王이 진성여왕 3년의 일이었다면, 쉬이 납득이 가지를 않는다고 밖에는 할 수가 없어 보인다.[30]

---

28) 元宗·哀奴의 사건은 眞聖女王 3년(889) 한 해의 일로 史書에 기록되어 전한다(『三國史記』 11 眞聖王 3년).

29) · 完山賊甄萱 據州自稱後百濟 武州東南郡縣降屬 (『三國史記』 11 眞聖王 6년)
· …以勞爲裨將　唐昭宗景福元年　是新羅眞聖王在位六年…於是萱竊有覦心 嘯聚徒侶　行擊京西南州縣　所至響應　旬月之間　衆至五千人　遂襲武珍州自王… (같은 책 50 甄萱傳)

30) 弓裔는 眞聖女王 5년(891)에 처음 竹州의 箕萱에게 투신하였다가(『三國史記』 31 年表(下) 大順 2년, 같은 책 50 弓裔傳), 같은 王 5년(같은 책 11 眞聖王 5년 10월) 혹은 6년(같은 책 50 弓裔傳)에 北原 梁吉의 휘하로 들어가 江原地域의 東部 일원을 공략하였던 것으로 기록에 전한다. 891~

진성여왕 5년(891) 즈음 무진주의 주치州治 인근인 무등산無等山 자락에 자리하는 개선사지開仙寺址의 석등石燈에 명문銘文이 새겨졌다. 그런데 그 첫머리에서 경문왕景文王 8년(868) 국왕 내외의 발원發願으로 석등이 세워졌음을 다른 글자보다 큰 대서체大書體로 특필하고, 또한 뒷부분에서는 진성여왕 5년(891)에 경조京租를 사용하여 토지 매입에 나섰음을 명기明記해 눈길을 끈다. 뒷부분인 토지 매입의 경우 신라 왕실이라든지 왕경王京과의 연고를 직접적으로 명시하지 않은 채 '경조京租'로만 표기한 한계가 있지만, 명문이 새겨지던 891년 당시 무진주 치소인 광주 일원에서 신라 중앙과의 연고를 드러내는데 별달리 커다란 제약은 없었음을 암시한다. 마찬가지로 무진주 관내인 장흥長興 소재의 보림사寶林寺 석탑지石塔誌에는, 진성여왕 5년(891) 11월에 칙령勅令 곧 여왕의 명으로 사리를 봉안하였음이 명기明記되어 전한다. 당시 장흥 일원에서 신라 중앙의 명령을 받아 불교의식이 거행되었고, 그것을 기록하여 사리와 함께 석탑에 봉안하였음을 알려준다. 또한 최치원崔致遠이 찬술한 성주사聖住寺 낭혜화상朗慧和尙 탑비문塔碑文에는, 진성여왕 4년(890) 무렵 무진주武珍州 도독都督 김일金鎰이 재임 중이었음을 추정케 하는 내용도 전한다. 진성여왕 3년(889) 이후 890~891년에 이르도록, 주치州治를 포함한 무진주 일원이

892년 즈음, 곧 견훤보다 1년쯤 앞서거나 혹은 동일한 시기에 궁예의 자립을 향한 행동이 개시되었음을 史書에서 확인할 수가 있는 것이다. 892년 이전 견훤의 봉기라든지 자립 사실 등을 전하는 기록이 아예 드러나지 않는 것과 비교가 된다.

견훤에 의해 장악되었으며 그리하여 그가 자립·자왕하는 상황이었다고 이르기에는 석연치 않은 구석이 적잖이 눈에 띈다. 진성여왕 6년(892) 이전의 무진주라든지 그 주치州治 일원에서 견훤이 거병하여 자립에 성공하였음을 보여주는 자취를 찾아보기란 결코 쉽지 않은 형편이다.[31)]

견훤이 진성여왕 3년(889)에 거병하여 무진주를 손아귀에 넣고 자립·자왕하였다는 해석에 선뜻 공감하기 어려움을 살폈다. 그렇다면 진성여왕 3년 곧 889년을 견훤의 기원으로 간주하는 기년법의 존재를 전하는 듯한 『삼국유사』의 기록은 어찌 이해하는 게 온당할 것인가. 새삼스럽기는 하지만, 잠시 눈을 돌려 견훤이 거병해서 자립에 이르는 과정을 찬찬히 음미해 보도록 하자.

> … (견훤이) 종군從軍하여 왕경王京에 들어갔다가 서남해西南海로 나아가 방수防戍하였는데, 창을 베개로 베고 적을 기다리며 그 용기가 항상 사졸士卒들에 앞섰으므로, 노고를 인정받아 비장裨將이 되었다. 당唐의 소종昭宗 경복景福 원년元年은 신라新羅 진성여왕眞聖女王의 재위在位 6년인데, 총애 받는 소인小人들이 왕의 곁에 머물면서 정권을 몰래 농간하므로 기강이 흐트러져 해이해졌다. 거기에 (흉년으로) 굶주림이 더해지니 백성들이 떠돌고 도적의 무리가 벌떼처럼 일어났다. 이에 견훤이

31) 이상 開仙寺址 石燈이라든지 朗慧和尙 塔碑文 및 寶林寺 石塔誌 등에 관한 설명은, 변동명, 「三國·統一新羅時期의 無等山과 光州」, 『호남학』 69, 2021 ; 『무등산, 광주사람을 품다』, 전남대학교출판문화원, 2022, 62-94쪽의 내용을 바탕으로 정리하였다.

> 남 몰래 분수에 넘치는 마음을 품고서는 무리를 불러 모아, 왕경王京의 서남西南 쪽 주현州縣을 지나며 치자 이르는 곳마다 메아리치듯 호응하여 한 달 사이에 그 무리가 5,000인人에 이르렀다. 드디어 무진주를 엄습하여 스스로 왕이 되었는데, 오히려 감히 왕을 공공연히 일컫지는 아니하고 '신라서면도통지휘병마제치지절도독전무공등주군사행전주자사겸어사중승상주국한남군개국공식읍이천호新羅西面都統指揮兵馬制置持節都督全武公等州軍事行全州刺史兼御史中丞上柱國漢南郡開國公食邑二千戶'라 자서自署하였다 …[32]

진성여왕 6년(892)에, 여왕의 총애를 받는 측근 소인들의 농간으로 인해 기강이 무너지고, 굶주림에 몰린 백성들이 도적으로 변해 벌떼처럼 일어나자, 견훤이 분수에 넘치는 마음 곧 반심叛心을 품고서는 무리를 모아 한 달 사이에 무진주를 점령하였다고 한다. 그런데 위 내용 중 여왕의 총애를 받는 측근 소인들 운운에서 도적의 무리가 벌떼처럼 일어났다 까지는, 사실상 진성여왕 6년 이전의 일에 해당한다. 같은 왕 2년(888)에서 이듬해인 3년까지의 사이에 벌어진 사태임이 기록으로 분명하게 확인된다.[33] 한데 사실이 그러함에도 불구하고, 그

---

32) …從軍入王京 赴西南海防戍 枕戈待敵 其勇氣恒爲士卒先 以勞爲裨將 唐昭宗景福元年 是新羅眞聖王在位六年 嬖竪在側 竊弄政柄 綱紀紊弛 加之以饑饉 百姓流移 羣盜蜂起 於是萱竊有覦心 嘯聚徒侶 行擊京西南州縣 所至響應 旬月之間 衆至五千人 遂襲武珍州自王 猶不敢公然稱王 自署爲新羅西面都統指揮兵馬制置持節都督全武公等州軍事行全州刺史兼御史中丞上柱國漢南郡開國公食邑二千戶… (『三國史記』 50 甄萱傳)

33) · …及魏弘卒 追謚爲惠成大王 此後 潛引少年美丈夫兩三人 淫亂 仍授其人以要職 委以國政 由是 佞倖肆志 貨賂公行 賞罰不公 紀綱壞弛… (『三國

전의 일을 892년 항목에 수록해 두었다. 견훤이 892년 들어 거병하기에 이른 경위를 설명하고자 그 배경에 해당하는 사실을 먼저 기술하는 과정에서, 자연히 892년 이전의 사실을 언급하게 됨에 따라 빚어진 현상이었을 것으로 이해된다.

견훤이 거병하기에 이르기까지의 배경에 관한 서술이 그러하다면, 그것을 위한 사전 준비도 또한 그와 동일한 방식으로 기록에 남겨지지는 않았을까 추정된다. 892년 항목에서 거병하기 이전의 내용 가운데 앞의 배경 부분을 제외한 나머지 기록 속에, 그 준비와 관련된 사실이 포함되었을 가능성을 예상할 수가 있어 보인다. 가령 왕경의 서남쪽 주현을 치기 이전의, 즉 '견훤이 남 몰래 분수에 넘치는 마음을 품고서는 무리를 불러 모아'까지가 그에 해당하지는 않을까 여겨진다. 말하자면 견훤이 '왕경의 서남쪽 주현' 곧 '무주의 동남쪽 군현'을 쳐서 그 호응 내지 항복을 받은 게 진성여왕 6년의 일인데,[34] 그에 앞서 같은 왕 3년의 혼란을 목도한 이래 '남 몰래 분수에 넘치는 마음을 품고서는 무리를 불러 모은' 끝에 마침내 그러한 거사에 성공한 것으로 이해할 수가 있을 듯싶은 것이다.

진성여왕 2년(888) 이래 정치적 문란이 극심해지면서 이듬해(889) 들어 굶주림에 지친 백성들이 봉기하는 지경에 이르렀다. 그러자 자극을 받은 견훤이 남 몰래 반심을 품고서는 동

史記』 11 眞聖王 2年 2月)

· 國內諸州郡 不輸貢賦 府庫虛竭 國用窮乏 王發使督促 由是 所在盜賊蜂起 於是 元宗·哀奴等 據沙伐州叛… (같은 책 3년)

34) 위의 본문에 제시한 자료와 함께 註 23)에 인용한 사료를 참조하라.

조자를 끌어 모으는 등 준비에 나섰다. 그러다가 거사를 단행하여 군을 일으킨 게 진성여왕 6년(892)이었으며, 무주 동남방면 고을의 호응을 받아 한 달 사이에 5,000 가량의 무리를 모아서 무진주에 들어가 스스로 왕이 되기에 이른 셈이었다. 견훤이 신라에 반기를 들 마음을 품고 그 준비에 들어간 게 23세 되던 889년이었으며, 거병에 성공하여 무진주를 바탕으로 자립自立·자왕自王한 게 26세 되던 892년이었음을 헤아리게 한다. 그처럼 상당한 기간에 걸쳐 조심스럽게 준비를 하였기에, 방수처 인근인 무주 동남쪽 고을의 호응을 받아 한 달 만에 무리 5천을 모아서 무진주를 손아귀에 넣는 게 가능하였을 것으로 판단된다.

견훤이 민초들의 봉기 등에 자극을 받아 새로운 진로를 모색하며, 신라에 반심叛心을 품고서 동조자를 모으기 시작한 게 진성여왕 3년(889)의 일이었을 것임을 더듬었다. 후백제 창업을 향한 첫 걸음을 그에서 찾으려는 견훤의 심리를 이해할 수가 있을 듯싶은 것이다. 나아가 그러한 사정에 유의한다면, 『삼국유사』에 전하는 바 889년을 견훤의 기원으로 삼는 기년법이 후백제 계통의 사서史書에서 유래되었으리라는 추정도[35] 일견 그럴 법해 보인다. 사서의 유무는 잘 모르겠으나, 후백제계와 연결되는 모종의 문서라든지 자료에서 그러한 기년법이 맨 처음 유래되었을 가능성은 떠올려 봄 직하다. 다만 『삼국유사』에 인용된 바의 현전하는 그대로를 곧장 후백제계의 자료

35) 申虎澈, 『後百濟 甄萱政權研究』, 43쪽.

로 받아들이기에는 어려움이 있을 듯싶다. 견훤과 왕건을 각각 '견훤'과 '태조'라 지칭하며 더욱이 '태조'라 칭한 왕건을 주체로 삼아 사건을 기술하는 방식 등에서, 『삼국유사』의 해당 부분이 후백제가 아닌 고려의 편에 보다 충실한 입장이었을 것임을 읽어내는 견해에[36] 적이 고개가 끄덕여진다.

진성여왕 3년(889) 이래 남 몰래 반심을 품은 견훤이 먼저 시작한 것은, 동조세력을 찾아 저들과 소통하며 자신을 중심으로 세력을 규합하는 일이었을 터이다. 사료에 '무리[徒侶]'라 일컬어진 바의, 뜻을 같이하는 사람들을 조용히 주변에 모으며 기회를 엿보았을 듯 여겨진다. 비장裨將이었던 그가 우선 손을 뻗은 것은 휘하에서 더불어 방수防戍하던 군사들이었을 성싶다. 김총金惣과 같은 인물이 그러한 부류에 속하는 것으로 보이는데, 후백제왕 견훤의 인가별감引駕別監이었다던 그는 방수에 함께 임하던 휘하 출신이었던 것으로 이해된다.[37] 동시에 견훤은 방수하던 지역 내지 인근의 유력자들과 소통하며 동조자를 끌어모으는 일에도 소홀하지 않았을 법하다. 순천의 해상세력 출신으로 받아들여지는 박영규朴英規 일족, 각별히는 그의 부조父祖와 같은 인물들이 그러한 예에 들지는 않을까 여겨진다.[38] 나아가 김총이나 박영규 일족을 중개자 삼아 앞세우는 등으로 그 인근의 대략 무주 동남쪽 지역을 이끌던 호족

---

36) 이강래, 「후백제의 당대 인식」, 『후백제의 대외교류와 문화』(후백제문화사업회), 신아출판사, 2004, 17-21쪽.

37) 申虎澈, 『後百濟 甄萱政權硏究』, 25~30쪽. 변동명, 「麗水豪族 金惣과 그의 城隍神 推仰」, 50~66쪽.

38) 변동명, 「新羅末·高麗初의 順天 豪族 朴英規」, 139~153쪽.

들과 직간접적으로 소통한다든지, 또는 자신의 출신지인 무주 치소 및 일대의 유력한 세력들과 연결을 도모하며 뜻을 모아 갔을 가능성도 염두에 올릴 만하다. '남 몰래 분수에 넘치는 마음을 품은' 견훤이 '무리를 불러 모아' 운운하는 기록에서, 그처럼 티 나지 않게 힘을 비축하며 준동하던 그의 모습을 떠올리는 게 반드시 지나치다고만은 할 수가 없을 것으로 생각한다.

동조자를 규합하며 기회를 엿보던 견훤은 진성여왕 6년(892)에 거사를 단행하였다. 『삼국사기』 본기本紀 및 연표年表 그리고 견훤전甄萱傳에 하나같이 그처럼 기록되어 전한다.[39] 궁예弓裔가 양길梁吉의 휘하로 들어가 영월寧越 등 현 강원지역의 동부 일원을 공략한 사실을 두고, 같은 사서史書 본기本紀와 궁예전弓裔傳의 기록 사이에 1년의 차이가 나는 것과도[40] 대비될 만큼 한결같다. 견훤이 892년에 거병하였음을 부정하기는 쉽지 않아 보인다. 23세 되던 889년 이래 조심스레 준비를 진행한 결과, 마침내 군사를 일으킨 한 달 만에 전남의 동남지역을 석권하며 무리 오천을 모아서는 광주에 들어가 자립自立·

---

39) · 完山賊甄萱 據州自稱後百濟 武州東南郡縣降屬 (『三國史記』 11 眞聖王 6년)
· 後百濟甄萱自稱王 (같은 책 31 年表(下) 壬子 眞聖王 6年)
· …唐昭宗景福元年 是新羅眞聖王在位六年…於是萱竊有覦心 嘯聚徒侶 行擊京西南州縣 所至響應 旬月之間 衆至五千人 遂襲武珍州自王… (같은 책 50 甄萱傳)

40) · 北原賊帥梁吉 遣其佐弓裔 領百餘騎 襲北原東部落 及溟州管內酒泉等十餘郡縣 (『三國史記』 11 眞聖王 5年 10月)
· …景福元年壬子(眞聖6) 投北原賊梁吉 吉善遇之 委任以事 遂分兵 使東略地 於是出宿雉岳山石南寺 行襲酒泉·奈城·鬱烏·御珍等縣 皆降之… (같은 책 50 弓裔傳)

자왕自王하기에 이른 게 견훤이 26세 되던 892년이었던 것이다.

Ⅲ. 무진주武珍州 점령과 자립自立·자왕自王

견훤甄萱이 일어서자 왕경王京의 서남쪽 주현州縣 곧 무주武州의 동남쪽 군현郡縣이 그에 호응해서 항복해 왔다고 한다.[41] 해당 지역 호족豪族의 후원 등 여러 지지세력의 존재를 연상시키는 대목이거니와, 그에 앞서 견훤의 휘하를 중심으로 모여들었을 방수군防戍軍이야말로 그의 거사를 가능하게 만든 첫 디딤돌로 인정해 지나치지 않을 터이다. 그리하여 이들 방수군을 주축으로 인근 호족의 도움을 받아 모아들였음 직한 병력과 같은 군사적 기반이라든지, 혹은 지지 호족 특히 박영규朴英規 일족과 같은 해상세력들의 대외교역을 바탕으로 쌓은 경제력이나, 또는 그러한 대외교류의 결과였을 광양光陽 마로산성馬老山城에서 출토된 거와 같은 선진문물 등이, 견훤의 거사를 성공으로 이끈 주요한 배경으로 꼽힐 만하다. 그러한 위에 그 자신 무주호족武州豪族 출신으로서의 토착적 기반에다, 지역사회 이해나 그들과의 상호 공감대 형성과 같은 사회·문화적 소양 내지는 중앙군中央軍 및 방수군防戍軍으로서의 경험 따위를 바탕으로 한 견훤 자신의 식견을 더하여, 마침내 그의 반신라적反新羅的인 거병이 결실을 보게 되었던 것으로 판단된다.

41) 위의 註 22)와 23)에 제시한 史料를 참조하라.

거사를 단행한 견훤이 먼저 손길을 뻗은 것은, 당연히 오늘의 전남 동부지역 일원이었다. 일찍이 방수에 임하던 순천·여수를 중심으로 그 인근을 먼저 손에 넣은 다음, 무주 치소가 자리하는 광주 방향으로 진격해갔던 듯 여겨진다. 그리하여 오천에 이르는 무리를 이끌고 무진주를 엄습해 차지한 게 한 달 만이었다. 널리 인정되듯이 놀랍도록 빠른 속도의 세력 팽창이었다. 앞서 언급한 바의 상당한 기간에 걸친 사전 준비에 더해, 무진주 출신으로 판단되는 견훤과 이 고장 사이의 깊은 연고를 떠올리지 않고서는 쉽사리 납득하기가 어려운 일이다.[42)]

독자세력으로 자립하여 스스로 왕 행세를 하며, 견훤은 그 중심 거점으로서 광주를 골라 도읍으로 삼았다.[43)] 당시 그의 세력권은 대략 무주 즉 오늘의 전남 일대였던 것으로 이해들을 하는데, 다만 흔히 나주지역으로 일컬어지던 그 서남부 일원의 향방을 두고서는 의견이 다소 엇갈린다. 그렇지만 신라 말엽에 견훤이 나주지역을 모두 보유하였는데 얼마 지나지 않아 그 고을 사람들이 궁예에게 귀부하였다느니,[44)] 혹은 나주가 궁예에게 투항한 데 분노한 견훤이 나주를 포위 공격하여 열흘이 지나도록 풀지 않았다느니[45)] 하는 등의 기록에서, 견

42) 邊東明, 「甄萱의 出身地 再論」, 39-42쪽.

43) 壬子(892, 진성6) 始都光州 (『三國遺事』 1 王曆 景福 2 後百濟 甄萱)

44) · 本百濟發羅郡 新羅景德王改爲錦山郡 羅季 甄萱稱後百濟王 盡有其地 未幾 郡人附于後高麗王弓裔 弓裔命太祖 爲精騎大監 率舟師攻取 改爲羅州… (『高麗史』 57 地理2 全羅道 羅州牧)
· 本百濟發羅郡 新羅改錦山郡 羅季 甄萱稱後百濟王 盡有其地 未幾 錦山人附于後百濟(高麗?)王弓裔 弓裔命高麗太祖 爲精騎大監 帥舟師攻取 改爲羅州 (『世宗實錄』 151 地理志 全羅道 羅州牧)

훤이 처음 자립自立하여 자왕自王하던 당시에는 나주 일대가 견훤의 세력권에 포함되었을 것임을 이해할 수가 있다.[46]

무주 일원을 근거로 자립한 견훤에게 나름의 지배체제를 갖추는 일은 무엇보다 우선이었을 터이다. 진성여왕 6년(892) 즈음 견훤은 스스로 군왕 행세를 하며[自王] 왕을 칭하였다[自稱王].[47] 신라와 구분되는 자립적인 정치세력임을 내세우기 위해서였음이 분명하다. 정치적 자립에는 명분이 필수적이다. 견훤은 백제의 계승·부흥을 명분으로 내세웠다. 892년에 견훤이 '후백제'를 자칭하였다느니 혹은 '후백제'의 견훤이 왕을 자칭하였다느니 하는 등의 기록에서 확인되는 일이다.[48] 그가 광주光州에서 자서自署하였다는 직함 중 그 관할 영역으로 표방한 전주全州·무주武州·공주公州가 통일신라의 9주 중 백제고지百濟故地에 해당되는 모두라는 점에서, 그러한 견훤의 생각을 능히 읽어낼 수가 있다. 그리고 같은 해(진성여왕 6년, 임자壬子)에 그처럼 신라에서 자립한 정치세력의 중심지로서 광주를 택해 도읍으로 삼았다.[49] 진성여왕 6년(892) 즈음이면 견훤이 광주를 거점으로 백제의 부흥을 표방한 새로운 정권의 군왕으로

---

45) …(甄)萱怒錦城投于弓裔 以步騎三千圍攻之 經旬不解… (『三國史記』 50 甄萱傳)

46) 邊東明, 「高麗王朝와 羅州」, 『韓國中世의 地域社會硏究』, 學硏文化社, 2002, 115-117쪽.

47) · 後百濟甄萱自稱王 (『三國史記』 31 年表(下) 壬子 眞聖王 6年)
· …唐昭宗景福元年 是新羅眞聖王在位六年…於是萱竊有覦心…遂襲武珍州自王… (같은 책 50 甄萱傳)

48) · 完山賊甄萱 據州自稱後百濟 武州東南郡縣降屬 (『三國史記』 11 眞聖王 6년)
· 後百濟甄萱自稱王 (같은 책 31 年表(下) 壬子 眞聖王 6年)

49) 위의 註 43) 史料.

군림하였음을 이해하는 데 부족함이 없다. 공식적으로 외국에 사신을 파견하여 왕조의 수립을 공표하며 그 승인을 요청하는 정도는 아니었을지 모르겠다. 그렇지만 견훤이 무진주를 도읍으로 나름의 체제를 갖춰가며 후백제의 군왕으로서 실제 통치에 임하였을 것임을 인정하는 데 인색할 까닭은 없어 보인다.

백제의 부흥을 기치로 새로이 정권을 수립한 입장에서, 견훤은 관련 제도를 마련하고 조직을 정비하는 일에도 관심을 돌렸을 법하다. 나름대로 일정 수준의 정권운영 체계를 마련해 작동하였을 성싶거니와, 아쉽게도 광주에 도읍하던 시기 견훤정권이 운용한 정치·군사적인 조직이라든지 행정체계 등을 알려주는 기록은 거의 전하지를 않는다. 아마도 전혀 새로운 행정체계를 수립하고 제도를 마련하고자 적극적으로 나서기보다는, 대체로 통일신라 이래 무진주에서 작동하던 기왕의 행정조직이나 관직·관부 등을 주로 활용하면서 형편에 따라 적의하게 통치하는 방식을 취하였을 것으로 추정된다. 또한 도성이라든지 궁궐을 완전히 새롭게 조영하는 거와 같은 대규모 토목사업에 곧장 나서며 단번에 면모를 일신하려 들기보다는, 기왕의 시설에 기대어 그것을 확장하고 보수해서 이용하는 한편 정치·군사적이며 사회·경제적인 기반을 구축하는 데 보다 힘을 쏟았던 것은 아닐까 여겨진다.[50)]

---

50) 光州를 都邑으로 삼은 甄萱政權이 都城의 기능을 확보하기 위해 방어시설인 土城을 새로 축조하고 배후산성을 보수하는 등, 관련 시설을 확충하고자 적극 나섰을 것으로 이해하는 연구가 있다(배재훈, 「무진주 시기 견훤 정권의 동향」, 324-328쪽). 새로이 수립된 정권의 도읍에 걸맞은 시설을 갖추기 위한 견훤의 고심이 예상된다는 점에서 일리가 있어 보인다. 그런데

가령 견훤이 양길梁吉을 대하는 방식과 같은 데서 그러한 경향을 엿볼 수가 있을 듯싶다. 북원의 양길이 궁예를 휘하로 맞아들이며 강성함을 자랑하자, 견훤이 멀리서 양길에게 비장裨將의 직을 수여했다고 한다.[51] 양길의 반응과는 무관하게 진행된 정치적 행위이었으려니와, 마침 여기의 비장이 방수군 시절 견훤이 보유하던 군직이어서 공교롭다. 광주의 견훤정권이

머지않아 全州 천도를 위해 그곳에 궁궐을 조성하고 방어시설을 축조하기 위한 토목공사가 대대적으로 추진되었음을 떠올리면, 그에 조금 앞서 光州에서 그에 못지않은 대규모의 토목공사를 일으킬 만한 여력이 있었을지 다소 주저되는 면이 없지 않다. 弓裔가 鐵圓에서 松嶽으로 그리고 다시 松嶽에서 鐵圓으로 천도하는 데 대략 3년씩 가량을 소요하였다는 지적에 비추어(鄭淸柱, 「新羅末·高麗初 豪族의 形成과 變化」, 『新羅末高麗初 豪族研究』, 一潮閣, 1996, 47-48쪽 ; 申虎澈, 「後三國 建國勢力과 淸州豪族」, 『後三國時代 豪族研究』, 도서출판 개신, 2002, 323쪽 ; 변동명, 「麗水豪族 金惣과 그의 城隍神 추앙」, 60-61쪽), 견훤이 광주를 도읍으로 일신하거나 또 전주로 천도하는 데에도 대략 그와 비슷한 기간이 소요되었을 법하다. 892년에 광주를 도읍으로 삼고서 2~3년을 들여 895년 즈음에야 대략 도성으로서의 면모를 갖추기에 이르렀음 직한데, 다시 900년의 천도를 위해 역시 897·8년 무렵 들어 전주에 도읍을 조성하기 위한 대규모 토목공사를 벌인다는 게 그리 쉽지만은 않아 보인다. 도성의 설비를 갖추는 데 소요되는 기간이 1년여 정도에 지나지 않으리라는 견해도 있는 만큼(陳政煥, 「後百濟王 甄萱의 900~901年 言行의 意味」, 『전북사학』 57, 2019, 127-128쪽) 그것을 반드시 불가능한 일이라 강변할 수만은 없겠지만, 감당하기에는 다소 무리이지 않았을까 여겨지는 것이다. 견훤정권이 무진주 치소의 기존 시설이라든지 혹은 배후산성 등을 필요한 만큼 확장하거나 개·보수해서 이용했으리라는 데에는 의문의 여지가 없으며, 봉황무늬 수막새라든지 '京'·'國城'의 銘文瓦가 발견되는 등(全南大學校博物館, 『武珍古城』 Ⅰ·Ⅱ, 1989·1990 ; 林永珍·黃鎬均·徐賢珠, 「光州 樓門洞 統一新羅建物址 收拾調査報告」, 『湖南考古學報』 2, 1995, 77쪽) 도읍으로서의 광주의 위상을 보여주는 듯 여겨지는 증거가 이미 발견된 만큼, 그 가능성을 인정한 위에서 관련 유적들을 고고학적으로 심도 있게 조사하기를 기다리며 잠시 결론을 유보해 두고자 한다.

51) …是時 北原賊良吉雄强 弓裔自投爲麾下 萱聞之 遙授良吉職爲裨將… (『三國史記 50 甄萱傳)

신라의 군관 호칭을 이용하는 등 기왕의 조직이나 제도를 활용하였음을 암시하는 사례이지는 않을까 헤아려지는 것이다.

광주를 도읍으로 삼아 무진주 일대를 호령하던 견훤은 차츰 새로운 정권의 체제를 갖춰가는 것과 함께, 무엇보다 자신의 세력권을 확장하는 일에 열심이었던 듯 보인다. 광주에서 자립自立·자왕自王하던 시기에 자서自署했던 것으로 전하는 칭호 중, 이미 무주武州를 넘어 전주全州와 공주公州 일원까지를 제관할 영역인 양 내세우는 내용이 들어 있어 눈길을 끄는 것이다.52) 다소간의 과장을 참작하더라도, 현재의 전라남북도와 함께 충청남도 일대로까지 영향력을 확장해가던 자신감의 발로가 아니었을까 여겨진다. 해당 지역에 대한 장악력이 하나같다거나 혹은 일원적으로 강했을 성싶지는 않아 보인다. 다만 광주에 도읍하고 얼마 지나지 않아서, 견훤이 현재의 전라도 전부와 충청도 남부 일대를 포함한 옛 백제 영역의 대부분을 그 정치적 영향권으로 삼아 정권 수립에 성공하였음을 과시하는 정도에 이르지는 않았을까 풀이된다.53)

견훤의 세력 확장은 강한 군사력을 바탕으로 추진되었다. 광주에 도읍하던 시절에 이미 견훤은 나름의 군사적 기반을 굳건히 구축하였다. 함께 방수防戍하던 휘하 병력이랄지 무주정武州停이나 미다부리정未多夫里停과 같은 신라의 정규 공병公兵

52) 위의 註 32)에 제시한 史料를 참조하라.

53) 金甲童,「後百濟 甄萱의 戰略과 領域의 變遷」,『후백제 견훤정권과 전주』(전북전통문화연구소), 주류성, 2001, 189-191쪽 ; 邊東明,「麗水豪族 金惣과 그의 城隍神 추앙」,『여수해양사론』, 전남대출판부, 2010, 56-57쪽.

을 주축으로 꾸려진 군사조직이 그것이었다.[54] 이를 받침돌 삼아 전주와 공주 방면으로 진출해가면서 또한 해당 지역의 신라 공병조직公兵組織을 거듭 흡수해 나름대로 정비하는 등으로써, 후삼국 쟁패기에 상대적으로 강한 역량을 보인 것으로 평가받는 후백제의 군사조직이 구축되어갔음을 헤아릴 수가 있는 것이다.

진성여왕 10년(896), 경주慶州 서부西部의 모량리牟梁里에 적고적赤袴賊이 쳐들어왔다. 『삼국사기』에 의하면 이 적고적은 나라의 서남지역[國西南]에서 일어났다 이르거니와, 동일한 사건이 『삼국유사』에는 '백제횡적百濟橫賊'의 소행으로 기록되어 눈길을 끈다.[55] 백제를 기치로 내세운 횡포한 적당들이 붉은 바지로써 표식을 삼고서, 나라의 서남지역에서 일어나 왕경의 서부 모량리에까지 난입하여 노략질을 자행하였다는 것이다. 신라의 입장에서 생각할 때, 당시(896) 백제를 표방하는 횡포한 도적이라면 후백제와 견훤을 먼저 떠올리는 게 자연스럽다. '국서남國西南'에서 일어났다는 저들 '적고적赤袴賊' 곧 '백제횡적百濟橫賊'과, 거병한 처음 '경서남주현京西南州縣'을 쳤다는 견훤 사이의 연관관계를 굳이 부정하려 들 까닭은 없어 보인다.[56]

---

54) 李文基, 「甄萱政權의 軍事的 基盤」, 『후백제와 견훤』(백제연구소), 서경문화사, 2000, 103-125쪽.

55) · 賊起國西南 赤其袴以自異 人謂之赤袴賊 屠害州縣 至京西部牟梁里 劫掠人家而去 (『三國史記』 11 眞聖王 10년)
 · 孫順者 牟梁里人…順捨舊居爲寺 號弘孝寺 安置石鐘 眞聖王代 百濟橫賊入其里 鐘亡寺存… (『三國遺事』 5 孝善 9 孫順埋兒)

56) 변동명, 「麗水豪族 金惣과 그의 城隍神 추앙」, 61-62쪽.

후백제 견훤이 직접 통솔하고 나선 군사력은 아니었을지 모르겠다. 그렇지만 최소한 저들과 무관치 않은 무장세력武裝勢力이 진성여왕 10년 즈음 경주 서부의 모량리에까지 힘을 뻗쳐왔음을 시사하는 사례로 이해하여 지나치지 않을 듯 여겨진다. 이듬해(897) 들어 진성여왕이 '백성곤궁百姓困窮 도적봉기盜賊蜂起'를 이유로 조카 효공왕孝恭王에게 양위해야만 했던 데에는,[57] 어쩌면 그처럼 백제의 횡포한 도적[百濟橫賊] 곧 후백제와 연결되는 무력집단의 왕경 위협이 영향을 끼쳤을 가능성도 없지 않아 보인다. 광주를 도읍으로 하던 당시 견훤정권의 군사적 역량을 이해하는 데 도움을 주는 사건이 아닐 수 없을 것으로 생각한다.

군사력에 못지않게 견훤정권의 세력 확장을 좌우할 핵심적인 요소로서 빼놓아서는 안 되는 게 해당 지역사회를 이끌던 호족豪族과의 연계이다. 광주에 도읍하던 시기에 벌써 견훤은 여러 호족들과 긴밀한 관계를 맺고 포섭하면서 그 호응을 끌어냈던 듯 여겨진다. 구체적으로 그 이름이라든지 활동 내용이 확인되는 호족만도 한둘이 아니다. 가령 견훤의 사위인 순천호족順天豪族 출신의 박영규朴英規를 비롯하여,[58] 견훤의 인가별감引駕別監으로서 여수호족麗水豪族 출신인 김총金惣이라든지,[59] 역시 견훤의 사위로 나오는 광주호족光州豪族 출신의 지훤池萱,[60] 그리고 담양潭陽의 호족이었을 것으로 추정되는 이염

57) 『三國史記』 11 眞聖王 11年 6月
58) 변동명, 「新羅末·高麗初의 順天 豪族 朴英規」, 137-153쪽.
59) 변동명, 「麗水豪族 金惣과 그의 城隍神 추앙」, 47-66쪽.

악李廉岳[61] 등이 그들이었다.

견훤의 사위라든지 인가별감이었다던 박영규·지훤이나 김총 내지는 저들의 일족이 견훤과 긴밀한 관계였을 것임은 의문의 여지가 없다. 한편 이염악은 견식과 도량을 갖춘 인물이었으므로 후백제가 장차 어지러워질 것을 알고서 이름을 숨긴 채 벼슬길에 오르지 않았다고 한다. 일부러 후백제와 거리를 두었던 듯 기록되어 인상적이다. 그렇지만 담양 출신의 그가 멀리 전주호족全州豪族과 혼인관계를 맺었다는 사실만으로도, 그처럼 마냥 단순하게 생각할 일만은 아님을 알 수가 있다. 담양 사람인 그 이염악의 딸이, 후백제에서 벼슬을 하며 우장군右將軍에까지 오른 것으로 기록된 전주호족全州豪族 류법반柳法攀의 아들과 혼인한 사실을 말함이거니와, 이로 미루어 이염악李廉岳 역시 담양호족潭陽豪族으로서 후백제에 협력하는 인물이었을 것임이 거의 틀림없어 보인다.

---

60) · 本百濟…眞聖王六年壬子(892) 甄萱襲據武珍州 稱後百濟王 遂移全州 甄萱二十年辛未(911) 後高麗王弓裔 以高麗太祖爲精騎太監 帥舟師 略定武珍界 城主池萱 乃甄萱之婿也 與甄萱相應 堅守不降… (『世宗實錄』 151 地理志 全羅道 茂珍郡)

· 本百濟武珍州…眞聖王六年 甄萱襲據 稱後百濟 尋移都全州 後後高麗王弓裔 以太祖爲精騎大監 帥舟師 略定州界 城主池萱 以甄萱壻 堅守不降 太祖二十三年 稱光州… (『高麗史』 57 地理2 全羅道 海陽縣)

· 本百濟…眞聖王六年 甄萱襲據 稱後百濟 尋移都全州 弓裔以高麗太祖爲精騎太監 帥舟師 略定州界 城主池萱 以甄萱壻 堅守不降… (『新增東國輿地勝覽』 35 全羅道 光山縣 建置沿革)

61) …公姓柳氏 諱邦憲 字民則 全州人 曾祖諱其休 性儉直 仕至角干 祖諱法攀 少閑虎藝 仕百濟 至右將軍 父諱潤謙…母李氏 潭陽郡人 外祖諱廉岳 有識度 知百濟將亂 隱名不仕… (柳邦憲 墓誌銘, 『高麗墓誌銘集成』(5版) 金龍善編, 한림대학교 출판부, 2012, 16쪽)

이들은 대체로 무주 일원의 토착세력이었다. 견훤이 무주를 거점으로 자립하려면 저들의 호응과 협력이 아마도 필수적이었을 법하다. 광주를 도읍으로 삼고 정권의 기반을 마련해가던 즈음이면, 견훤과 저들 사이에 벌써 자못 긴밀한 관계가 형성되었을 것임이 거의 틀림없어 보이는 것이다. 그 이름이라든지 활동 내용이 개별적으로 확인되는 인물만도 그러하거니와, 그밖에도 무주 일원의 허다한 호족세력이 견훤과 직간접으로 연결되었음 직하며, 그리하여 저들을 포섭하고 또 그 협조를 끌어내는 가운데 광주를 도읍으로 삼은 견훤정권이 성립 유지되었을 것임을 예상하여 지나치지 않을 것으로 믿는다.

나아가 견훤이 전주와 공주 방향으로의 진출을 꾀하면서는 그러한 호족의 범위가 한층 확대되었을 터이다. 가령 앞서 언급한 전주全州의 류법반柳法攀이나 그 일족과 같은 사례가 그러하다. 견훤의 4자子인 금강金剛의 외척세력이었을 것으로 추정되는 전주호족全州豪族도[62] 그에 포함될 것임은 물론이다. 저들의 적극적인 호응과 도움을 받침돌로 삼아 견훤정권의 전주 천도가 성사되었으려니와, 그런 만큼 천도 이전인 광주 도읍 시절에 벌써 저들과 견훤 사이에 제법 긴밀한 관계가 맺어졌을 것으로 이해하여 지나치지 않다고 생각한다. 그 밖에도 개별적으로 거명하는 것은 쉽지 않지만, 전주로 도읍을 옮길 즈음이면 전북과 충남지역의 상당수 호족들이 견훤과 이미 협력

62) 대체로 인정되어 온 사실인 바 金剛의 외척세력이 全州 일대의 豪族일 것임은, 申虎澈, 『後百濟 甄萱政權研究』, 151-153쪽의 설명을 참고하라.

관계에 있었을 가능성이 높아 보인다.

광주를 도읍으로 하던 시절 견훤은 해상활동의 중요성을 인식하고 그에 자못 관심을 기울였던 듯싶다.[63] 그 자신이 연해안에서 방수군으로 활동하였으며, 또한 창업을 도모하던 초기에 그와 손을 잡았던 것으로 판단되는 박영규나 김총은 해상세력 출신의 호족이었다. 순천만의 해룡산성海龍山城이라든지 광양의 마로산성馬老山城에서는 해상교역과 같은 저들의 해상활동 흔적이 엿보이기도 한다.[64] 해상활동의 군사적·경제적 측면에서의 중요성은 이를 나위가 없으며, 그에 담긴 정치·외교적인 의미에도 견훤의 눈길이 미쳤을 것임을 헤아리게 한다.

진성여왕대(887~896)의 사정을 전하는 것으로 간주되는 거타지居陁知 설화에 '백제해적百濟海賊'이 등장한다.[65] 저들에 의해 바닷길목이 막혔다 이르거니와, 대체로 진성여왕대의 후백제 곧 광주에 도읍해 자왕自王하던 시기의 견훤정권과 연결되어 나타난 해상활동으로 이해들을 하는 게 보통이다.[66] 당시

63) 이하 광주 도읍 시절 견훤의 해상활동 관련 내용은, 邊東明, 「後百濟의 海上活動과 對外關係」, 『韓國古代史探究』 19, 2015, 281-286쪽을 참고해 정리하였다.

64) 이동희, 「전남지역의 후백제 유적과 역사적 성격」, 『대외관계로 본 후백제』(국립전주박물관), 공감인, 2015, 178-181·188-190쪽.

65) …此王代 阿飡良貞 王之季子也 奉使於唐 聞百濟海賊梗於津鳧 選弓士五十人隨之 舡次鵠島… (『三國遺事』 2 紀異 眞聖女大王 居陁知)

66) 日野開三郎, 「羅末三國の鼎立と對大陸海上交通貿易」, 『朝鮮學報』 16·17·19·20, 1960·1961 ; 「羅末 三國의 鼎立과 對中國 海上交通貿易」, 『張保皐關係硏究論文選集』(해상왕장보고연구회), (재)해상왕장보고기념사업회, 2002, 285쪽 ; 權悳永, 「新羅下代 西·南海地域의 海賊과 豪族」, 『한국고대사연구』 4, 2006, 310쪽.

신라의 사절단을 가로막고 나설 것으로 예상되는 '백제해적'이라고 하면, 후백제와 관련된 해상세력 말고는 달리 거론할 만한 대상을 따로 발견하기가 쉽지 않으리라는 점에서 대략 수긍할 만하다.[67)]

전주로 천도한 다음 견훤은 나주를 중심으로 한 전남의 서남해역을 둘러싸고 궁예 휘하의 왕건과 치열한 쟁패전을 벌였던 것으로 유명하다. 그런데 후백제의 그러한 수군水軍 역량은 하루아침에 갖춰진 게 아니었을 터이다. 상당한 기간에 걸쳐 수군을 건설하는 등 해양력海洋力을 증진하는 데 힘을 쏟은 결과일 가능성이 다분하다. 무진주에서 자립한 이래로 정권 차원의 관심과 노력이 지속적으로 더해지지 않고서는, 쉽사리 이룩할 수 없는 성과인 것으로 판단된다. 비록 왕건의 나주 진출을 막는 데는 성공하지 못하였지만, 그렇다고 해서 광주에 도읍하던 당시 견훤정권의 해양역량 배양을 위한 노력 자체를 부정할 수는 없을 듯 여겨진다. 거타지 설화에 등장하는 '백제해적'의 움직임이란 것도, 기실 광주 도읍 시절에 그처럼 양성된 견훤정권의 해양력海洋力 전개와 무관치 않을 것임이 거의

---

67) 이 무렵 일본의 쓰시마(對馬島) 등지에 출몰한 것으로 알려진 소위 '寬平新羅海賊'을, 광주 도읍시기의 견훤정권과 연결시켜 논의하기도 한다. 893~894년의 2년 사이 3회에 걸쳐 출몰한 '新羅海賊'이 견훤정권의 군수물자 조달 등을 위한 해상활동의 산물일 가능성을 지적하여 흥미롭다(정순일, 「마쯔라·아키타·쓰시마에 출현한 寬平新羅海賊」, 『한국고대사탐구』 14, 2013, 111-156쪽). 다만 일본 측에서 신라해적으로 인식한 만큼 저들 자신이 백제를 표방하지는 않았을 가능성이 높으며, 거타지 설화에서와는 달리 또한 백제가 직접 거명되지도 않았다는 점에서, 아직 숙고의 시간을 좀 더 가질 필요가 있지는 않을까 생각한다.

분명해 보인다.

견훤정권에서 일찍이 유력한 해상세력의 존재가 확인되며, 또한 그 수군의 활동을 암시하는 듯 보이는 흔적이라든지, 혹은 저들이 해상교역에 나섰음을 전하는 자취 등에 비추어, 광주 도읍시기에 견훤이 해양력을 배양하는 일에 자못 주의를 기울였을 것임을 헤아렸다. 다만 바다 너머의 이웃 나라들과 수교하는 거와 같은 일에는 미처 관심을 돌릴 겨를이 없었던 듯싶다. 광주 도읍 당시에 이미 오월吳越과 통교하였으리라는 지적이 있지만, 그대로 따르기에는 주저되는 바가 없지 않다.[68] 창업의 초기였던 만큼 영향권을 넓히고 내부를 정비하

68) 광주를 도읍으로 삼던 시기인 892년 즈음이면 견훤정권이 벌써 吳越에 사절을 파견하는 등 저들과 교류하였으리라는 지적이 제기된 바 있다(申虎澈, 『後百濟 甄萱政權研究』, 135-138쪽). 須彌山門 利嚴의 渡唐 기록이라든지 吳越 일대의 정세 등을 생각할 때, 896년 무렵에 견훤이 오월로 사절단을 파견하였으리라는 견해도 있다(배재훈, 「무진주 시기 견훤 정권의 동향」, 321-324쪽). 견훤이 오월에 사절을 파견한 900년의 기록에 "…遂自稱後百濟王 設官分職 是唐光化三年 新羅孝恭王四年也 遣使朝吳越 吳越王報聘 仍加檢校大保 餘如故…"(『三國史記』 50 甄萱傳)라고 하여, 吳越王이 甄萱의 사절 파견에 답례하면서 '檢校大保를 더하고 나머지 직함은 옛과 같이 하였다'고 한 것으로 미루어, 그 전에 벌써 견훤이 오월에서 除授받은 바의 ―기록에 '옛'이라 지칭된― 어떤 직함을 지녔으리라는 이해이다. 그런데 '餘如故'에서 옛과 같이 하였다[如故]고 기록된 그 나머지 직함[餘]을, 반드시 이전에 오월에서 제수받은 어떤 것으로만 한정해야 하는 지는 의문이다. 견훤이 900년에 吳越로 파견했던 후백제 사절단이 지니고 간 외교문서라든지에는, 後百濟를 세우고 設官分職한 사실 등을 알리면서, 또한 자칭했다는 후백제왕을 위시한 자신의 직함을 적었을 터이다. '仍加檢校大保 餘如故'란 그처럼 견훤의 공식 외교문서에 적힌 후백제왕 운운의 이전 직함을 그대로 인정한 위에 다시 '검교대보'를 더한 것으로 이해하는 편이 한결 순조로워 보인다. 이전에 오월에게서 받았음 직한 직함을 구태여 상정하지 않더라도 얼마든지 文理에 맞는 해석이 가능하다. 光州에서 自立·自王한 892년 이래 '不敢公然稱王'하다가, 900년의 全州 천도를

면서 해양역량을 배양하는 데 좀 더 주의를 기울였으며, 그리하여 장차 해외 나라들과의 공식 수교에 나서기를 기약함으로써 이를테면 국제적 승인을 획득하기 위한 대외교섭의 기틀이 이 시기에 마련되었던 것으로 이해하여 무난하지는 않을까 생각하는 것이다.[69]

광주에 도읍하던 당시에 벌써 견훤정권이 나름대로 체제를 갖춰가며 여러 방면에서 주의를 끌 만한 역량을 확보하였음을 살폈다. 세력권을 크게 넓히는 등 제법 눈부신 성과를 거뒀던 듯 보이거니와, 그처럼 새로운 정권의 틀을 정비하며 창업에 몰두하던 중 견훤은 문득 광주를 떠나 전주로 도읍을 옮기었다. 그 이유가 궁금한데, 잠시 숨을 고르며 자리를 바꿔 살피도록 하겠다.

계기로 百濟 계승을 공식 선포하고 공공연히 稱王하며 設官分職하고서는, 마침내 吳越에 사절을 파견하여 외교적 승인을 도모하였는데, 오월에서 그것을 받아들이며 답례하였다는 『삼국사기』의 기록에서, 어떠한 논리적 모순도 느껴지지 않는다. 후백제의 출범을 내외에 공식화하면서 비로소 오월에 사절을 파견하여 그 외교적 승인을 구하였다고 하는 기록에 굳이 의문을 품어야 할 까닭은 없어 보인다.

69) 그밖에도 견훤정권과 연결된 해상세력 출신의 인물로서 能昌을 떠올릴 수가 있을 법하다. 壓海縣의 賊帥로서 水獺이라는 별칭을 지닌 이 인물이 王建의 우려 대상이었다든지, 또는 사로잡혀 온 그를 弓裔가 만인 공개리에 모욕하며 참형에 처하였던 사실 등에 비추어, 그는 아마도 甄萱과 연결된 가운데 활동한 해상세력이었을 가능성이 높아 보인다(申虎澈, 『後百濟 甄萱政權硏究』, 31-32·83쪽. 조인성, 『태봉의 궁예정권』, 푸른역사, 2007, 205쪽). 그렇지만 능창을 견훤과 연결시키는 데 반대하거나 혹은 견훤의 휘하세력으로 간주하지 않는 견해도 존재하는 등 논란의 대상인 만큼(鄭淸柱, 『新羅末高麗初 豪族硏究』, 一潮閣, 1996, 154쪽 ; 姜鳳龍, 「後百濟 甄萱과 海洋勢力」, 『歷史敎育』 83, 2002, 124-125쪽), 여기에서는 일단 논외에 부치려 한다.

Ⅳ. 전주全州로의 천도遷都

견훤정권이 전주로 천도하기에 이른 배경을 다룬 연구는 무척 많다. 나주지역의 이반을 지적하거나 전주 일원이 해양활동에 유리한 고장임을 거론한다든지, 혹은 영역을 넓히고 군사력을 확충하며 널리 호족을 포섭함으로써 세력기반을 확대하고, 또한 불교계와 결연하며 미륵신앙에 의지한다거나, 나아가 백제를 부흥하고 더불어 마한·백제 일체의식 내지는 마한·백제 계승의식을 바탕으로 마한·백제를 중심으로 하는 새로운 삼한일통을 내세우며 그 주역으로 자리하기 위함이라는 등 허다한 논의들이 이어진 바 있다.[70] 대체로 일리가 있으며 귀 기울여 마땅한 의견들이다.

다만 여전히 개운치 않은 부분 중 하나는, 상당한 동안에 걸

70) 위의 註 4)·5)에 제시한 논저들이 그러하거니와, 그 중 몇을 꼽자면 다음과 같다. 申虎澈, 『後百濟 甄萱政權硏究』, 일조각, 1993, 48-51쪽 ; 김주성, 「후백제 견훤과 전주」, 『전주의 역사와 문화』(전북전통문화연구소), 신아출판사, 2000, 47-55쪽 ; 金壽泰, 「甄萱政權과 佛敎」, 『후백제와 견훤』(백제연구소), 서경문화사, 2000, 55-70쪽 ; 李道學, 「甄萱의 出身地와 그 初期 勢力 基盤」, 『후백제 견훤정권과 전주』(전북전통문화연구소), 도서출판 주류성, 2001, 66-77쪽 ; 姜鳳龍, 「甄萱의 勢力基盤 擴大와 全州 定都」, 같은 책, 80-119쪽 ; 金壽泰, 「全州 遷都期 甄萱政權의 變化」, 같은 책, 123-127쪽 ; 尹明哲, 「後百濟의 海洋活動과 對外交流」, 같은 책, 298-306쪽 ; 趙法鍾, 「後百濟 甄萱의 歷史繼承認識」, 같은 책, 375-377·385-388쪽 ; 이강래, 「후백제의 당대 인식」, 『후백제의 대외교류와 문화』(후백제문화사업회), 신아출판사, 2004, 21-45쪽 ; 이도학, 「後百濟의 全州 遷都와 彌勒寺 開塔」, 『韓國史硏究』 165, 2014, 1-30쪽 ; 陳政煥, 「後百濟王 甄萱의 900~901年 言行의 意味」, 『전북사학』 57, 2019, 115-148쪽 ; 진정환, 「후백제 주도세력의 변화와 그 영향」, 『新羅史學報』 51, 2021, 53-58쪽.

쳐 터전을 닦아온 첫 도읍을 떠나 새로이 도읍을 조성하는 고단함을 감수하면서까지, 견훤정권이 옮겨가야만 할 주된 이유가 무엇이었을까 라고 하는 점이다. 견훤으로 하여금 광주를 도읍으로 삼는 한 채워지기 어렵다고 판단하게끔 만든 그 어떤 것을 중심으로, 천도의 경위를 새롭게 정리할 필요가 있어 보인다. 광주에 도읍하던 시기의 견훤 내지는 그가 수립한 새 정권에서 고심하였음 직한 사항을 헤아리는 데서 풀어가야 할 문제이려니와, 우선 견훤 자신의 그와 관련된 언급을 더듬는 데서 실마리를 찾는 게 순서일 성싶다.

> … 견훤이 서쪽으로 순행하여 완산주完山州에 이르자, 고장의 주민들이 맞이하여 위로하였다. 견훤이 인심을 얻은 것을 기뻐하며 좌우에게 이르기를, "내가 삼국三國의 시원始原을 찬찬히 살펴보니, 마한馬韓이 먼저 일어나고 후에 혁세발흥赫世勃興하므로 진한辰韓·변한卞韓이 그를 좇아 일어났다. 이에 백제百濟가 금마산金馬山에서 개국하여 육백여 년이 되었는데, 총장摠章 연간年間에 당唐 고종高宗이 신라新羅의 청을 받아들여 … 백제를 공격해 멸망시켰다. 이제 내가 감히 완산完山에 도읍都邑을 세워서 의자왕義慈王의 오래 된 울분을 씻지 아니하랴" 하고는, 드디어 후백제왕後百濟王이라 자칭하며 관부官府를 설치하고 직책職責을 나누니, 이것이 당唐의 광화光化 3년이요 신라新羅 효공왕孝恭王 4년(900)이었다 …[71]

---

71) …(甄)萱西巡至完山州 州民迎勞 萱喜得人心 謂左右日 吾原三國之始 馬韓先起 後赫世勃興 故辰卞從之而興 於是 百濟開國金馬山六百餘年 摠章中 唐高宗以新羅之請…攻百濟滅之 今予敢不立都於完山 以雪義慈宿憤乎 遂自稱後

견훤의 전주 천도를 알리는 유명한 기사이다. 천도에 담긴 의미를 견훤 스스로 천명하여 눈길을 끌거니와, 이미 수없이 다뤄진 내용으로서 새롭게 따지고 들 만한 사항은 거의 없어 보인다.[72] 다만 전주 천도에 담긴 견훤의 의중을 다시금 가늠해 정리한다는 차원에서 되짚어 들여다보는 것도 무의미하지만은 않을 듯 여겨진다.

위의 언명에서, 견훤이 마한·백제로 이어지는 유구한 역사의 정통성을 강조하며 자신이 그 전통의 계승자임을 내세우려 하였다는 데에는 이견이 없어 보인다. 광주에 비해 전주 일원이 그러한 명분을 표방하기에 보다 합당한 지역이라는 판단에서, 견훤의 전주 천도가 이뤄졌으리라는 이해이다. 역사적으로 백제가 마한세력을 밀어내면서 전주와 광주·나주 일대로 진출해온 시기이며 그 경위라든지, 영산강 유역에 전하는 이른바 잔존 마한세력의 유적이나 백제 멸망 이후 백제부흥군의 활동 범위 등을 두고 볼 때, 견훤이 활동하던 당시 전주 일원과 광주 내지 나주 일원의 주민들 사이에는 그 역사적 경험이나 사회문화적 환경에서 공통점과 함께 더욱이 구별될 만한

百濟王 設官分職 是唐光化三年 新羅孝恭王四年也… (『三國史記』 50 甄萱傳)

72) 위 註 71)의 사료 중 '赫世'를 '奕世'와 동일하게 '累代로·代代로'라 해석하면서, 이제까지 그것을 대략 '赫居世'라 이해해 온 관행을 비판하는 의견이 있다(이도학, 「후백제의 전주 천도와 미륵사 개탑」, 16-17쪽). 이를테면 "…馬韓이 먼저 일어나고 후에 赫居世가 勃興하였으므로 辰韓·卞韓이 그를 따라 일어났다…"와 같이 이해해 온 그 동안의 관행과 달리, "…馬韓이 먼저 일어나 累代로 勃興한 까닭에 辰韓·卞韓이 (마한을) 좇아 흥기했다…"는 식으로 번역하자는 입장이다. 어느 쪽이든 이 글의 논지에는 별다른 영향이 없어 상세한 논의는 일단 미루려니와, 文理에 맞는 번역을 위한 관심이 요청된다 하겠다.

차이점이 드러났을 듯 여겨진다. 자연히 거기에서 유래되었을 지역 주민들 사이의 역사적 계승의식 내지는 귀속의식에도 서로 차이가 있었을 터이며, 전주에 비해 상대적으로 백제 계승 내지 귀속의식이나 회고의 감정이 약했을 것으로 여겨지는 광주 지역사회의 분위기는, 견훤에게 자못 고민으로 다가왔을 성싶다. 멀리는 마한과 함께 더욱이 백제의 직접적인 계승을 명분으로 후백제 창업에 나선 견훤의 입장에서는 광주보다 전주 일원이 한층 그에 합치되는 고장으로 받아들여졌을 가능성이 높으며, 그런 만큼 전주 천도의 핵심적인 요인으로서 정권 수립의 명분을 한층 확고히 다지려는 견훤의 의도를 지적해 마땅하지는 않을까 헤아려지는 것이다.

후백제 창업의 정당성에 관계되는 명분의 정립을 두고 견훤이 고심하였으며, 그것을 한층 굳건히 다지는 데 유리하다는 판단에서 전주로 천도하였을 것임을 더듬었다. 기왕의 견해에서 벗어나지 않거니와, 다만 그것을 천도의 가장 주요한 이유로서 한층 유의해 마땅하다는 데 무게를 두려는 것이다. 그런데 견훤의 위에서와 같은 ―고의적인 왜곡 여부를 막론하고― 역사인식에 따르면, 그러한 명분에 합당한 고장은 사실 전주全州가 아니고 금마산金馬山 곧 오늘의 익산益山이었다.[73] 전주와 익산은 이웃으로서 경계를 맞댄 고장이다. 아주 멀지는 않지만 그렇다고 해서 거리를 무시할 만큼 그리 가깝다고 할 수

73) 後百濟의 益山都邑說이 불거지게 된 배경일 터이다. 그렇지만 후백제 익산도읍설의 근거가 박약함은, 申虎澈, 『後百濟 甄萱政權硏究』, 214-216쪽의 설명을 참고하라.

만도 없는 위치이며, 만경강 너머 마주함으로 해서 두 고을을 오가는 데에도 상당한 시간이 소요된다. 전주와 익산을 막연히 동일한 고장으로 간주할 수만은 없어 보인다. 익산이 마한·백제의 계승을 표방하는 데 가장 합당한 고장이라는 사실을 충분히 인식하였을 것임에도, 견훤이 새로운 도읍으로서 익산이 아닌 전주를 선택한 이유가 문득 궁금하다.

이를 나위 없거니와, 전주는 통일신라의 9주 치소 가운데 하나였다. 현 전북 일대를 다스리며 더불어 다른 주州라든지 왕경王京과 연결하는 따위의, 말하자면 통치에 필요한 종종의 기반 시설이 제법 갖춰진 고장이다. 익산에서는 찾아보기 어려운 유리한 지점으로서, 견훤이 익산 아닌 전주를 도읍으로 선택하기에 이른 주된 이유로 꼽을 만하다. 기왕의 기반 시설을 바탕으로 후백제의 전주 도읍이 조성되어 점차 제 모습을 갖춰 갔으려니와, 견훤의 입장에서 익산을 비롯한 현 전북 일원의 저변에 흐르는 마한·백제 계승의식 내지는 귀속의식을 충분히 활용하면서도, 천도에 따르게 마련인 크고 작은 어려움들을 해결해 나가기에 합당한 고장으로서 전주만한 곳을 달리 찾기가 쉽지 않을 듯싶다. 한편 주州 치소治所로서의 기반 시설이라는 측면에서는 광주光州도 전주全州와 크게 다르지는 않았을 터이다. 다만 마한·백제의 계승을 표방하는 데 전주가 광주에 비해 한층 유리한 환경이었을 것임을 거론하였거니와, 그렇다면 전주로의 천도는 그와 같은 명분을 핵심 요인으로 한 위에 기왕에 갖춰진 기반 시설 정도를 고려하는 선에서 추진된 것으로 이해하면 되는 것일까.

전주로 도읍을 옮긴 이듬해(901)에 견훤은 대야성大耶城을 공격하고자 몸소 군을 끌고 나섰다.[74] '의자왕의 오래 된 울분을 씻겠다'는 다짐의 실천이자,[75] 비록 대야성 공략에는 실패했지만 그리하여 왕조 창업의 명분을 대내외적으로 과시하려는 정치적 결단의 이행으로 풀이된다. 백제를 계승한 왕조의 창업이라는 명분에 충실하려면, 무엇보다 백제 고지故地를 수복하는 게 우선 과제였을 터이다. 대략 북으로 공주公州 어간에 이르는 선까지 진출함으로 해서 일단 그러한 지향에 나름의 성과를 거뒀다는 게 견훤정권의 자평이었던 듯싶거니와, 그리하여 다음 단계로서 신라 쪽으로의 세력 확장을 도모하면서 전략적 요충이자 의자왕대 공략의 대상이었던 대야성을 치고자 나섰던 것으로 이해된다. 전주 천도에 담긴 의미가, 왕조 창업의 명분을 확고히 한 위에 그처럼 표방한 명분의 실행이라 할 백제 고지 수복이라든지 또는 백제 멸망을 주도한 숙적 신라를 향한 공격에 유리한 고장을 찾아서일 것임을 짐작케 하는 대목이다. 후백제 건국의 정당성을 굳건히 다짐과 동시에 명분을 바탕으로 한 세력 확장이 용이한 고장으로서 전주가 선택되었으며, 그리하여 전주가 견훤의 도읍으로 자리잡게 되었을 것임을 헤아려 지나치지 않을 듯싶은 것이다.

전주는 당시 견훤이 세력권으로 상정하였던 '전全·무武·공등주公等州'의 중간쯤에 해당한다. 동쪽의 신라라든지 또는 북

74) 弓裔稱王 秋八月 後百濟王甄萱 攻大耶城 不下 移軍錦城之南 奪掠沿邊部落而歸 (『三國史記』 12 孝恭王 5년)

75) 陳政煥, 「後百濟王 甄萱의 900~901年 言行의 意味」, 128-129쪽.

쪽의 옛 고구려 방면으로 진출하는 데에도 광주보다 한결 유리하다. 세력권의 지리적 중앙 정도에 해당하는 곳을 정치적 중심지로 삼아 왕조 창업을 공식화하며 더불어 세력을 확장해 가려 할 때, 당시 견훤의 입장에서 전주는 자못 좋은 조건을 갖춘 고장이었던 셈이다. 한참 뒤의 일이지만, 견훤은 왕건에게 보낸 국서에서 "나의 기약하는 바는 활을 평양平壤 문루門樓에 걸고, 말에게 패강浿江의 물을 마시게 하는" 것이라고 호언하였다.[76] 견훤이 백제 고지를 수복하고 신라를 공략하며 나아가 고구려 옛터로의 진출을 기약하면서 전주로 천도하였을 것임을 헤아리게 한다. 견훤의 궁극 목표가 옛 고구려 영역까지를 아우르는 새로운 삼국통일이었으며, 전주 천도에 그와 같은 포부가 담겼음을 일깨우는 대목이다.

이른바 적고적赤袴賊이 후백제 견훤정권과 무관치 않을 것임을 앞서 언급한 바 있다. 견훤의 후백제가 화덕火德의 적색赤色을 내세웠음을 시사하거니와, 여기에서 오행상승(상극)설五行相勝(相剋)說을 떠올리며 금덕金德의 신라를 부정하고 극복하겠다는 견훤정권의 의지를 짚어내는 것이 반드시 불가능하지만은 않아 보인다.[77] 당시 지식계의 순환론적循環論的 역사인식歷史認識이라든지 추연鄒衍의 오행설五行說 수용 상황 등을 감안할 때, 화덕火德을 표방한 견훤의 후백제가 신라식新羅式의 삼한일통三韓一統을 극복하고 옛 고구려의 영역까지를 아우르는 새로운

---

76) …(天成2, 927)十二月日 寄書太祖曰…所期者 掛弓於平壤之樓 飮馬於浿江之水… (『三國史記』 50 甄萱傳)

77) 변동명, 「麗水豪族 金惣과 그의 城隍神 추앙」, 61-62쪽.

일통一統을 추구하는 목표를 가졌다는 지적에[78] 공감하는 바이다. 그러한 웅지를 펴고자 광주를 떠나 전주로의 천도에 나섰으리라는 해석이 꼭 지나치다고만은 할 수가 없을 듯싶은 것이다.

백제를 계승한 왕조로서의 명분을 확고히 다지고, 더욱이 그 명분에 기반하여 적극적으로 세력을 확장하며, 그리하여 궁극에 가서는 신라식 삼한일통을 극복하고 후백제 중심의 새로운 일통을 추구하기 위한 발판으로 삼고자, 견훤이 광주를 떠나 전주로 천도하였을 것임을 헤아렸다. 기왕의 기반 시설 등 염두에 올린 사항들이 여럿이었겠지만, 주요한 줄거리는 그러하였을 듯 여겨진다. 당시 후백제 견훤정권의 입장에서 보자면, 정치적 및 사회문화적 환경이나 지리적 위치 등에서 광주에 비해 전주가 한결 좋은 조건을 갖춘 고장으로 판단되었을 듯싶은 것이다.

전주는 견훤의 포부를 펼치기 위한 명분 확립이라든지 세력 확장의 측면에서 광주보다 유리하였다. 광주를 도읍으로 정권을 수립한 견훤이 마주했던 고민을 짐작할 만하거니와, 나아가 광주 도읍시기의 후백제 견훤정권이 지니는 의미도 또한 거기에서 찾을 수가 있을 듯 여겨지기도 한다. 새로운 정권을 수립함에 미쳐, 신라에 의한 삼한일통의 한계를 장차 극복하고 그리하여 마한·백제의 정통을 잇는 새로운 일통을 위한 정치적 출발의 첫 중심지로서, 광주 도읍이 지니는 무게를 무시

78) 이강래, 「후백제의 당대 인식」, 21-37쪽.

할 수가 없어 보이는 것이다. 백제를 주체로 하는 새로운 일통이라는 웅지를 맨 처음 구상하고 실행 방안을 기획하며 그 구체적 실천의 하나로서 전주 천도를 단행하기에 이르기까지, 견훤정권의 중심이 광주였으며 그러한 데에서 광주 도읍시기에 담긴 의미를 구하여 마땅할 것으로 생각한다.[79] 이른바 후삼국시대의 문을 처음 열어 일대 전기를 마련하며 격동기를 이끌어간 후백제가, 새로운 일통을 향한 창업의 기틀을 갖추

---

79) 견훤은 내심 전주 천도 이후에도 광주가 도읍에 못지않은 후백제의 주요 근거지로서 여전히 제 자리를 지킬 것이라는 확신을 가졌던 듯 보인다. 실제로 이후 광주지역은 나주로 진출해 온 왕건의 침투를 저지하는 요충 거점의 역할을 충실히 수행하였으며, 고려로 통합되기까지 후백제에서 손꼽히는 핵심 요지 중 하나로서의 위상을 변함없이 고수하였다. 견훤과 광주 사이의 남다른 연고를 짐작케 하거니와, 견훤이 광주를 떠나 전주로의 천도를 단행할 수 있었던 데에는 광주 지역사회를 향한 그의 그와 같은 굳건한 신뢰도 일면 작용하였을 것으로 생각한다.

한편 견훤이 애초에 광주·나주 일대의 마한을 향한 회고의 감정이라든지 또는 희박한 백제 귀속의식 등을 잘 파악하지 못하였기에 이 지역을 첫 거점으로 삼았으며, 뒤에야 그것을 깨닫고서는 결국 전주로 도읍을 옮겼으리라는 견해가 있다. 견훤이 광주 출신이었다면 그러한 지역 민심을 꿰뚫어 알았을 텐데, 그렇지 못한 것으로 미루어 그의 광주 출신설은 믿기 어렵다는 지적이다(陳政煥, 「後百濟王 甄萱의 900~901年 言行의 意味」, 126-127쪽). 그렇지만 광주 지역사회를 제대로 파악하지 못하고, 그리하여 토착세력을 비롯한 지역민들의 호응을 얻는 데 실패했다면, 그러한 광주를 도읍으로 새로운 정권을 수립한다는 게 당시 상황에서는 거의 불가능에 가까웠을 듯싶다. 그보다는 견훤과 광주 지역사회 사이의 연고가 남달랐으리라고 보는 게 차라리 현실에 가까울 듯 여겨진다. 나아가 그와 같은 끈끈한 관계를 확신하고 지역사회를 굳게 믿었기에 마음 놓고 광주를 떠나 전주로 천도할 수가 있었고, 실제로도 광주지역은 끝까지 후백제의 편에서 왕건에게 대항함으로써 그러한 믿음이 근거 없지 않음을 보여주기도 하였다. 견훤의 전주 천도가 무진주 일원의 민심을 나름대로 파악한 위에서 진행되었음을 헤아리게 하는 대목이거니와, 전주 천도를 이유로 그의 광주 출신설을 부정하려는 견해에는 쉬이 공감하기가 어려워 보인다.

고 기반을 다져가며 역사의 무대에 본격 등장하기에 이른 최초의 중심이 광주였다는 점에서, 견훤정권의 광주 도읍시기가 지닌 의미는 결코 낮춰 평가할 수 없을 것으로 믿는다.

Ⅴ. 맺음말

광주에 도읍하던 시기의 견훤정권을 살폈다. 견훤이 거병하기에 이르는 경위를 더듬는 데서 시작하여, 광주를 도읍으로 삼아 후백제를 세우고 뒤이어 전주로 천도하기까지를 찬찬히 훑으며, 후백제 견훤정권의 광주 도읍시기에 담긴 의미를 헤아리고자 나름의 정성을 기울였다. 이제 그 결과를 요약하여 맺음말에 가름하려 한다.

견훤은 15세 되던 헌강왕 7년(881) 즈음 종군하여 왕경에 들어갔다. 병력 확충의 필요성을 느낀 조정의 모병募兵에 응하여 중앙군이 되었다. 이후 정세의 변화에 따라 서남해 곧 현재의 순천만·광양만 일원에서 방수防戍하는 군인으로 편성되었다. 중앙군 출신을 그 연고지에 배치하여 흔들리는 지역 민심을 다잡으려는 조정의 의도에 따른 조치였다. 광주의 호족 출신으로 판단되는 견훤이 순천·여수 일원에서 방수하는 군인으로 복무하게 된 경위는 그러하였다.

방수군 생활에 열성이던 견훤은 노고를 인정받아 비장裨將에 올랐다. 그러던 중 진성여왕 3년(889) 무렵 나라가 혼란에 빠지고 각지에서 민초가 봉기하자, 남 몰래 반심을 품고서는 동조자를 끌어 모으기 시작하였다. 휘하의 군인을 포함하여, 그가 방수하던 순천 부근 및 출신지인 광주 일원의 유력한 토착세력 등과 연결을 도모하며 뜻을 모아갔다. 기회를 엿보던 견훤이 거사를 단행한 것은 진성여왕 6년(892)에 가서였다. 그리하여 군사를 일으킨 한 달 정도에 무리 5천을 모으며 현 전남의 동남지역을 석권하고 무주를 엄습하여 자립自立·자왕自王하기에 이르렀다. 23세인 889년 이래 조심스레 준비를 진행하여 26세 되던 892년에 마침내 그 꿈을 펼치게 된 셈이었다.

견훤은 휘하의 방수군을 디딤돌 삼아 거병에 나섰다. 거기에 지지 호족의 뒷받침을 받은 군사적·경제적 기반이라든지 해양활동을 통해 섭취한 선진문물 등을 더하고, 더불어 무주 호족 출신인 스스로의 토착적 기반과 사회·문화적 소양 내지는 군인으로서의 다양한 경험 따위를 바탕으로 한 그 자신의 식견을 보태어, 반신라反新羅를 지향하는 거사에 성공하였다. 그리하여 한 달을 사이로 마침내 자립·자왕에 이르렀거니와, 그토록 신속한 성공은 무주 출신으로 판단되는 견훤과 지역사회 사이의 깊은 연고를 배제하고서는 쉬이 납득하기 어려운 일이었다.

광주에 도읍하던 처음 견훤의 세력권은 순천·나주지역을 아우르는 무주 일대였다. 그리하여 무주 치소를 중심으로 한 기왕의 통치조직이라든지 기반시설을 활용해 제 나름의 체제를 갖춰가며, 더욱이 그 세력권을 확장하는 일에 한층 힘을 쏟았다. 백제의 부흥·계승을 명분으로 자왕自王하며 백제고지百濟故地 모두를 영역권으로 표방하기에 이르렀고, 왕경 경주에 출몰할 정도의 두드러진 군사적 역량을 선보였다. 무주지역은 물론 전주와 공주지역에 이르는 넓은 범위의 호족을 지지세력으로 품는 한편, 해양력을 키우는 일에도 관심을 돌려 장차 해외 나라들과의 수교에 나설 수 있는 기틀을 마련한 것도 광주 도읍시기의 일이었다.

광주를 도읍으로 그처럼 정권의 틀을 정비하며 창업에 몰두하던 중 견훤은 문득 전주로 천도하였다. 효공왕 4년(900)이었다. 당시 광주 지역사회에서는 상대적으로 백제 계승 내지 귀속의식이나 회고의 감정이 약하였다. 멀리는 마한과 함께 보다 직접적으로는 백제의 부흥·계승을 명분으로 내세우며 후백제를 창업하기에는, 그 역사적 경험이라든지 정치적 내지 사회문화적 분위기의 측면에서 전주 일원이 한층 좋은 환경이었다. 전주로의 천도를 통해 정권 수립의 명분을 더욱 굳게 다지려는 게 견훤의 주된 의도였다.

전주는 또한 견훤정권이 표방한 세력권의 중간쯤에 해당하는 고장이었다. 새로운 정권의 수립을 공식화하며, 더불어 창업의 명분에 맞는 백제고지의 수복이라든지 혹은 숙적 신라를 향한 공격이나 고구려 옛터로 진출하는 거와 같은 세력의 확장에 한결 유리한 지역이었다. 견훤정권에서는 화덕火德을 표방하며 신라식新羅式의 삼한일통三韓一統을 극복하고 옛 고구려의 영역까지를 아우르는 새로운 일통一統을 추구하였다. 요컨대 백제 계승의 명분을 확고히 다지고, 더욱이 그에 기반하여 적극적으로 세력을 확장하며, 그리하여 궁극에 가서는 신라식 삼한일통을 극복하고 후백제 중심의 새로운 일통을 추구하기 위한 발판으로 삼고자 전주로의 천도가 이뤄졌던 것이다.

견훤의 광주 도읍은 결국 신라에 의한 삼한일통의 한계를 극복하고 그리하여 마한·백제의 정통을 잇는 새로운 일통을 위한 정치적 출발의 첫 걸음인 셈이었다. 백제를 주체로 하는 새로운 일통이라는 웅지를 처음으로 구상하고 실행 방안을 기획하며 그 구체적 실천의 하나로서 전주 천도를 단행하기까지 견훤정권의 중심이 광주에 있었다. 후삼국시대의 문을 맨 처음 열어 일대 전기를 마련하며 격동기를 앞서 이끌어간 후백제가, 새로운 일통을 향한 창업의 기틀을 갖추고 기반을 다져가며 역사의 무대에 본격 등장하기에 이른 최초의 중심이 광주였다는 점에서, 견훤정권의 광주 도읍시기가 지닌 의미는 결코 낮춰 평가해서는 안 될 일이었다.

참고문헌

〈문헌〉

『三國史記』, 『三國遺事』, 『高麗史』, 『世宗實錄地理志』, 『慶尙道地理志』, 『新增東國輿地勝覽』, 『高麗墓誌銘集成』(金龍善編)

〈단행본〉

李基白, 『新羅政治社會史硏究』, 一潮閣, 1974.

李樹健, 『韓國中世社會史硏究』, 一潮閣, 1984.

李基東, 『新羅骨品制社會와 花郎徒』, 一潮閣, 1984.

全南大學校博物館, 『武珍古城』 I · II, 1989·1990.

申虎澈, 『後百濟 甄萱政權硏究』, 一潮閣, 1993.

鄭淸柱, 『新羅末高麗初 豪族硏究』, 一潮閣, 1996.

이도학, 『진훤이라 불러다오』, 푸른역사, 1998.

백제연구소, 『후백제와 견훤』, 서경문화사, 2000.

전북전통문화연구소, 『전주의 역사와 문화』, 신아출판사, 2000.

전북전통문화연구소, 『후백제 견훤정권과 전주』, 주류성, 2001.

邊東明, 『韓國中世의 地域社會硏究』, 學硏文化社, 2002.

申虎澈, 『後三國時代 豪族硏究』, 도서출판 개신, 2002.

해상왕장보고연구회, 『張保皐關係硏究論文選集』, (재)해상왕장보고기념사업회, 2002.

후백제 문화사업회, 『후백제의 대외교류와 문화』, 신아출판사, 2004.

조인성, 『태봉의 궁예정권』, 푸른역사, 2007.

申虎澈, 『후삼국사』, 도서출판 개신, 2008.

문안식, 『후백제 전쟁사 연구』, 혜안, 2008.

김갑동, 『고려의 후삼국 통일과 후백제』, 서경문화사, 2010.

邊東明, 『여수해양사론』, 전남대출판부, 2010.
전주시·전주역사박물관, 『후백제 왕도 전주』, 흐름출판사, 2013.
호남사학회, 『고려의 후삼국통합과정과 나주』, 景仁文化社, 2013.
邊東明, 『한국 전통시기의 산신·성황신과 지역사회』, 전남대출판부, 2013.
이도학, 『후백제 진훤대왕』, 주류성, 2015.
국립전주박물관, 『대외관계로 본 후백제』, 공감인, 2015.
국립전주박물관, 『후백제와 오월』, 세종씨앤씨, 2016.
국립전주박물관, 『견훤, 새로운 시대를 열다』, 꿈과 놀다, 2020.
전주시·장수군·국립전주박물관·군산대가야문화연구소, 『후백제와 견훤』, 서경문화사, 2021.
국립익산박물관·후백제학회, 『후백제와 익산』(미륵사 개탑 1,100주년 기념 학술대회 발표집), 2022.
지역사연구소, 『무등산, 광주사람을 품다』, 전남대학교출판문화원, 2022.

〈논문〉

日野開三郎, 「羅末三國の鼎立と對大陸海上交通貿易」, 『朝鮮學報』 16·17·19·20, 1960·1961 ; 「羅末 三國의 鼎立과 對中國 海上交通貿易」, 『張保皐關係研究論文選集』(해상왕장보고연구회), (재)해상왕장보고기념사업회, 2002.
李基白, 「新羅 私兵考」, 『歷史學報』 9, 1957 ; 『新羅政治社會史研究』, 一潮閣, 1974.
李樹健, 「土姓의 形成過程과 內部構造」, 『韓國中世社會史研究』, 一潮閣, 1984.
李樹健, 「土姓의 分化」, 같은 책.

李基東, 「新羅 下代 賓貢及第者의 出現과 羅唐 文人의 交驩」, 『新羅骨品制社會와 花郞徒』, 一潮閣, 1984.

申虎澈, 「甄萱의 出身과 社會的 進出」·「甄萱政權의 成立」, 『後百濟甄萱政權硏究』, 一潮閣, 1993.

林永珍·黃鎬均·徐賢珠, 「光州 樓門洞 統一新羅 建物址 收拾調査報告」, 『湖南考古學報』 2, 1995.

鄭淸柱, 「新羅末·高麗初 豪族의 形成과 變化」, 『新羅末高麗初 豪族硏究』, 一潮閣, 1996.

김수태, 「후백제 甄萱정권의 성립과 농민」, 『百濟硏究』 29, 1999.

邊東明, 「甄萱의 出身地 再論」, 『震檀學報』 90, 2000.

李喜寬, 「甄萱의 後百濟 建國過程上의 몇 가지 問題」, 『후백제와 견훤』, 서경문화사, 2000.

金壽泰, 「甄萱政權과 佛敎」, 같은 책.

李文基, 「甄萱政權의 軍事的 基盤」, 같은 책.

김주성, 「후백제 견훤과 전주」, 『전주의 역사와 문화』, 신아출판사, 2000.

李道學, 「甄萱의 出身地와 그 初期 勢力 基盤」, 『후백제 견훤정권과 전주』, 주류성, 2001.

金甲童, 「후백제 영역의 변천과 멸망 원인」, 같은 책.

姜鳳龍, 「甄萱의 勢力基盤 擴大와 全州 定都」, 같은 책.

金甲童, 「後百濟 甄萱의 戰略과 領域의 變遷」, 같은 책.

金壽泰, 「全州 遷都期 甄萱政權의 變化」, 같은 책.

尹明哲, 「後百濟의 海洋活動과 對外交流」, 같은 책.

趙法鍾, 「後百濟 甄萱의 歷史繼承認識」, 같은 책.

申虎澈, 「後三國 建國勢力과 淸州豪族」, 『後三國時代 豪族硏究』, 도서출판 개신, 2002.

鄭淸柱,「甄萱의 豪族政策」,『全南史學』 19, 2002.

邊東明,「順天의 海龍山城」,『韓國中世의 地域社會研究』, 學研文化社, 2002.

邊東明,「高麗王朝와 羅州」, 같은 책.

邊東明,「高麗時期 順天의 山神·城隍神」,『歷史學報』 174, 2002 ;「순천의 산신·성황신」,『한국 전통시기의 산신·성황신과 지역사회』, 전남대출판부, 2013.

姜鳳龍,「後百濟 甄萱과 海洋勢力」『歷史教育』 83, 2002.

문안식,「견훤의 후백제 건국과 전남지역 호족세력의 추이」,『慶州史學』 22, 2003.

이강래,「후백제의 당대 인식」,『후백제의 대외교류와 문화』, 신아출판사, 2004.

邊東明,「金惣의 城隍神 推仰과 麗水 豪族」,『全南史學』 22, 2004 ;「麗水豪族 金惣과 그의 城隍神 추앙」,『여수해양사론』, 전남대출판부, 2010.

權悳永,「新羅下代 西·南海地域의 海賊과 豪族」,『한국고대사연구』 4, 2006.

이도학,「신라말 견훤의 세력 형성과 교역」,『新羅文化』 28, 2006.

이윤미,「9世紀 後半 武州地域의 政治的 動向과 甄萱의 自立」,『歷史教育論集』 44, 2010.

배재훈,「견훤의 군사적 기반」,『新羅文化』 36, 2010.

김종수,「신라 하대 군제의 변화와 그 붕괴」,『軍史』 80, 2011.

정순일,「마쯔라·아키타·쓰시마에 출현한 寬平新羅海賊」,『한국고대사탐구』 14, 2013.

김주성,「견훤의 전주 천도와 왕궁 위치」,『후백제 왕도 전주』, 흐름출판사, 2013.

배재훈, 「공산 지역 고대 정치체의 성장과 발전」, 『고려의 후삼국 통합과정과 나주』, 景仁文化社, 2013.
이도학, 「後百濟의 全州 遷都와 彌勒寺 開塔」, 『韓國史研究』 165, 2014.
邊東明, 「後百濟의 海上活動과 對外關係」, 『韓國古代史探究』 19, 2015.
이동희, 「전남지역의 후백제 유적과 역사적 성격」, 『대외관계로 본 후백제』, 공감인, 2015.
변동명, 「新羅末·高麗初의 順天 豪族 朴英規」, 『歷史學研究』 62, 2016.
조인성, 「통일에서 분열로 -후백제의 성립 배경과 관련하여-」, 『新羅史學報』 42, 2018.
陳政煥, 「後百濟王 甄萱의 900~901年 言行의 意味」, 『전북사학』 57, 2019.
이상훈, 「신라 하대 왕위계승전과 사병의 확대」, 『新羅史學報』 48, 2020.
진정환, 「후백제 주도세력의 변화와 그 영향」, 『新羅史學報』 51, 2021.
배재훈, 「무진주 시기 견훤 정권의 동향」, 『한국고대사연구』 103, 2021.
허인욱, 「견훤의 出自 관련 논의 재검토」, 『후백제와 견훤』, 서경문화사, 2021.
변동명, 「三國·統一新羅時期의 無等山과 光州」, 『호남학』 69, 2021 ; 『무등산, 광주사람을 품다』, 전남대학교출판문화원, 2022.

신라 하대의 무진주

배재훈

Ⅰ. 들어가며

신라 하대下代인 889년 전국적인 농민 봉기가 신라 전역에서 일어난다.[1] 이를 기점으로 지방을 기반으로 하는 재지 세력이 등장하여 신라 조정에 반기를 들고 독자적인 세력을 이룬다.[2] 이들 중 견훤甄萱은 892년 오늘날의 광주광역시 일대인 무진주武珍州를 손에 넣고 자립한다.[3] 이후 이 지역은 그가 완산주完山州로 천도하고 왕을 칭하는 900년까지[4] 대략 8년여의 시간 동안 그의 정치·군사·경제적 기반이 되었다.

무진주 시기 견훤은 대외적으로 왕을 칭하지는 않고, 신라

1) 『삼국사기』 권11, 신라본기11 진성왕 3년(889).

2) 최초의 사례는 진성왕 3년(889) 사벌주(沙伐州)에서 봉기한 원종(元宗)과 애노(哀奴)이며, 이어 동왕 5년(891)에는 북원의 양길(梁吉)이, 동왕 6년(892)에는 무주(무진주)에서 견훤(甄萱)이 독자적인 세력으로 자립한다.

3) 『삼국사기』 권11, 신라본기11 진성왕 5년(892).

4) 『삼국사기』 권50, 열전10 견훤.

의 지방관을 자칭했다.[5] 당시 그가 자립한 무진주는 신라가 백제의 옛 지역에 설치한 세 개의 광역 지방 행정 구역의 하나이면서 곧 그 치소治所이기도 했다. 그는 초기 봉기 이후 아주 짧은 기간 동안 무진주에 속하는 여러 군현을 손에 넣었다. 따라서 그가 892년 무진주에서 자립한 사건은 광주광역시 일대뿐만 아니라, 전라남도 지역에 대한 확보를 의미하는 사건일 수 있다.

이 글은 견훤의 정치·군사적 배경이 되는 무진주의 모습을 검토하려는 것이다. 따라서 주된 대상 시기는 신라 하대로 잡았으나, 무진주의 형성과 구조 등에 대해서는 중대中代 이후의 자료도 검토하도록 하겠다. 해당 지역이 갖는 구조적·문화적 특징 중의 일부는 고대 사회 내에서 지속되는 경향이 있다. 또한 중대의 기록 일부는 같은 사료 내에 반복되어 언급되지 않는 일부 하대의 상황을 전하는 것일 수 있다.

주된 논의는 그의 독립 거점인 무진주, 즉 오늘날의 광주광역시에 대한 것이다. 하지만, 당시의 무진주는 오늘날의 광주광역시 외에도 전라남도의 담양과 나주의 일부 지역을 포함하고 있었다. 또한 이 고대의 도시는 오늘날의 전라남도 지역을 거의 포함하는 무진주의 치소였다. 신라는 지방 통치와 관련

---

5) 이 시기 견훤은 '신라서면도통(新羅西面都統) 지휘병마제치(指揮兵馬制置) 지절도독(持節都督) 전무공등주군사(全武公等州軍事) 행전주자사(行全州刺史) 겸어사중승(兼御史中丞) 상주국(上柱國) 한남군개국공(漢南郡開國公) 식읍이천호(食邑二千戶)'라고 자서했다(『삼국사기』 권50, 열전10 견훤). 견훤이 자서한 이 관작의 구성과 의미에 대해서는 채희숙, 「견훤의 자립과 무진주 호족」, 『견훤의 후백제 건국과 광주 학술대회 발표집』, 2023에서 본격적인 논의가 이루어진 바 있다.

한 다양한 기구를 이곳에 설치했다. 그 때문에 무진주는 여러 기록 속에서 양자 모두를 아우르는 지역 명칭으로 호명되었다. 따라서 신라의 서남 지역에 해당하는 무진주, 즉 전라남도에 해당하는 기록도 살펴보게 될 것이다.

이를 위해 첫 장에서는 백제 고토故土의 재편과 무진주의 설치 과정을 검토하여, 신라 하대 무진주의 치소로 기능한 이 '고대 도시'의 외형적인 모습과 정치·경제·군사적 기능을 드러내고자 한다. 다음으로는 신라 하대 무진주의 정치·경제적 모습을 크게 변모시킨 김헌창金憲昌의 난과 흥덕왕興德王 사후 벌어진 원성왕계元聖王系 내의 왕위 계승 전쟁을 다루게 될 것이다. 이는 무진주의 내·외 모두에 큰 영향을 준 사건으로 사건의 추이와 영향 등을 검토하여, 그로 인한 변화의 양상을 드러내고자 한다. 마지막은 신라의 해상 통제와 관련된 내용인데, 이 시기 서남해 지역에서 활동하는 해상 세력과 이들에 대한 통제 기구 등을 다루게 될 것이다. 이 부분은 봉기 이전 견훤의 군사적 성장 배경으로 작용한 것이기도 하여 그 중요성이 높다.

이러한 작업이 효과적으로 수행된다면, 그가 봉기하는 892년 무렵 무진주 지역의 모습을 다각도로 재현하는 것이 가능할 것이다. 물론, 남아 있는 자료가 많지는 않기 때문에 이 글만으로 그러한 목표를 이루기는 어려울 것이다. 하지만, 후속하게 될 여러 연구의 기초로서, 당시의 시대상을 어느 정도라도 가늠할 수 있다면 소기의 성과는 충분히 거둘 수 있으리라 기대된다.

Ⅱ. 무진주의 설치와 성장

신라는 7세기 통일전쟁 이후 지방제도를 개편하는 가운데, 백제의 고지에 웅천주熊川州와 완산주, 무진주 등 3개 주를 설치하였다. 신라의 주는 도독都督을 수장으로 하는 지방 조직이었다. 그 우두머리인 도독은 군사적 성격을 일부 가지고 있지만, 실제로는 민정관民政官적인 성격에 가까웠다. 또한, 주에는 경관京官의 파견과 함께, 최상층의 진골眞骨을 비롯한 왕경인王京人의 이주도 함께 진행되었다. 이런 측면에서 볼 때 같은 이름의 주 치소를 기존의 재지 정치 세력 중심지에 설치하는 것은 그들의 반발을 불러올 수 있었다. 따라서 신라는 새로운 지방 중심지를 건설하거나 지역 사이의 갈등 관계를 이용하는 방법으로 이를 무마했던 것으로 보인다. 무진주의 설치 역시 그러한 측면에서 이해될 수 있다. 다음 사료는 신라가 옛 백제 지역에 새롭게 설치한 주 및 그 치소와 관련한 것이다.

A-1: 소부리주所夫里州에서 흰 매를 헌상하였다.[6]

A-2: 여름 4월에 아찬阿飡 천훈天訓을 무진주의 도독으로 삼았다.[7]

A-3: 발라주發羅州를 군郡으로 삼고 무진군武珍郡을 주州로 삼았다.[8]

---

6) 『삼국사기』 권7, 신라본기7 문무왕 17년(677).
7) 『삼국사기』 권7, 신라본기7 문무왕 18년(678).
8) 『삼국사기』 권8, 신라본기8 신문왕 6년(686).

신라가 옛 백제 지역을 병합한 후, 오늘날의 전라남도에 해당하는 지역에 설치한 주와 그 첫 치소는 오늘날의 나주 지역에 있었다. 위의 사료 A-3을 통해볼 때, 그 명칭은 발라주였던 것으로 보인다. 신라는 나당전쟁이 마무리된 676년 직후인 677년을 전후한 시점에 옛 백제 지역을 행정적으로 재편하기 시작한다. 이는 사료 A-1에서 677년 소부리주가 흰 매를 헌상한 예에서 확인할 수 있다. 여기 언급된 소부리주는 옛 백제의 수도 사비였고, 이후 주치는 다시 웅천주로 옮겨진다.[9) 비록 구체적 명칭이 등장하지는 않지만, 이 헌상의 주체는 소부리주의 도독일 것이다.

아울러 발라주를 '군'으로 강등하고 무진군을 '주'로 삼은 사료 A-3의 기사는 사료 A-2에서 678년 천훈이 도독으로 임명된 곳이 발라주였음을 알 수 있게 한다. 발라주에는 백제의 진출 이전부터 강력한 영향력을 유지해온 재지 세력이 존재하고 있었다. 따라서 주치를 발라에서 무진으로 옮기는 조치는 새로운 주를 안정적으로 운영하고자 하는 신라의 의지가 반영된 것이라 할 수 있다.[10) 이로써 신라 9주의 하나인 무진주가 등장했다.

오랜 재지의 중심지인 발라군(나주)과 신라가 새롭게 지역 중심지로 설치하여 운영한 무진주(광주)의 긴장 관계는 그 이

---

9) 『삼국사기』 권8, 신라본기8 신문왕 6년(686). 사료 A-1과는 달리, 이 신문왕 6년 관련 기사에서는 소부리주가 사비주(泗沘州)로 나온다.

10) 무진주 성립에 대해서는 邊東明, 「武珍州의 성립과 車得·安吉 설화」, 『歷史學研究』 48, 2012를 참조.

후로도 지속되었을 가능성이 높다. 신라의 무진주 설치에는 발라군 내 재지 세력에 대한 견제의 의미가 있었다. 따라서 무진주에서 새롭게 형성된 신라인 중심의 사회와 발라주의 재지 세력은 지속적으로 긴장 관계를 이루고 상호 경쟁하는 관계일 수밖에 없었을 것이다. 특히, 나주 지역이 해양 활동을 활발히 벌일 수 있는 지역인 점과 그러한 활동이 중앙 권력의 견제를 받을 수밖에 없는 것이라는 점에서 양측의 긴장은 오랜 기간 길항 관계를 이루었을 가능성이 높다.

무진주의 치소가 설치된 이후부터 신라 하대 견훤 세력이 독립하는 시기까지 무진주는 지역의 행정·군사·문화·교육의 중심지로 기능했다. 무진주 도독은 주 치소인 무진주의 지방관이면서, 무진주라는 광역의 지방을 다스리는 신라의 고위 관료이기도 했다. 이외에도 주의 치소에는 도독을 행정적으로 보좌하는 주조州助와 장사長史가 파견되었다. 또한, 만보당주萬步幢主 2인과 사자금당주師子衿幢主, 미다부리정未多夫里停의 대대감隊大監 등의 고위 무관도 파견되었다.[11] 이들은 진골 귀족이거나 상위 두품이었을 것이며, 그들의 가족과 친족, 수행인 등 다수의 왕경인도 무진주로 이동해왔다.[12]

---

11) 그러나 무진주 내에는 보다 고위직인 장군(將軍)이나 대관대감(大官大監) 등은 배치되지 않았는데, 이러한 고위직 무관들은 완산주에 배치되었다(『삼국사기』 권40, 잡지9 武官 將軍·大官大監). 따라서 평시에는 무진주 도독의 지휘를 받더라도, 전란의 발생으로 대규모 군사력 동원이 필요할 경우, 이들 병력은 완산주에 배치된 이들 고위 무관들의 지휘를 따랐을 가능성이 있다.

12) 문무왕은 674년 왕경 6부의 진골을 5경과 9주에 나가 살게 한 바 있다(『삼국사기』 권40, 잡지9 外官).

이들 왕경인은 신라의 전통적인 문화와 예술, 각종 관습과 생활 풍습 등을 가지고 왔으며, 치소뿐만 아니라 무진주 전역을 신라화하는 데에 기여했다. 또한, 신라 하대에 이르면, 적어도 각지의 주 치소에는 공·사의 교육 기구가 설치되었을 가능성이 높다.[13] 그리하여 무진주는 685년 설치된 남원소경南原小京(오늘날의 남원시 일대)[14]과 함께, 이 지역에 설치된 신라 왕경의 축소판과 같은 역할을 수행했을 것이다.

이 시기의 무진주는 광주천을 따라 계획적으로 설치한 도로와 담으로 구획된 도시 구조를 가졌던 것으로 추정된다. 이러한 상황은 1917년 제작된 1:10,000 지형도[15]에 그 흔적이 확인된다. 여기에서는 한 변의 길이를 대략 155~160m 정도로 하는 정사각형의 '방坊'을 기본으로 하는 방(리)제坊(里)制가 확인된다.[16] 광주천변을 따라 장방형으로 형성된 도심은 정사각

---

13) 지방 관리의 보좌역을 맡은 이직(吏職)과 신라촌락문서 등의 작성 주체, 상수리제도 등을 고려할 때, 말단의 행정 실무자인 이(吏)의 교육을 맡은 공·사의 교육 기관의 존재를 충분히 상정할 수 있다. 군현 단위는 어려웠다고 할 수 있겠지만, 적어도 주치(州治)에는 공적 교육 기관이 설치되었을 가능성이 높다. 다만, 그 성격은 지방 이에 행정적인 능력을 갖도록 하는 수준에 한정되었을 것이다. 신라 하대 지방의 이에 대해서는, 陰善赫, 「新羅下代 地方의 吏와 豪族」, 『全南史學』 1, 1987을 참고.

14) 『삼국사기』 권8, 신라본기8, 신문왕 5년(685).

15) 陸地測量部 편, 「光州地形圖」, 朝鮮總督府, 1918. 이 지도의 측량 시점은 1917이며, 인쇄 및 발행은 1918년에 진행되었다.

16) 이에 대해 李京贊은 열 방향으로는 우부 기준 평균 157m, 좌부는 160m, 행 방향으로는 평균 158m의 규모를 제시했다(李京贊, 「고대 한국 지방도시 격자형 토지구획의 형태특성에 관한 연구」, 『建築歷史硏究』 32, 2002, 52-54쪽. 반면에 山田隆文은 한 변을 160m로 보았다(山田隆文, 「新羅の九州五小京城郭の構造と實態について」, 『考古學論攷』 31, 2008, 24쪽). 양자는 도심의 전반적인 규모 추정에서도 차이를 보이는데, 李京贊은 5×6방

형으로 구획된 방이 최대 6×10 형태로 배치되었으며, 그에 따른 도심의 최대 규모는 남북으로 1.6km, 동서로는 960m 정도로 추정할 수 있다.

이러한 구조는 자연발생적으로 형성된 고대 취락과는 전혀 다른 것으로, 엄격한 방(리)제를 기반으로 하는 도시계획에 의한 것이다. 따라서 이는 기존 무진군의 중심지가 아닌, 686년 무진주가 된 이후로 새롭게 형성된 도심일 것이다. 따라서 당시의 무진주는 초기철기 시대 이래 광주의 중심지로 추정되는 '노지奴只'[17]와는 다른 공간에 계획적으로 설립된 '도시'였을 가능성이 높다.

에서 최대 5×9방, 山田隆文은 5×9 혹은 6×10으로 규모를 추정하였다. 한편, 최근 최영주는 1개 방의 규모를 155~160m로 보고, 장축을 13~14방, 단축을 4~5방의 규모로 파악한 견해를 발표하였다(최영주, 「삼국·통일신라시기 광주 중심지 연구」, 『무등산, 광주사람을 품다』, 전남대학교출판문화원, 2022, 142쪽). 방은 도심의 구획 단위이지만, '리'는 그보다는 상위의 조직으로 이를 행정적으로 관리하는 것과 연관된다. 그러나 이는 문헌 기록으로 확인되지 않는 이상은 그 존재를 확정할 수 없어 '( )'를 사용하였다. 변동명은 개선사지석등에 등장하는 오호비소리를 신라가 무진주의 치소에 설치한 리(里) 중의 하나로 보는 견해를 밝힌 바 있다(변동명, 「三國·統一新羅時期의 無等山과 光州」, 『무등산, 광주사람을 품다』, 전남대학교출판문화원, 2022, 77쪽). 출신 '리'의 명칭과 성명의 병기는 주로 신라의 왕경인에 대한 신분 표기 방법이며, 지방인에 대해서는 그런 예가 확인되는 경우가 드물다. 따라서 이에 대해서는 신중해야 할 필요가 있을 듯싶다. 한편, 신라는 5세기 중반 이후로 방과 리로 왕경의 행정 조직을 정비한 바 있고, 백제는 부(部)와 항(巷)을 이에 대비되는 행정 조직으로 삼은 것으로 보인다. 항은 신라의 경우도 일부 기록에서 확인된 바 있다. 다만 중국의 방리제에서 '항'은 도로 명칭에도 붙기 때문에 이를 리와 같은 것으로 보기는 어려울 수 있다. 양 사례 모두에서 이를 지방의 각급 치소에 적용한 사례를 찾기는 힘들다.

17) 『삼국사기』 권37, 잡지6 지리4 백제 무진주.

정방형으로 도심이 형성되는 방(리)제가 적용되었음에도 불구하고 무진주는 하천을 따라 장방형으로 발달한 구조를 보여준다. 이러한 모습은 초기 설치 이후의 확장 과정을 보여주는 것일 수 있다. 그러나 무진주 치소의 최초 설치 모습이 5×5 규모의 방 25개라고 해도, 그 면적은 조선시대 읍성의 거의 두 배에 달한다. 그렇다면 초기 조성 이후 도심의 확장을 고려할 수 있을 것이다. 반면, 현재까지의 발굴 결과로는 명확한 도로나 방장坊牆(담), 성곽 유구는 확인되지 않고 있다.[18)]

신라의 지방 조직인 '주'는 해당 지역의 군사적 중심지이기도 했으며, 이는 무진주 역시 마찬가지였다. 무진주는 전라남도 지역의 치안 유지와 외적에 대한 방어를 위한 군사적 중심지이기도 했다. 무진주 내에는 신라의 모든 주치마다 2개씩 배치된 보병 중심의 지방군 조직인 백적白赤·백황白黃의 만보당萬步幢, 장창부대인 비금당緋衿幢, 사자금당師子衿幢 등이 편제되어 있었다.[19)] 특히, 무진주의 비금당은 다른 지역보다 많은 8명의

18) 옛 무진주 치소의 방(리)제 구역에 대한 발굴조사는 제한적으로 이루어졌다. 1994년 누문동에서 8~9세기경의 신라 중·하대의 건물지가 조사된 바 있다(林永珍·黃鎬均·徐賢珠, 「光州樓門洞 統一新羅建物址 收拾調査報告」, 『湖南考古學報』 2, 1995). 1998년에서 1999년까지 진행된 광주 지하철 1호선 금남로 공사 구간에 대한 발굴조사에서도 다양한 시기의 신라 중·하대의 유물이 확인된 바 있지만(林永珍·梁海雄·李廷珉, 「光州都市鐵道 TK-1工區 우물지」, 『羅州青洞遺蹟』, 全南大學校博物館, 2002), 동 시기의 유구는 확인되지 않았다. 2006년에서 2007년까지 진행된 국립아시아문화전당 조성 부지 내 광주읍성에 대한 조사는 드물게 진행된 전면적인 발굴이었지만, 통일신라로 비정되는 건물과 관련된 적석열 일부와 그에 따른 기와편 정도를 확인하는 정도에 그쳤다(崔盛洛·李釩起·尹正國·宋蕙英, 『광주읍성』 I·II, 全南文化財研究院, 2008).

19) 『삼국사기』 권40, 잡지9 武官 萬步幢·緋衿幢主·師子衿幢主.

군관이 배치되는 등 규모가 컸다. 더불어 무진주 관할의 영현領縣인 현웅현玄雄縣(나주 남평)에는 기병 중심의 정에 지방군 부대 중의 하나인 미다부리정未多夫里停이 설치되어 있었다.[20)]

무진주의 군사적 기능 정비와 관련하여 주목되는 사건 중의 하나는 8세기 말에서 9세기 초 정도에 진행된 무진고성武珍古城의 축성이다.[21)] 이 시점의 군사적 기능 강화가 정확히 어떠한 위협에 대한 대응인지는 확실치 않다. 물론, 경덕왕景德王 시기에 본격적인 신라 침공을 준비하기도 했던 일본을 고려할 수는 있다. 하지만, 축성 시점에서 적어도 한 세대 전에 그 시도가 무마되었다는 것을 고려하면 가능성이 높지 않다. 따라서 당시의 축성은 명확하고 가시적인 군사적 위협에 대한 대응이라기보다는 주의 치소인 무진주의 군사적 기능을 재정비하고 강화하는 차원에서 진행되었을 가능성이 높다.

이러한 상황은 백제를 비롯, 7세기에서 8세기 초로 볼 수 있는 신라 관련 자료가 드물며, 주로 8~9세기를 중심으로 하는 유물이 주로 출토되는 도심 지역의 발굴조사 결과에서도 확인된다. 따라서 방(리)제를 기반으로 하는 무진주 치소의 정비와 무진고성의 축성이 함께 진행되었을 가능성이 있으며, 그 시기는 전면적인 발굴이 어느 정도 진행된 무진고성의 발굴조사 결과를 고려할 때, 8세기 말에서 8~9세기의 전환 시점 정도로 볼 수 있다.

---

20) 『삼국사기』 권40, 잡지9 武官 十停.

21) 林永珍, 『武珍古城』 Ⅱ, 全南大學校博物館, 1990, 162-164쪽.

한편으로 경덕왕대에 적극적으로 수행된 한화 정책에 따라 '무진주'는 그 명칭이 '무주武州'로 일시 변경된다. 다음은 그와 관련된 사료이다.

> B-1: 겨울 12월에 사벌주를 상주尙州로 고치고, 1주 10군 30현을 거느리게 하였다. … (중략) … 완산주를 전주로 고치고 1주 1소경 10군 31현을 거느리게 하였다. 무진주를 무주로 고치고 1주 14군 44현을 거느리게 하였다.[22]

> B-2: 가을 9월에 형혹熒惑이 달에 들어가고, 별이 비처럼 쏟아졌다. 무진주에서 붉은 까마귀를 바쳤다. 우두주牛頭州에서 흰 꿩을 바쳤다.[23]

> B-3: 5년(813) 봄 정월에 이찬伊飡 헌창憲昌을 무진주 도독으로 삼았다.[24]

B-1 사료에 따르면, 757년 음력 12월 무진주로 불리던 오늘날의 광주 지역이 무주로 개칭된다. 하지만 당시 개칭된 지명은 신라 하대에 이르면서 다시 기존의 것으로 회복되었을 가능성이 높다. 사료 B-2에서는 801년 시점에 다시 무진주가 등장하고 있으며, 삭주朔州로 개칭된 우두주 역시 다시 등장하고 있다.[25] 이러한 경향은 사료 B-3에서도 확인된다. 813년 김헌

22) 『삼국사기』 권9, 신라본기9 경덕왕 16년(757).
23) 『삼국사기』 권10, 신라본기10 애장왕 2년(801).
24) 『삼국사기』 권10, 신라본기10 헌덕왕 5년(813).

창이 무진주의 도독으로 임명되고 있기 때문이다. 이를 통해 보면, 대략 무열왕계의 몰락 이후, 기존 명칭이 다시 회복된 것으로 볼 수 있다.[26] 그런데 신라 하대에는 일련의 당제唐制가 도입되는 가운데 한화된 주군현의 명칭이 다시 등장하고, 혼용되는 경향이 확인된다.

그런데 후대에 각 인물에 대한 약력을 새롭게 정리한 『삼국사기』의 열전과 흥덕왕대 이후의 본기 기록에서는 이 지역의 지명이 주로 '무주'라는 명칭으로 정리되어 나타나는 특징이 있다.[27] 한편으로 이는 당대의 기록을 연대기 형식으로 정리한 본기와 이를 별도로 정리한 '지'나 '열전'에서 각기 다르게 나타난다. 일단, 경덕왕대에 제기된 무주라는 명칭은 이후에 무진주로 회복되었으나, 그 시기에 무주는 무진주의 별칭처럼 사용되었을 가능성이 높다. 이는 약칭으로도 활용될 수 있기 때문에 각종 공문서 등에도 그렇게 기록이 되었을 가능성이 높다.

---

25) 우두주는 799년인 소성왕 원년에 이미 경덕왕대 이전의 명칭으로 등장하는 것이 확인된다(『삼국사기』 권10, 신라본기10 소성왕 1년).

26) 한산주(漢山州)의 경우는 782년인 선덕왕 3년에 이미 옛 명칭으로 등장하고 있다(『삼국사기』 권9, 신라본기9 선덕왕 3년).

27) 한편으로 이 기록들의 경우는 본기와 열전 모두에 같은 내용이 언급되고 있다는 특징이 있다. 이러한 사례에는 『삼국사기』 권10, 신라본기10, 민애왕 원년(838)의 김양 관련 기록, 『삼국사기』 권11, 신라본기11, 문성왕 8년(846)의 염장 관련 기록 등이 확인된다. 이 경우에는 전거 자료가 '열전'일 가능성이 있을 것 같다.

C-1: 김양金陽은 태어나면서부터 영특하고 걸출하였다. 태화太和 2년, 흥덕왕 3년(828)에 고성군固城郡 태수太守가 되었고 얼마 있지 않아 중원中原 대윤大尹에 임명되었다가 잠시 후에 무주도독으로 옮겼다. 다스리는 곳마다 정무政務를 잘 한다는 명성이 있었다.[28)]

C-2: 이전의 백제 영토 내에 3개의 주를 설치하였다. 백제의 옛 궁성 북쪽 웅진구熊津口를 웅주熊州라 하고, 그 다음 서남쪽을 전주, 그 다음 남쪽을 무주라고 하였다.[29)]

C-3: 동同 감수조사監修造使는 〈국왕의〉 종숙從叔이며 무주의 장사인 김계종金繼宗….[30)]

C-4: 불상을 조성한 때는 석가여래가 입멸한 후 1808년이다. 이때는 정왕情王(헌안왕)이 즉위한 지 3년째(859) 되는 해이다. 대중大中 12년 무인년戊寅年(858) 7월 17일에 무주武州 장사현長沙縣의 부관副官 김수종金遂宗이 아뢰니, 정왕이 8월 22일에 칙령을 내렸는데 ▨ 몸소 만들고도 피곤함을 느끼지 못하였다.[31)]

위의 사료들을 검토해 보면, 당대의 연대기적 기록을 기반으로 하는 것으로 보이는 앞서의 본기 내용에서는 무진주가 주로 쓰이고, 사료 C-1의 열전이나 C-2의 잡지의 지리地理와

28) 『삼국사기』 권44, 열전4 김양.
29) 『삼국사기』 권34, 잡지3 지리 신라.
30) 「昌林寺 無垢淨塔 願記」(855).
31) 「寶林寺 鐵造毘盧遮那佛坐像 造像記」(859).

같이 편찬자들의 적극적인 개입이 들어가는 경우 한화된 무주가 쓰이는 것을 볼 수 있다. 이러한 경향은 다른 지역의 명칭도 마찬가지이며, 사료 C-3와 C-4에서 확인되는 것처럼 문한관이 주축이 되어 진행하는 금석문의 건립에도 관철되었던 것으로 보인다. 따라서 공식적으로 이 지역의 명칭은 무진주였지만, 비문이나 외교 문서 등 당제의 규범을 따르는 기록 등에서는 '무주'라는 한화된 명칭이 혼용되어 쓰인 것으로 볼 수 있다.

무진주는 686년 발라주를 대신하여 무진군에 설치되며, 이후 광역의 무진주 치소로 기능하였다. 이 때문에 이 고대 도시는 오늘날의 전라남도를 거의 포함하는 영역에 대한 정치·군사·경제의 중심지가 되었으며, 그와 관련된 기능도 도시 내에 포함하게 되었다. 한편, 8세기 후반에서 9세기에 이르는 시기 무진주에는 정연한 방(리)제에 따른 고대도시가 새롭게 들어서게 되고, 배후의 도피성으로 무진고성이 축성된다.

또한, 757년 무렵의 주군현의 명칭에 대한 한화 정책은 무진주에도 적용되어, 이 지역은 일시적으로 무주라 불리기도 했다. 그러나 하대의 시작과 함께 그 명칭이 공식적으로 복원되어 견훤이 등장하는 9세기 후반에는 무주가 아니라 무진주로 불렸던 것으로 보인다.

무진주 사회는 처음 설치된 7세기 말 이래로 백년 이상 큰 정치적 격변이나 사건이 없이 평안한 시절을 보냈다. 그러나 이러한 상황은 신라 하대에 접어들면서 큰 변화를 맞게 된다. 다음 장에서는 9세기 전반에 발생한 주요한 정치적 변란인 김헌창의 난과 흥덕왕 사후 발생한 왕위 계승 전쟁을 검토하여, 그에 따른 무진주 사회의 변화를 살펴볼 것이다.

Ⅲ. 신라 하대의 변란과 무진주 사회의 변화

822년 발발한 김헌창의 난은 7세기 중반 이래로 신라에 편입되어, 무진주로 재편된 지역이 신라 중앙에 대한 적극적인 저항에 나서게 되는 상황을 불러온다. 김헌창은 김주원金周元의 아들로 무열왕계武烈王系의 인물이며, 애장왕哀莊王 대에는 시중侍中으로 정치의 전면에 있었다.[32] 그는 김언승金彦昇이 헌덕왕憲德王으로 즉위한 이후 무진주의 도독이 되었고[33], 헌덕왕 6년 다시 중앙 정계에 복귀할 기회가 있었지만[34], 그 역시 짧게 끝나고 말았다. 흥미로운 점은 그가 무진주, 청주菁州(오늘날의 진주 지역)[35], 웅천주[36] 등 옛 백제 지역에 설치된 변방주의 도독을 맡았다는 점이다. 이 지역들은 신라의 통일 이후 무열왕계가 정치를 주도하던 시기부터 직접적인 연고를 맺고, 적극적으로 경영하게 된 지역에 해당한다. 다음 사료는 당시의 반란 상황을 전하는 『삼국사기』의 기록이다.

32) 『삼국사기』 권10, 신라본기10 애장왕 8년(807).
33) 『삼국사기』 권10, 신라본기10 헌덕왕 5년(813).
34) 『삼국사기』 권10, 신라본기10 헌덕왕 6년(814).
35) 『삼국사기』 권10, 신라본기10 헌덕왕 8년(816).
36) 『삼국사기』 권10, 신라본기10 헌덕왕 13년(821).

D-1: 여름 4월에 시중 김충공金忠恭이 죽어서, 이찬 영공永恭을 시중으로 삼았다. 청주 도독 헌창을 웅천주 도독으로 옮겨 임명하였다.[37)]

D-2: 3월에 웅천주 도독 헌창이 아버지 주원이 왕이 되지 못한 것에 불만을 가지고 반란을 일으켰는데, 나라 이름을 장안長安이라 하고 연호를 만들어 경운慶雲 원년이라 하였다. 무진주, 완산주, 청주, 사벌주 네 주의 도독과 국원경國原京, 서원경西原京, 금관경金官京의 사신仕臣 및 여러 군현郡縣의 수령들을 위협하여 자신의 아래에 예속시켰다. 청주 도독 향영向榮은 몸을 빼 추화군推火郡으로 달아났고, 한산주, 우두주, 삽량주歃良州, 패강진浿江鎭, 북원경北原京 등은 김헌창의 역모를 미리 알고 병사를 동원하여 스스로를 지켰다. 18일에 완산주 장사 최웅崔雄과 주조 아찬 정련正連의 아들 영충令忠 등이 왕경으로 도망쳐 와서 김헌창의 반란을 고하자, 왕이 즉시 최웅에게 급찬級湌 속함군速含郡 태수 직위를, 영충에게는 급찬 관등을 주었고, 장수 8인을 파견하여 왕도王都의 8방方을 지키게 하였으며, 그런 후에 군대를 출진시켰다. … (중략) … 장웅이 도동현道冬峴에서 반란군을 만나 공격해 패퇴시켰고, 위공과 제릉은 장웅 군대에 합류하여 삼년산성三年山城을 공격해 들어가 이겼다. 군대를 속리산俗離山으로 진격시켜 반란군을 쳐 궤멸시켰으며, 균정 등은 반란군과 성산星山에서 싸워 이를 궤멸시켰다. 여러 군대가 모두 웅진에 도착하여 반란군과 크게 싸웠는데, 목을 베어 죽이거나 사로잡은 적군을 이루 다 헤아릴

37) 『삼국사기』 권10, 신라본기10 헌덕왕 13년(821).

> 수 없을 정도였다. 헌창이 겨우 몸을 피하여 성안에 들어가 수비를 견고히 하자, 여러 군대가 성을 포위하여 공격한 지 10일 만에 성이 막 함락되려 하였다. 헌창이 벗어날 수 없음을 알고 스스로 목숨을 끊자, 종자從者가 목을 베어 머리와 몸을 각각 다른 곳에 묻었다. 성이 함락되자 오래된 무덤에 있던 그의 시신을 찾아내 다시 처단하고, 친척과 따르던 무리 모두 239명을 죽였으며, 그 백성들은 풀어 주었다.[38)]

9주 5소경으로 신문왕 때에 완성되는 신라의 지방제도 개편은 무열왕계 진골 집단의 적극적인 지원 아래 가능했을 것이다. 이들은 새롭게 설치한 주나 소경으로 이거하면서도 왕실과의 관계를 통해 진골로서의 신분을 이어갈 수 있었다.[39)] 김헌창은 이러한 무열왕계의 핵심 인물로 신라 중앙 정계에서 활동하는 동안 시중을 역임하였고, 지방관으로는 무주·청주·웅천주의 도독을 지냈으며, 이를 기반으로 반란을 꾀하였다.

이 반란에서 신라 9주 중 5개 지역과 5개의 소경 중 3개 지역이 그와 뜻을 함께 한다. 그런데 5개의 주 중, 장안국長安國의 왕경이 된 웅천주를 비롯하여 무진주와 청주 등 3개 주는 그가 도독으로 부임했던 지역이다. 또한, 사벌주를 제외한 무진주·완산주·웅천주·청주 등의 4개 주와 국원경 및 서원경은 백제의 고토와 관련되고, 금관경은 가야의 고토이자 김유신계를 비롯한 범가야계의 중심지라 할 수 있다.

---

38) 『삼국사기』 권10, 신라본기10 헌덕왕 14년(822).
39) 『삼국사기』 권40, 잡지9 外官.

김헌창은 아버지 김주원이 왕이 되지 못했다는 사실과 그 후예로서의 왕권의 정당성을 주장하며 원성왕계의 왕실에 반란을 일으켰다. 김헌창의 아버지 김주원은 선덕왕宣德王 사후 유력한 왕위 계승자였으나, 김경신金敬信이 원성왕으로 즉위하면서 명주로 은거한 인물이었다.[40] 이 때문에 무열왕계 및 김유신계 정치 세력이 김헌창을 지원했을 가능성이 높다.[41]

문무왕대에 진행된 진골 귀족 집단의 주치 및 소경으로의 분산 정책에서 왕의 뜻을 따라 지방으로 이거한 인물들은 무열왕계 및 그 정치적 동지였을 가능성 높다. 김헌창의 난에 우호적이었던 지역들은 대부분이 7세기 전쟁 이후 새롭게 신라의 영역으로 편입된 지역이다. 그리고 이곳에 분산된 무열왕계 인물들은 왕실과의 관계를 통해 백여 년의 기간 동안 지역 내 주도권을 장악하고 유지해올 수 있었다.

김헌창의 돌발적인 행동에 이렇게 많은 지역이 함께 했다는 것은, 원성왕계의 등장 이후에도 지방의 주와 소경을 중심으로 무열왕계를 지지하는 이들이 상당수 존재했다는 것을 의미한다. 또한, 금관경은 무열왕계의 정치적 후원자이자 군사적 기반이기도 했던, 김유신계의 지역적 기반이 되는 지역이기도 했다. 이 변란의 성패에는 무열왕계와 김유신계의 미래가 달려 있었다.

---

40) 『삼국사기』 권10, 신라본기10 원성왕 원년(785) ; 『삼국유사』 권2, 기이2, 원성대왕.

41) 반면, 김주원의 직계 중 김종기(金宗基)와 그의 후계들은 김헌창계와는 다른 길을 걸었고, 김헌창의 난이 실패한 이후에도 정치적으로 영달했던 것으로 보인다.

김헌창의 난에 대한 신라 중앙 정부의 대응은 매우 신속했다. 사료 D-2를 통해 볼 때, 반란의 소식이 처음 왕경에 전해진 3월 18일 이후 신라 왕실은 신속하게 진압군을 조직하였다. 이들은 각 지방의 반란군을 신속히 진압한 이후 합세하였고, 반란 세력의 웅거지인 웅천주를 포위하여 김헌창의 세력을 진압했다. 결국, 이 반란은 실패하였고 그의 종족과 당여 239명이 죽임을 당했다. 이러한 상황은 해당 지역을 기반으로 하던 무열왕계 세력으로서는 뼈저린 타격이 되었을 것이다.

당시의 분위기는 낭혜무염朗慧無染(800~888)을 비롯한 해당 지역 출신 고승비문에서도 확인된다. 다수의 종족이 사망하고, 남은 종족에 대해서는 '족강族降'이라는 조치가 취해진 것으로 보이기 때문이다.[42] 이런 상황에서 이들 지역의 주도권은 종래의 무열왕계를 대신하여 원성왕계가 쥐게 되었을 가능성이 높다.

이 실패한 반란에 무진주도 깊이 관여해 김헌창을 지지하는 반란 세력의 편에 섰다. 사료 D-2에 따르면, 그 수장이었던 도독은 미온적인 태도를 가졌지만 김헌창의 억압으로 반란에 참여한 것으로 되어 있다. 그러나 실제 이들을 위협하고 반란 참여를 독촉한 것은 각 주에 자리 잡은 무열왕계 인물들이었을 가능성이 높다. 이들은 김주원의 실각과 원성왕계의 등장에 대해 불만을 가지고 있었으며, 그들에게는 무열왕계의 정통성이 여전히 큰 의미를 갖는 것일 수 있었다.

---

42) 「朗慧和尙塔碑」(891).

한편, 무진주가 신라의 영역에 편입된 7세기 후반 이래로 무열왕계는 이 지역의 재지 세력들과 일정한 후견 관계를 맺기도 했다.[43] 무열왕계의 지방관이었던 김헌창 역시 옛 백제 지역의 도독을 역임하면서 유사한 관계를 유지하고 새롭게 맺기도 했을 것이다. 따라서 불과 한 세대 정도 만에 백년 이상 유지된 당시의 상황을 역전시키는 것은 어려운 일이었을 것이다. 따라서 김헌창의 난은 이러한 무열왕계의 유산이 가진 힘을 인식시키는 사건임과 동시에 그것이 새로운 질서로 재편되는 과정을 보여주는 사건이 된다.

이 반란의 실패는 무진주의 기존 무열왕계 진골 및 골품 집단의 붕괴를 불러왔을 것이고, 이들은 전사하거나 사사되고, 살아남았다고 해도 족강되는 상황에 처했을 것이다. 그렇다면 이 전란으로 인해 무열왕계가 지방사회에서 몰락하는 반면, 그들의 빈자리는 원성왕계나 그들을 도운 세력으로 채워졌을 가능성이 높다.

결국 9세기 전반의 이 사건은 무진주의 사회를 완전히 재편하게 되는 하나의 전환점이라 할 수 있다. 그리고 이를 통해 무진주를 비롯한 신라의 지방사회는 명실공히 신라 하대로 진입하게 된다. 그러나 무진주를 배경으로 하는 정치적 혼란은 김헌창의 난이 지난 이후 십여 년 뒤에 다시 발생한다. 822년 변란의 승리자로서 원성왕계의 왕실을 사수한 이들 사이에 내전이 발생하기 때문이다.

---

43) 이에 대해서는 邊東明, 위의 논문, 2012에서 언급한 바 있다.

836년 흥덕왕이 사망한 직후, 벌어진 왕위 계승 전쟁의 승리자는 김제륭金悌隆으로 그는 김균정金均貞을 죽이고 희강왕僖康王으로 즉위한다.[44] 그러나 그는 김명金明의 핍박을 받아 죽고, 838년에는 김명이 민애왕閔哀王으로 즉위한다.[45] 이에 당시 청해진淸海鎭의 장보고에게 의탁하고 있던[46] 김우징金祐徵 등의 세력은 새로운 왕위 계승 전쟁을 벌이게 된다. 그런데 이들의 군사적 배경이나 경주로의 진출 과정에서 두 차례에 걸친 전란의 무대가 된 장소가 무진주였다. 다음 사료는 당시의 상황을 전하고 있는 것이다.

> E-1: 2월에 김양이 병사를 모집하여 청해진으로 들어가 우징을 만났다. 아찬 우징은 청해진에 있으면서 김명이 왕위를 찬탈했다는 소식을 듣고, 청해진 대사大使 궁복弓福에게 일러 말하기를, "김명은 왕을 시해하고 스스로 즉위하였고, 이홍利弘도 마음대로 군부君父를 죽였으니, 같은 하늘 아래 살아갈 수 없습니다. 바라건대 장군의 병사에 의지하여 군부의 원수를 갚고 싶습니다."라고 하였다. 궁복이 말하기를, "옛사람의 말에, 의義를 보고도 행하지 않으면 용勇이 없는 것이라 하였습니다. 나는 비록 용렬庸劣한 사람이지만, 명령하시면 곧 따르겠습니다."라고 하였다. 마침내 병사 5,000명을 나누어, 친구인 정년鄭年에게 주고 말하기를, "그대가 아니라면 이 화란禍亂을 평정할 수 없을 것이다."라고 하였다.[47]

---

44) 『삼국사기』 권10, 신라본기10 희강왕 원년(836).
45) 『삼국사기』 권10, 신라본기10 민애왕 원년(838).
46) 『삼국사기』 권10, 신라본기10 희강왕 2년(837).

E-2: 3월에 강한 군사 5천 명으로 무주를 습격하여 성 아래에 이르니, 주 사람들이 모두 항복하였다. 다시 진격하여 남원에서 신라군과 만나 서로 싸워 이겼다. 우징은 군사들이 오랫동안 피로하였으므로, 다시 청해진으로 돌아가 병마兵馬를 휴양시켰다.[48)]

E-3: 겨울 12월에 김양이 평동장군平東將軍이 되어, 염장閻長·장변張弁·정년鄭年·낙금駱金·장건영張建榮·이순행李順行과 함께 군대를 통솔하여, 무주 철야현鐵冶縣(나주 봉황면 철천리 일대로 추정)에 이르렀다. 왕이 대감大監 김민주金敏周[49)]로 하여금 군대를 이끌고 가 맞서 싸우게 하였다. 낙금과 이순행을 보내 마군馬軍 3,000기로 돌격하게 하니, 거의 다 살상하였다.[50)]

836년 사건 이후로 절치부심하던 김우징은 청해진의 궁복, 즉 장보고에게 의탁하였고, 사료 E-1에 언급된 것처럼 838년 2월에는 장보고와 의기투합하여 왕위 계승 전쟁을 준비한다. 그리고 다음 달인 3월부터 군사적 공세를 시작하여, 무주(무진주)와 남원경까지 진출했다. 당시 무진주 점령과 관련한 내용

---

47) 『삼국사기』 권10, 신라본기10 민애왕 원년(838).

48) 『삼국사기』 권44, 열전4 김양. 사료 E-1와 E-2는 같은 내용이지만, 전거는 신라본기와 열전으로 차이가 있다.

49) 김민주는 병부에 설치된 대감직에 있었던 것으로 보인다. 이를 대대감이나 대관대감으로 보기엔, 그가 맡은 임무나 통솔하는 병력의 규모가 상당하기 때문이다. 무엇보다 이미 3월에 한 차례 전란을 거친 이후였기 때문에 중앙관이었던 그가 직접 무진주까지 내려와 중앙과 지방의 군대를 조직하여 청해진 세력을 요격하려 했을 가능성이 높다.

50) 『삼국사기』 권10, 신라본기10, 민애왕 원년(838~839).

도 사료 E-2에서 확인된다. “무주를 습격하여 성 아래에 이르니”라고 언급된 것으로 보아, 이들의 군대는 무주를 몰래 습격한 것으로 보인다. 이들은 무주 치소에 가까운 지점까지 배를 타고 영산강을 따라 몰래 이동한 것으로 추정된다. 따라서 군대가 남원소경까지 진출했다고는 하나, 미다부리정의 정예 기병 군단이나 다른 여러 지역에 주둔한 군대는 그대로 잔존했을 가능성이 높다.

그렇다면 이들이 무주와 남원경을 확보한 군사적 승리에도 불구하고 군사를 돌려 퇴각한 이유는, 사료 E-3과 E-4에서 등장하는 신라의 대감 김민주가 이끄는 부대와 같이 후방에 남은 군대의 활동 때문일 가능성이 높다. 당시의 군사 행동은 신라 중앙에 청해진 군대의 출정 관련 소식이 전해지기 전에 빠른 속도로 무진주, 남원경, 달구벌(대구현) 등을 거쳐 경주를 침공하는 계획이었을 가능성이 높다. 그러나 무진주 지역에는 다수의 군대가 잔존하여 후방을 위협했을 것이고, 남원의 전투에서도 승리는 했지만 피해가 적지 않았을 가능성이 있다.

이들은 사료 E-3에서 언급되는 것처럼 그해 12월 다시 군사를 일으켜 이번에는 육상으로 이동하여, 무주 철야현에서 대감 김민주의 군대와 교전한다. 이 전투에서 김민주가 이끄는 신라군은 거의 살상된다. 전투가 벌어진 철야현은 신라의 미다부리정이 설치된 남평의 남부 지역으로 김민주의 주력군은 미다부리정이나 무진주 치소를 비롯 각 지역에 배치된 병력으로 추정된다. 청해진의 군대는 3월과는 달리 왕경으로의 진출로에 주둔한 군대를 격파하여 점령지를 확보하며 진출했다. 그렇게 하여 838년에는 오늘날의 나주와 광주, 담양 등이 전란에 휩싸여 큰 피해를 보았을 것으로 추정된다. 결국 이들은 이듬해 1월 달구벌(대구)에서 대승을 거두어 왕경을 점령하고 김우징은 신무왕神武王으로 즉위한다.[51)]

당시의 전투에서 주전장이 된 곳이 바로 무진주 지역이었다. 이는 균정계의 군사적 기반이 된 청해진의 위치상 어쩔 수 없는 부분이었을 것이다. 838년 3월의 1차 공세는 비교적 그 피해가 크기 않았겠지만, 앞서 살펴본 것처럼 12월의 2차 공세는 양측이 철야현에서 회전을 벌였을 정도로 규모가 컸다. 또한, 패배한 진압군 병력은 이후 미다부리정이 위치한 현웅현이나 무진주, 남원경 등지로 순차적으로 후퇴했을 가능성이 높다. 따라서 균정계의 군대는 이들을 추격하며 소탕전을 벌였을 것이고, 이 또한 지역 사회에 큰 피해를 불러왔을 가능성이 높다.

사료상의 기록은 확인되지 않지만, 8~9세기 전환기에 축성된 무진고성이 일부 파괴되고 9세기 후반까지 버려지는 것[52)] 역시 당시 전란의 영향이었을 가능성이 높다. 그렇다면 무진주의 도심도 전란을 피해갈 수는 없었을 것이며, 방리제의 흔적이 다른 곳보다 미미하게 나타나는 일부 장소는 당시에 파괴되어 이후까지 재건되지 못한 곳일 가능성이 있다. 이러한 상황은 견훤의 집권 이전 시점, 무진주의 외형적인 모습을 유

---

51) 『삼국사기』 권10, 신라본기10, 민애왕 2년(839) ; 『삼국사기』 권10, 신라본기10, 신무왕 원년(839).

52) 林永珍, 앞의 책, 1990, 161쪽.

추하는 데에 도움을 준다.

838년 발발한 왕위 계승 전쟁의 승자 김우징의 즉위는 원성왕계 내에서도 균정계의 정치적 승리였으며, 여기에는 무열왕계의 몰락 이후 확보한 무진주 내에서의 기득권 확보도 포함되어 있었을 것이다. 결국, 당시의 전란은 균정계의 무진주 지역에 대한 주도권 장악의 기반이 되었을 것이다. 앞서 검토한 바와 같이 822년 발발한 김헌창의 난을 통해 원성왕계는 이 지역에 대한 무열왕계의 사회·경제적 기반을 빼앗을 수 있었다.

이들은 7세기 통일 전쟁 이후에도 주로 왕경을 기반으로 하여 활동하였을 것이다. 그렇기 때문에 백제 고지와 같이 새롭게 편입된 지역에 대한 관심이 부족한 왕경의 귀족이었던 이들에게는 그럴 기회도 많지 않았을 것이다. 결국 두 차례의 내전을 통해, 균정계는 몰락한 무열왕계를 대신하여 무진주 지역 내의 주도권을 거의 독점하듯 장악할 수 있었을 것이다.

균정계가 확보한 무진주 지역 내의 사회·경제적 기반을 보여주는 예로 담양군 남면의 광주호 호반에 위치한 개선사지의 기문과 장흥 보림사의 금석문 등이 주목된다.

> F-1: 경문대왕景文大王님과 문의황후文懿皇后님, 그리고 대낭주大娘主님께서는 등불을 밝힐 석등을 세우기를 바라셨다. 당(唐) 함통 9년(경문왕 8년, 868) 무자해 2월 저녁에 달빛을 잇게 하고자, 전 국자감경國子監卿인 사간沙干 김중용金中庸이 기름의 경비로 3백석을 날라 오니, 승려 영□靈□가 석등을 건립하였다.[53]

F-2: 용기龍紀 3년[54] 신해년 10월 어느 날 승려 입운入雲은 서울에서 보내준[55] 조租 1백석으로 오호비소리의 공서와 준휴 두 사람에게서 그 묷의 석보평石保坪 대업大業에 있는 물가의 논 4결[논은 5뙈기로 되어 있는데, 동쪽은 영행令行의 토지이고 북쪽도 마찬가지다. 남쪽은 세택洗宅의 토지이고, 서쪽은 개울이다]과 물가로부터 멀리 있는 논 10결[논은 8뙈기로 되어 있는데, 동쪽은 영행의 토지이고, 서쪽도 북쪽도 같은 토지이다. 남쪽은 세택의 토지이다]을 영구히 샀다.[56]

F-3: 기양현祁陽縣은 본래 백제의 굴지현屈支縣이었는데, 경덕왕이 이름을 고쳤다. 지금은 창평현昌平縣이다.[57]

사료 F-1은 경문왕 때인 868년의 석등 조성과 관련된 기록이며, F-2는 진성왕 때인 891년 석등 및 사찰의 운영을 위한 토지 구매와 관련된 것이다. 이 기록에서 석등 조영의 원을 세운 것은 경문왕과 그의 부인 문의황후, 대낭주 등 3인임을 알

53) 「開仙寺石燈記」(868~891). 사료 F-1과 F-2는 동일한 기문이지만, 기록된 내용은 각각 868년과 891년의 사건을 담고 있어 이를 구분하였다.

54) 오류이며, 찬자는 당 소종(昭宗, 888~904) 연간에 889년 용기를 쓴 사실까지는 인식하고 있지만, 그 이후 대순(890~892)으로 개원한 사실은 알지 못하고 있는 것으로 보인다. 이는 889년의 전국적인 반란으로 인하여 '정삭'과 관련된 자료가 무진주의 외곽에 위치한 이 사찰에는 제공되지 않았기 때문인 것으로 보인다. 기문의 용기 3년은 곧 대순 2년 신해년(진성여왕 5, 891)이다.

55) 이 부분은 '서울에 보내야 할'로 해석할 수 있다. 이 경우 서울로 보낼 조를 석등 및 사찰의 운영에 필요한 토지 구매에 사용한 것으로 볼 수 있다.

56) 「開仙寺石燈記」.

57) 『삼국사기』 권36, 잡지5 지리3 신라.

수 있다. 또한, 이들의 관심이 석등의 건립 이후에도 20여 년이 지난 시점까지 이어지고 있음을 사료 F-2의 기록을 통해 알 수 있다. 그런데 이 명문 내에는 석등을 건립하게 된 이유나, 발원의 내용 등이 확인되지 않는다.

경문왕은 헌안왕의 딸인 문의황후와의 혼인을 통해 후계 구도에서 유리한 측면을 만들 수 있었다. 한편으로 그의 왕위 계승은 균정계에서 헌정계로 왕계가 변경되는 것이기도 했다. 경문왕은 김헌정金憲貞의 아들로 김균정과 왕위를 두고 경쟁했던 희강왕의 손자 김응렴金膺廉이다. 『삼국유사』에는 경문왕이 헌안왕의 두 딸 모두와 혼인했다는 내용이 전하고 있는데, 이를 통해 당시 불사를 발원한 인물 중 대낭주를 헌안왕의 차녀로 보는 견해가 있다.[58] 이 경우 불사의 주체이자 염원 세운 인물로 헌안왕의 두 딸이 참여한 것에 주목할 필요가 있다. 대낭주를 발원자로 넣어야만 했다는 것은 그것이 갖는 의미가 있었기 때문이며, 그녀가 헌안왕의 딸이었다는 것을 고려하면 이를 '헌안왕'의 명복을 비는 불사로 볼 수 있다.[59]

그렇다면 석등이 세워진 사찰을 헌안왕의 '원찰'이거나 균정

58) 대낭주에 대해서는 최근 김창겸이 경문왕의 차비(次妃)이자 헌안왕의 둘째 딸로 비정한 견해가 새롭게 제기되었다(김창겸, 「신라 開仙寺石燈의 건립과 '大娘主'의 정체」, 『新羅史學報』 49, 2020). 경문왕은 헌안왕의 두 딸과 혼인한 것으로 알려져 있으며, 이 경우 정비인 문의황후와 함께 석등 불사의 원을 세운 사람은 868년 당시에는 아직 어린 아이였거나 출생 전이었을 진성여왕이라기보다는 차비일 가능성이 높다.

59) 김창겸은 무주 지역과 연계성이 높은 인물로 헌안왕을 꼽았고, 석등을 세우고 등을 밝혀 염원을 세운 대상 역시 '헌안왕'일 것으로 보았다(김창겸, 위의 논문, 2020, 295쪽).

계와 관련된 사찰로 볼 수도 있을 것이다. 그런데 무진주 내에는 헌안왕과 관련된 유력한 사찰로 선종 9산문의 하나인 보림사가 있었다.

> G-1: 대왕이 소문을 듣고 도를 우러러 꿈속에서조차 사모하여, 선문禪門을 열고자 선사禪師에게 서울로 들어오기를 청했다. 여름 6월에 장사현 부수副守 김언경金彦卿을 보내어 차와 약을 가지고 가서 맞이하게 했다. 선사는 구름과 바위를 벗삼아 지내는 것을 편안히 여겼고, 또 결계의 달이었으므로 정명의 병을 핑계대고 육조六祖처럼 사양했다. 겨울 10월에 왕이 다시 명을 내려 스님과 속인 사신인 영암군 승정僧正 연훈법사連訓法師와 교지를 받든 풍선馮瑄 등을 보내어 왕의 뜻을 전해 가지산사迦智山寺로 옮겨 거처할 것을 청했다. 드디어 마지못해 석장錫杖을 날려 가지산문迦智山門으로 옮겨 들어가니, 그 산은 곧 원표대덕元表大德이 옛날에 거처하던 곳이었다. 원표대덕은 법력으로써 정사에 도움을 주었으므로, 건원 2년(759) 왕이 특별히 명하여 장생표長生標 기둥을 세우도록 하였는데 그 표주標柱가 오늘날까지 남아 있다.[60]

> G-2: 불상을 조성한 때는 석가여래가 입멸한 후 1808년이다. 이때는 정왕情王(헌안왕)이 즉위한 지 3년째(859) 되는 해이다. 대중大中 12년 무인년戊寅年(858) 7월 17일에 무주 장사현의 부관副官 김수종金邃宗이 아뢰니, 정왕이 8월 22일에 칙령을 내렸는데 ▨ 몸소 만들고도 피곤함을 느끼지 못하였다.[61]

60) 「普照禪師彰聖塔碑」(884).

G-3: 탑을 조성한 때는 함통 11년(870) 경인 5월 어느 날이며, 이때는 경문왕 즉위 10년이다. 헌안왕의 왕생을 위해 삼가 만든 탑이다. 서원부 소윤 나말 김수종이 듣고 아뢰고 박사 급간 진뉴가 칙명을 받들었다.[62]

G-4: 함통 11년(870) 경인 탑을 세웠다. 대순 2년(891) 신해 11월 어느 날에 기록하다. 내궁에 사리 7매를 삼가 모셨다.[63]

보림사는 사료 G-1에서 언급되었던 것처럼 본래 원표대덕이 주석하던 곳이며, 경덕왕이 특별히 명하여 세운 장생표 기둥이 있던 곳이다. 따라서 이곳은 종래 무열왕계와 깊은 연관이 있었던 사찰인 것으로 보인다. 그런데 앞서 검토했듯이, 체징이 주석하던 시기에는 무진주 지역에 대한 무열왕계의 영향력은 사라졌고, 원성왕계로 그 주도권이 옮겨갔다. 이러한 전환의 계기가 된 시점은 822년 김헌창의 난이었다.

김헌창의 난이 진압되는 과정에서 무열왕계 세력이 제거되는 가운데, 이들의 원찰이나 토지 등의 재산은 몰수되었을 가능성이 높다. 그리고 이 옛 백제 지역에 위치한 경제적 기반은 원성왕계 왕실의 성립과 안정에 공을 세운 인물에게 전리품으로 분배되었을 것이다. 그런 가운데 경덕왕의 특별한 관심 속에 있던 가지산사는 균정계에게 주어졌을 가능성이 높다. 이

61) 「寶林寺 鐵造毘盧遮那佛坐像 造像記」(859).

62) 「寶林寺 北塔誌」(870).

63) 「寶林寺 南塔誌」(891).

후 보림사는 헌안왕과 이를 계승한 경문왕가의 특별한 관심 대상이 된다.

헌안왕은 왕실의 영향력 아래 있는 가지산사에 체징을 주석하게 하고, 철불의 조성에도 깊이 관여하였다. 사료 G-2는 현재 보림사 경내에 위치한 철불의 조상기 내용이다. 858년 7월에 왕의 측근인 무주 장사현의 부관인 김수종이 불상의 조성을 건의하자, 8월에는 왕이 직접 칙령을 작성하여 내려 철불을 조영하게 했다. 이는 사료 G-1에서 확인되듯이 858년 10월 체징의 가지산사 주석이 결정되기 전의 일이다. 그리고 이 철불은 859년 완성된다. 불상 조성의 주체로 등장하는 인물이 장사현 부수인 것으로 보아, 체징의 주석 전에도 보림사는 헌안왕을 비롯한 원성왕계 왕실과의 깊은 관련 속에서 중요시된 사찰이었을 것이다.

이러한 상황은 그 뒤로도 이어진다. 사료 G-3과 G-4에서 확인되는 것처럼, 870년에는 경문왕계 왕실의 주도로 보림사 내에 쌍탑과 석등이 조영되며, 891년에는 석탑의 보수, 혹은 사리 봉안이 이루어졌다. 무엇보다 사료 G-3에서 확인되는 석탑의 조성 목적이 "헌안왕의 왕생"임을 주목할 필요가 있다. 따라서 이 석탑의 조영은 보림사가 헌안왕의 원찰이었음을 드러내는 증거라 할 수 있다.

그런데 이 891년은 앞서 검토한 개선사지 석등의 추기 시점과 일치한다. 추기가 작성된 것이 같은 해 10월이며, 보림사 남탑의 사리 추가 봉안은 지석을 기준으로 했을 때, 11월에 완료된 것으로 보인다. 한 달 정도의 차이는 있지만, 두 불사는 같은 맥락에서 진행된 것일 가능성이 높다. 그렇다면 개선사지 석등의 추기에 기록된 불사도 헌안왕의 왕생극락을 기원하는 것이었을 가능성이 높다.

김헌창의 난과 흥덕왕 사후의 왕위 계승 전쟁 이후 무진주 지역의 주도권은 무열왕계에서 원성왕계로 넘어가게 된다. 이 지역은 838년 김우징과 장보고의 청해진 세력에 의해 일시 점령되기도 했는데, 그에 따라 균정계에 의해 지역의 주도권이 독점화되는 상황으로 흘러가게 된 것으로 보인다. 그리고 헌안왕 사후에는 그를 이어 왕위를 계승한[64] 헌정계의 경문왕가가 이를 온전히 잇게 된 것으로 보인다.

889년 신라 하대 사회가 혼돈에 빠지게 되는 광범위한 지방반란이 발생한다. 그러나 그 이후인 891년에도, 헌안왕의 원찰이자 경문왕가의 사찰이 된 개선사지의 사찰과 보림사에서는 신라 왕실의 지원에 의한 불사가 있었다. 이 점에 주목할 필요가 있다. 이러한 일이 가능했던 것은, 이 지역 사회의 경문왕가에 대한 태도가 적대적이지 않았으며, 신라의 9주 중 하나인 무진주의 행정력이 어느 정도는 유지되고 있었음을 의미한다.

---

64) 헌안왕이 경문왕을 사위로 받아들이는 과정과 이후의 정권을 균정계와 헌정계의 통합 즉 범예영계 출범이라 보는 견해도 있다. 헌안왕의 원찰인 보림사에 대한 경문왕가의 적극적인 지원 및 개선사지 석등의 조성 등에서 확인되는 바는, 균정계와 헌정계의 통합과 화해로 읽혀지는 부분이 있다. 따라서 이를 범예영계의 등장으로 볼 수도 있다. 그러나 경문왕은 인겸계로 선대왕들의 원수일 수 있는 민애왕을 기리는 삼층석탑을 그 보다 이른 시기인 863년 조영한 바 있다(「傳 大邱 桐華寺 毘盧庵 三層石塔 蠟石舍利壺」). 따라서 경문왕의 정치적 입장은 범예영계 뿐만 아니라 범원성왕계 전체를 통합하는 형태였을 가능성이 높다.

또한, 개선사지 석등의 추기 내용에서 확인되는 바와 같이, 왕실 재정에 기여하는 조세의 수취 역시 그대로 유지되었을 것이다. 그리고 이는 향후 이 지역에서 봉기하게 되는 견훤이 경문왕가 왕실에 대해 적대적 태도를 보이지 않고, '신라 서면의 도통'을 자임한 것과 일정 부분 공명하는 부분이 있으리라 판단된다.

9세기 전반에 발발한 두 차례의 전란은 중대 이후로 100여 년 동안 지속된 무열왕계의 무진주 지역에 대한 사회·경제적 주도권이 원성왕계로 옮겨가는 계기가 되었다. 그리고 원성왕계 내부의 갈등이 어느 정도 봉합된 이후에는 이들에 대한 호의적 태도가 상당 기간 이어졌다. 그리하여 신라 하대 정국을 혼란으로 몰고 간 889년 농민 봉기 이후에도 무진주 지역에 대한 왕실의 영향력은 비교적 안정적으로 유지되고 있었다. 이런 배경 속에서 891년 경문왕가에 의해 헌안왕의 왕생을 기리는 불사가 진행되었다.

한편, 광역의 무진주 지역은 신라의 서남해로서 신라의 연해 항로와 대당 및 대일본 교역의 중심지이기도 했다. 특히, 이 지역을 통과하는 해운海運은 한반도 동남쪽에 치우친 경주의 지리적 한계를 극복하는 데에 있어서, 매우 중요한 것이기도 하였다. 따라서 이 지역의 해상 통제를 위해 신라는 갖은 노력을 다하였다. 그리고 그 과정에서 여러 해상 세력과 이를 통제하는 기구인 청해진 등의 군진이 등장한다. 다음 장에서는 이러한 측면에서 신라 하대 무진주의 모습을 검토해 보겠다.

Ⅳ. 서남해의 해상 세력 통제와 무진주

한반도 서남해안 지역은 해상 교역상 중요성이 매우 높은 지역이었다. 이는 3세기 중반의 『삼국지三國志』 단계에서부터 확인된다. 현실적으로 이 지역의 해상 교통에서의 중요성은 그보다 이른 시기의 일이었을 가능성이 높다. 왜倭와 한漢의 초기 접촉은 한사군漢四郡의 설치 시점까지 올라갈 수도 있는 일이기 때문이다. 또한, 연안 항로를 이용한 사람과 물산의 이동은 적어도 청동기 시대까지는 그 연원을 추적할 수 있는 일이기도 하다. 따라서 한반도 서남해안 지역은 상당히 오랜 시간 동안 해상 교역로로서 중시되었다고 할 수 있다.

> H-1: '왜'인은 대방帶方의 동남쪽 큰 바다 가운데에 있고, 산과 섬을 의지하여 나라의 읍邑이 있다. 예로부터 백여 개의 나라가 있어, '한'나라 때에는 알현하는 자가 있었다. 이제 그 역관이 통하는 곳이 삼십 나라이다. 군에서 나아가 '왜'에 이르는데, 물로 가서 해안을 따라 돌면 '한국韓國'이 나오고, 남쪽으로 가다 동쪽으로 가면 '구사한국狗邪韓國'의 북쪽에 이르러 거리가, 칠천여 리나 된다. 처음 하나의 바다를 건너 천여 리에 '대마도'에 이른다.[65]

> H-2: 원년, 입당 숙위학생 출신의 양열을 두힐현豆肹縣의 소수少守에 임명하였다. 이전에 당 덕종德宗이 봉천奉天으로 거둥했

65) 『三國志』 卷30, 魏書30 烏丸鮮卑東夷傳第30 倭.

을 때 양열梁悅이 난리에 수행한 공이 있어, 황제가 우찬선대부右贊善大夫를 제수하여 돌려보냈기 때문에 왕이 그를 발탁하여 썼다.[66]

위의 사료 H-1은 『삼국지』 동이 열전의 기사 속에 등장하는 왜 관련 기사 중 일부이다. 한과 왜의 교류에 마한으로 추정되는 한국을 거치는 항로가 묘사되어 있어 주목된다. 교역의 대상이 되는 '한漢'은 한반도 내의 한사군일 가능성이 높지만, 왜가 이러한 연안 항로의 연장으로 중원의 '한'과도 교역을 수행했을 가능성은 충분하다. 그리고 이러한 상황은 삼국을 거쳐, 신라 하대에도 어느 정도 유지되었을 가능성이 높다.[67]

한편, 9세기 일본의 구법승이었던 엔닌圓仁은 838년 견당사에 일행과 함께 당의 양주楊州 해능현海陵縣에 도착하여, 당에서 9년 간 활동한 뒤 847년 귀국한다. 귀국 길에서 그는 신라인 김진의 배를 탔다. 그는 당의 소주蘇州를 출발하여 일본국으로 가는 무역선을 준비하고 있었는데[68], 마침 엔닌 일행의 소식을 듣고 그의 귀국을 도운 것으로 보인다. 김진의 활동이 장보고 휘하에서 활동한 것으로 보이는 장영에게도 알려졌던

66) 『삼국사기』 권10, 신라본기10 애장왕 원년(800).

67) 이에 대해서는 홍성화, 「고대 서남해 항로에 대한 고찰」, 『韓國古代史探究』 39, 2021을 참고. 이 연구에서 홍성화는 3~9세기 한반도 서남해안의 안마도-하의도-진도, 거차군도-남해-비진도, 거제도-쓰시마 등을 잇는 항로에 대한 단편적인 기록들을 확인하여, 한반도와 왜를 잇는 한반도의 '서남해안'의 항로상에서의 중요성을 검토한 바 있다. 이 항로의 일부는 후술할 9세기 엔닌의 여정에서도 확인된다.

68) 『入唐求法巡禮行記』 권4, 당 선종 대중원년(847) 6월 9일.

것으로 보아[69], 그 역시 청해진 세력과 연관된 인물로 보인다. 이는 귀국 후 엔닌이 장보고를 기리는 일련의 활동을 벌이는 것에서도 확인된다.

엔닌은 847년 9월 2일 산동의 적산포를 출발, 모야도를 지나 정동으로 항해하여 하루 낮과 하루 밤을 항해하여 9월 3일 신라 서해안의 섬 인근에 도착한다. 김진이 당시 택한 항로는 서해 횡단 항로로 보이며[70], 9월 4일에는 신라 웅주의 서쪽 지역을 지났다. 이후 동남쪽으로 하루 낮을 더 항해하여 9월 5일에는 고이도古移島에 도착하였고, 9월 6일에는 황모도黃茅嶋에 정박하여 무주의 소식을 들었다.[71]

엔닌이 신라의 무진주 지역을 지난 이후 3세기 가까운 시간이 흐른 뒤, 송의 서긍徐兢 일행은 명주 정해현(영파)을 1123년 5월 24일 출발하여, 6월 1일 동남풍을 타고 고려 쪽으로 항해를 시작하여 하루만인 6월 2일 전라도의 협계산(소흑산도)인근에 도착했다. 이 항로는 동중국해 사단 항로라 불리는 것으로, 서긍 일행은 6월 4일에는 신안의 비금도에 해당하는 죽도를 지나, 6월 6일 군산도(선유도, 고군산군도)에 도착했다.[72]

---

69) 『入唐求法巡禮行記』 권4, 당 선종 대중원년 6월 21일.

70) 이를 중부 횡단 항로라 부르기도 한다. 고대와 중세의 서해 항로에 대해서는, 윤일영, 「고대 선박의 항해속도 연구」, 『군사학연구』 7, 2009에 상세히 분석된 바 있으며, 삼국 후반~신라 하대의 각 항로에 대해서는 尹明喆, 「新羅下代의 海洋活動硏究」, 『國史館論叢』 91, 2000을 참고할 수 있다.

71) 이상의 항로는 『入唐求法巡禮行記』 권4, 당 선종 대중원년 9월의 기록에 나와있다. 엔닌은 당으로 갈 때에는 사단 항로를 이용했고, 돌아올 때에는 서해 횡단 항로를 이용했다. 반면, 서긍 일행은 오갈 때 모두 사단 항로를 이용했다.

72) 당시의 항로는 『宣和奉使高麗圖經』 권35, 해도2에서 확인된다.

이 두 사람의 항해 관련 기록은 당시 중국과 한반도, 그리고 일본 열도를 연결하는 각 항로에 있어서 무진주 연해 지역이 가진 중요성을 보여주는 예이다. 이러한 의미를 갖는 항로였기 때문에, 이의 통제와 운영은 신라의 입장에서 매우 중요한 일이었다.

사료 H-2에 언급된 소수라는 관직은 현 단위에 설치된 지방관직이지만, 실제 임명 사실이 확인되는 예는 극히 드물다.[73] 따라서 양열의 두힐현 소수 임명 사례는 그것이 매우 주목할만한 사건이라는 점에서 선택적으로 기록되었을 가능성이 높다. 그렇다면 대당 교역로의 확보와 관리에 대한 신라 중앙정부의 관심을 나타내는 사례로 그의 임명 사실이 선택되어 수록되었을 것으로 추정할 수 있다. 오늘날의 나주 다시면 복암리·회진리 일대, 백제 이래의 두힐, 경덕왕 이후의 회진은 이 시기 이후의 각종 기록에서 대당교역로의 신라 측 기점으로 자주 언급되기 때문이다.

한편으로 양열을 그러한 지역의 소수에 임명한 것은 당에서 숙위하던 시절 그의 활동 즉, 당 덕종을 난리 중에 수행하고, 그 공으로 우찬선대부에 임명된 바 있었던 일을 고려한 것일 수 있다. 신라의 지방관이면서 당의 문산계를 가진 양열은 당의 관료 사회 내에도 이름이 알려진 인물일 가능성이 높다. 따라서 그는 회진을 통해 입국하는 당의 사신들을 접대하고 응

73) 또 다른 예로 양근현(楊根縣)의 소수에 임명된 자옥(子玉)과 관련된 기사가 확인된다(『삼국사기』 권10, 신라본기10 원성왕 5년). 양근현은 오늘날의 경기 양평 지역으로 한강수계를 이용하는 중요한 거점 중의 하나였다.

대하거나, 당으로 떠나는 신라의 사신을 지원하는 역할을 수행하는 데에 있어 적임자였을 것이다.

800년 무렵의 서남해는 그 보다 이른 시기에 주목된 당성이나 한강 유역의 주요 포구들을 대체하며, 점차 대당교역로 상에서의 중요성이 커진 것으로 보인다. 그리고 이는 동중국해 사단 항로의 활성화와 관련된 것일 가능성이 높다. 새로운 항로의 발견, 그리고 이를 가능하게 한 항해술과 조선술의 발전은 이전에는 존재하지 않았던 새로운 형태의 '교역'과 이를 주도한 집단을 형성하게 했을 가능성이 높다. 아래의 사료들은 그러한 사례들을 보여준다.

> I-1: "근래에 너희 나라에서 투화해온 백성들이 '본국에서는 군대를 내어 경비를 하고 있는데, 이것은 혹 일본국이 쳐들어와 죄를 물을까 해서이다'라고 말하는데, 그 일의 허실虛實이 어떠한가."라고 물으니, "당나라가 난리로 어지럽고 해적이 참으로 빈번합니다. 이 때문에 군대를 징발하여 변방을 지키고 있습니다. 이는 국가의 대비책으로 일이 거짓은 아닙니다."라고 대답하였다.[74)]

> I-2: 이에 〈작제건이〉 옻칠한 배에 올라 칠보와 돼지를 싣고 바다를 건너 순식간에 바닷가에 닿아보니, 곧 창릉굴昌陵窟 앞의 강가였다. 배주정조白州正朝 유상희劉相晞 등이 〈이를〉 듣고 말하기를, '작제건이 서해의 용녀에게 장가들고 오니 참으로

74) 『續日本記』 권25, 폐제 순인천황, 天平寶字 8년(764) 7월 19일.

큰 경사입니다.'라고 하면서, 개주開州·정주貞州·염주鹽州·배주 4주와 강화현江華縣·교동현喬桐縣·하음현河陰縣 3현의 백성들을 거느리고 와 〈그를〉 위해 영안성永安城을 쌓고 궁실을 지어주었다.[75]

사료 I-1의 경덕왕 23년(764) 일본을 방문한 신라의 사신이 언급한 당의 반란과 소란은 안사安史의 난을 말하는 것이다. 그렇다면 이 시기 해적이 창궐하게 된 것은 곧 당이 연해의 각 해상 세력들을 통제하지 못하게 되었다는 것을 의미한다. 신라 사신의 입장에서 이들 해적은 곧 '당' 출신의 해상 세력을 지칭한 것이라 볼 수 있을 것이다. 그리고 이러한 상황은 양열이 소수에 임명되는 시기에도 이어졌을 가능성이 높다. 한편으로 이렇게 성장한 해상 세력 중에는 신라 출신도 포함되었을 것이다.

왕건의 선대에 대한 사료인 I-2에서 사적인 목적으로 배를 타고 당으로 건너가고자 한 작제건, 그와 혼인을 한 용녀로 대표되는 신라 서해의 해상 세력, 그리고 그를 영접한 유상희 등은 모두 오늘날의 황해도 남부와 경기 지역을 기반으로 활동하던 신라의 해상 세력이었을 가능성이 높다. 작제건은 왕건의 조부로 이는 9세기 전반의 일을 담고 있는 것으로 볼 수 있다. 한편으로 왕건과 혼인한 장화황후의 가계에서도 부돈富伅과 연위連位[76]라는 해상 활동을 기반으로 하는 인물들이 확인

75) 『高麗史』, 고려세계.

76) 이에 대해서는 邊東明, 「9세기 前半 武州 西南海地域의 海上勢力」, 『韓國

된다. 무엇보다 이 시기에는 신라에도 반란과 소란이 있었으며, 822년의 김헌창의 난은 당의 황소의 난 못지않은 혼란 상황을 야기했을 가능성이 높다.

사료 I-1에서 확인되는 것처럼 신라는 이미 8세기 중반부터 해적의 창궐을 막기 위한 연해 방수를 진행하고 있었다. 하지만, 그것이 쉽지는 않았을 것이고, 김헌창의 난 이후에는 혼란 상황이 더 심각해졌을 것이다. 당시에 활동한 해상 세력들은 그 자체가 사적 해상 무역을 수행하는 세력이면서, 경우에 따라서는 비합법적인 행위도 할 수 있는 '비합법적인 해상활동가'[77]였을 것이다. 이들의 활동 중에는 중앙 통제를 벗어난 철이나 소금의 유통, 불법적인 사무역, 인신의 매매 등이 있었을 것이다. 그리고 경우에 따라서는 타국의 연해 지역을 약탈하며 본격적인 해적이 되는 경우도 있었을 것이다. 신라로서는 이에 통제가 필요했고, 이를 위해 실행된 비상적 군사 정책 중 하나가 청해진의 설치였던 것으로 보인다.

J-1: 후에 보고가 귀국하여 대왕(흥덕왕)을 뵙고, "중국을 두루 돌아보니, 우리나라 사람들을 노비로 삼고 있습니다. 바라건대, 청해清海에 진영을 설치하여 도적들이 사람을 붙잡아 서

史學報』 57, 2014, 59-60쪽을 참조. 부돈은 장화왕후의 조부, 연위는 외조부에 해당한다. 왕건 가계와 장화왕후 오씨의 가계가 모두 해상 세력으로 연결되며, 이들은 서로 간에 통혼을 하고 있다. 이는 왕건의 첫 부인인 신혜왕후 유씨가 정주 지역의 호족(아마도 해상 세력인) 유천궁의 딸인 것에서도 확인된다. 두 사람은 모두 왕건 즉위 이전에 혼인을 맺었다. 따라서 이들과의 혼인은 연해의 해상 호족의 통혼과 관련된 사례로서 주목된다.

77) 이에 대해서는 邊東明, 위의 논문, 2014, 50쪽을 참조.

쪽으로 데려가지 못하게 하십시오."라고 아뢰었다. 청해는 신라 해로의 요충지로, 지금은 그곳을 완도莞島라 부른다.[78)]

J-2: 여름 4월에 청해대사淸海大使 궁복弓福은 성이 장씨張氏이고, 당 서주徐州로 건너가 군중소장軍中小將이 되었다가, 나중에 귀국하여 왕을 뵈었으며, 부하 10,000명을 거느리고 청해에 진鎭을 설치하였다.[79)]

위의 사료는 828년의 청해진 설치와 관련된 것들이다. 그런데 '대사大使'로 언급되는 이들의 활동은 이미 824년 무렵부터 일본 측 기록을 통해 일부 확인된다. 그렇다면 당에서 군사 활동으로 성공한 인물이었던 장보고의 청해대사로서의 활동 역시 그와 같은 일이었을 가능성이 높으며, 청해진은 이를 공식화하는 정도의 의미였을 가능성이 높다. 그렇다면 청해진의 설치는 이러한 여러 해상 세력을 격파하고 해산시킨 것이 아니라, 공적인 영역 내로 포섭하고 통제를 강화한 것으로 봐야 할 듯하다.

이 경우, 청해진 설치 이전 서해와 남해에서 활동하던 대다수의 해상 세력들은 청해진의 휘하로 재편된 것으로 볼 수 있으며, 여기에는 공적 조직인 해상 지역의 방수 부대 역시 포함되었을 것이다. 또한, 엔닌의 『입당구법순례행기』에서 확인되는 여러 '대사'들의 존재는 바로 장보고의 청해진 휘하에서 재편

78) 『삼국사기』 권44, 열전4 장보고·정년.
79) 『삼국사기』 권10, 신라본기10 흥덕왕 3년(828).

된 이들 각 세력을 칭하는 것일 수 있다.[80] 오늘날의 완도 '장도'와 그 배경의 '완도군', 그리고 신라와 무진주의 서남해 연안 지역 군사적 요충과 각 포구, 그리고 그곳에 주둔한 병력이 장보고 휘하 '청해진'의 실체였을 것이다. 또한, 이러한 청해진 세력에 대한 인력 충원·병량 및 행정 지원 등의 역할은 무진주의 도독이나 비금당주를 비롯한 고위 무관들이 담당했을 가능성이 높다.

한편, 청해진의 설치를 건의하는 가운데, 장보고가 가장 중요하게 내세운 것은 위의 사료 H-1에서 보이는 '당에서 신라인들이 노예로 팔리는 비참한 상황의 해소'였다. 이는 해상 세력들의 '비합법적 활동' 중 가장 큰 비난을 받는 행위였을 가능성이 높다. 한편으로 이런 세력들이 당과 신라, 일본에 걸친 황해에서 활동했다는 점을 고려할 때, 이들은 신라에는 당인이나 일본인을 노예로 팔고 있었을 가능성이 높다. 따라서 삼국 모두에서 이의 척결은 매우 중요한 문제였을 것이다. 이러한 상황에서 군사적 경험이 풍부하고 국제정세에 밝은 장보고의 등장은 각국의 연안 지역 안정과 항로의 안전, 비합법적인 해상 세력과 사무역에 대한 통제를 위해 불가피한 것이었을 가능성이 높다.

청해진의 설치와 이들의 활동이 어느 정도 공적인 성격을

80) 장보고 사후 일본에 귀화한 어려계(於呂系)도 그러한 인물 중의 하나였을 가능성이 있다. 그는 장보고 사후 염장에 의해 청해진이 통제되는 상황에서 배를 타고 일본으로 건너가 귀순했다. 이는 그가 해상 활동에 종사하던 이였음을 의미하는 것으로 보인다. 이에 대해서는 邊東明, 위의 논문, 2014, 59쪽을 참조.

갖게 된 이후, 해상 무역은 노예 매매 이상의 부를 가져다주는 다른 상품의 해상 운송으로 변경되었을 가능성이 높다. 완도의 장도 등에서 발견되는 다량의 청자편은 그러한 새로운 교역 구조의 등장을 의미하는 것이다. 하지만, 청해진의 경제적·군사적 번영도 중앙정계의 정치적 흐름에 따라 큰 부침을 겪게 된다.

K-1: 5월에 우징이 화를 입을까 두려워하여, 처자식과 함께 황산진구黃山津口[81]로 달아나서, 배를 타고 청해진 대사 궁복에게 가 몸을 의탁하였다.[82]

K-2: 가을 8월에 혈구진穴口鎭(인천 강화)을 설치하였다. 아찬 계홍啓弘을 진두鎭頭(혈구진 두상대감)로 삼았다.[83]

K-3: 8년 봄에 청해진의 궁복이 왕이 딸을 받아들이지 않은 것에 원한을 품고 청해진을 근거로 반란을 일으켰다. 조정에서는 장차 그를 토벌하자니 예측하지 못할 환난이 생길까 두렵고, 그대로 두자니 그 죄를 용서할 수 없어서, 우려하면서도 어떻게 해야 할지를 몰랐다. 무주 사람 염장이란 자는 용맹하고 씩씩하기로 당시에 소문이 났는데, 와서 아뢰기를, "조정에서 다행히 신의 말을 들어주신다면 신은 한 명의 병졸도 번거롭게 하지 않고 맨주먹으로 궁복의 목을 베어 바치겠습니다."

81) 오늘날 양산시 인근에 위치한 것으로 보이는 황산강 하구의 나루터로 추정.
82) 『삼국사기』 권10, 신라본기10 희강왕 2년(837).
83) 『삼국사기』 권11, 신라본기11 문성왕 6년(844).

라고 하였다. 왕이 그의 말을 따랐다. 염장이 거짓으로 나라를 배반한 것처럼 하고서 청해진에 몸을 의탁하였다. 궁복은 힘센 무사를 아끼던 터라 아무런 꺼림이나 의심도 없이 이끌어 상객上客으로 삼고, 그와 함께 술을 마시면서 매우 기뻐하였다. 술에 취하게 되자 궁복의 칼을 빼앗아 목을 베고는, 그 무리를 모아놓고 설득하니, 굴복하여 감히 움직이지 못하였다.[84]

K-4: 여름 5월에 이찬 양순良順과 파진찬波珍湌 흥종興宗 등이 반역을 꾀하다가 붙잡혀 죽임을 당하였다.[85]

장보고는 사료 K-1에서처럼 자신에게 투탁한 김우징에게 청해진의 병력을 지원하였다. 그리하여 2차례에 걸친 군사적 공략 끝에 김우징은 신무왕으로 즉위하며, 장보고는 그 정치·군사적 동맹자로서 왕실과의 혼인 대상으로 거론될 정도의 정

84) 『삼국사기』 권11, 신라본기11 문성왕 8년(846). 이 기사에서 언급하고 있는, 장보고의 사망은 본 기사처럼 846년 설과, 841년 설이 대립하고 있다. 841년 설의 근거는 『續日本後紀』 권11, 인명천황 승화 9년(842) 봄 정월 기사를 근거로 하고 있다. 그런데 『삼국사기』에는 장보고의 납비와 관련된 845년 3월의 논의 내용이 자세히 실려 있다. 그리고 846년 봄 기사에는 염장에 의한 장보고 암살 내용이 기록되어 있다. 한편, 장보고 사망의 증거로 쓰이는 『入唐求法巡禮行記』의 회창 5년(845) 7월 7일 기록에 등장하는 최훈(崔暈)이 국란을 맞아 당으로 도피했다는 이야기는 장보고의 납비 문제와 그로 인한 반란 발생에 의한 것으로 볼 수 있다. 장보고에게 개인적인 감사 서한을 보내기도 했던 엔닌이었으므로, 관련 내용을 알게 되었다면, 최훈과의 만남에서가 아니라 그 전에 관련 내용이 언급되었을 것 같다. 『삼국사기』의 내용을 굳이 부정할 필요는 없어 보인다.

85) 『삼국사기』 권11, 신라본기11 문성왕 9년(847). 김양순은 무주의 군대를 이끌고, 청해진의 군대와 합류하여 김우징의 즉위를 도운 인물이다. 그의 제거는 곧 전해에 진행된 장보고 제거와 연관된 것으로 보여진다.

치적 영향력 갖게 된다. 이러한 상황은 중앙정계에서 활동한 귀족 집단의 입장에서는 부담스러운 일이 아닐 수 없었을 것이다. 그런 상황 속에서 청해진으로 기운 해상 세력의 판도를 바꾸려는 적극적인 시도도 있었던 것으로 보인다.

사료 K-2에서 다루고 있는 844년 무렵의 혈구진 설치는 서해 횡단 항로의 통제 측면에서 매우 중요한 사건이다. 물론, 청해진 설치 1년 뒤인 829년 당성에 이미 또 다른 연해 군진인 당성진이 설치된 바 있다. 하지만, 당성진은 청해진의 적극적인 활동에 비해 그 존재감이 미미했던 것으로 보인다. 그러나 혈구진의 설치는 청해진이 최전성기를 구사하던 844년 무렵의 일이며, 아찬이라는 높은 관등의 인물이 진두에 임명되는 등 당성진과는 사뭇 다른 모습을 보여준다. 청해진이라는 연해 군진과 신라와 당, 일본을 아우르는 이들의 활동을 고려할 때 혈구진의 설치는 청해진의 기능을 일부 견제하는 의미가 있었을 가능성이 높다.

앞서의 사료 I-2에서 언급된 『고려사』 세계의 작제건이 활동한 시기는, 부친으로 설정한 당 숙종(711~762)의 생몰년을 고려할 경우, 8세기 후반에서 9세기 전반이 된다. 따라서 그는 청해진이 등장하기 이전에 배주정조 유상희 등의 협력자와 정주 지역을 배경으로 지니면서, 강력한 해상 세력을 구축하였던 것으로 보인다.[86] 또한, 작제건이 용녀와 함께 다시 돌아왔을

86) 작제건의 부친에 대해서는 고려 중기 이후에는 당 선종(810~859)으로 추정하는 견해가 제기되었다. 숙종은 몰년이 왕건의 탄생 시점(877)과 115년 차이가 있어, 증조로 보기 어렵다. 이러한 점을 고려할 때는 선종이 더

때, 개주·정주·염주·배주 등 4주와 강화현·교동현·하음현 등이 그에 복속하였다고 한다.

이는 강화에 설치된 혈구진 및 그에 부속한 도서와 육지의 영역과 거의 일치하는 것으로 보인다. 그렇다면 작제건 및 그 후원 세력에게 있어, 828년의 청해진 설치는 이 지역에서 그간 지속해온 비합법적 해상 활동의 종료와 연결되는 사건이라 할 수 있다. 그리고 그 십여 년 뒤에는 이 지역을 통제하는 혈구진이 설치된다. 이 지역의 해상 세력에게 있어서, 이 사건은 청해진을 대체하는 새로운 조직의 등장을 의미하는 일이었을 가능성이 높다.

앞서 검토한 바와 같이 신라의 서해와 남해에는 다양한 해상 세력이 존재했고, 그들의 활동은 해적질이나 사무역에서부터 작제건의 예처럼 이를 통합하여 상당한 규모의 독자적 집단을 형성하는 것에 이르기까지 매우 다양했다. 한편으로 청해진의 성장은 이런 세력에 대한 통제에 있었다. 그렇기 때문에, 작제건이나 유상희처럼 자체적인 세력을 가진 인물들 중에는, 장보고의 우위를 인정하지 않고 그에게 도전한 경우도 있었을 것이다.

그런 측면에서 사료 K-3에서 장보고를 제거하고 그를 대체한 염장도 육지를 기반으로 하는 인물이 아니라, 그와 경쟁하

현실적이다. 그러나 애초에 김관의(金寬毅)의 『編年通錄』이 기록되는 시점에서 작제건의 부친을 숙종으로 삼은 것은 왕건의 선대 중에 미미하나마 활동이 확인되는 어느 인물의 활동 시기와 겹친다는 것에 기인하는 것일 가능성이 높다. 한편으로 이를 선종으로 보면 그 시기는 청해진이나 혈구진의 설치 시점에 근접하여, 중앙 정부에 의한 통제 가능성이 높아진다.

던 무진주 기반 해상 세력의 일단을 대표하는 인물이었을 가능성이 높다.[87] 그는 청해진을 장악하고 이를 적어도 5년 이상 운영하였다. 따라서 그를 육지 세력의 대표자로 보기는 어려울 것 같다. 염장의 계획에 대해 신라 왕실과 중앙 귀족들은 장보고 제거와 청해진 확보를 묵인하였다. 그렇다면 그 목적은 청해진 세력의 타도가 아니라 장보고를 대체하는 인물을 통해 청해진을 재편하는 것에 있었을 가능성이 높다. 신라의 왕실과 중앙 정계의 유력자들에게 있어서 서남해의 해상 운송 및 교역 체계의 유지는 매우 중요한 문제였기 때문이다.

당성진이나 혈구진과 같은 새로운 해상 군진의 설치는 청해진의 세력을 약화시키고, 이를 각 지역 별로 분리하여 관할한다는 의미를 지니는 사건일 가능성이 높다. 이러한 작업은 장보고의 생전에 이루어졌을 가능성도 있다. 그런 측면에서 장보고가 제거되기 직전에 있었던 왕실과의 혼인 문제를 고려할 필요가 있다. 이 사건을 839년의 왕권 교체 이후 그에 대한 조력의 대가로 보기에는 양자 사이에 시간적 격차가 있다. 반면에 이를 844년의 혈구진 설치 이후로 본다면, 서해 횡단 항로 및 북부 연안 항로의 통제를 얻을 수 있는 이권을 신라 왕실에

---

87) 邊東明은 염장에 대해, 장보고 등의 해상 세력과 대비되는 '내륙토족(內陸土族)'이라는 견해를 제시한 바 있다(邊東明, 위의 논문, 2014, 67쪽). 그러나 시작은 무진주 기반의 지방 세력이었다고 해도, 838년 김우징 등과 함께 한 이후로 그는 청해진과 밀접한 관계를 맺으며 그 내에서 점차 영향력을 확대한 것이 아닌가 싶다. 그렇다면, 그 역시 장보고가 사사되는 841년 혹은 846년 무렵에는 청해진 내에서 영향을 키워 자체적인 세력을 형성한 해상 활동가로 보는 것이 합리적일 것이다.

넘기는 사건이 된다. 그렇다면, 왕실과의 혼인은 그에 따른 반대급부를 요구한 것일 수 있다. 그렇게 보면 장보고의 사망 시점은 841년 보다는 846년이 더 설득력이 높은 것 같다. 사료 K-4에서처럼 장보고의 제거 이후에는 그에 따른 김양순의 실각 등 신라 중앙 정계의 개편도 함께 진행되는 것이 확인되기 때문이다. 왕실과의 혼인을 언급한 것은 그의 경계심을 흐트러뜨리는 일이었으며, 연변의 새로운 군진은 영향력 약화와 대안적 시스템을 실험한 것이라 할 수 있다. 그런 측면에서 장보고의 청해진은 그의 사후 순식간에 몰락한 것이 아니라, 신라 중앙 정계의 치밀한 계획 속에 점차 영향력을 상실해가던 도중 그의 사망으로 일단락된 것으로 볼 수 있다.

> L-1: 13년(851) 봄 2월에 청해진清海鎭을 혁파하고, 그곳 사람들을 벽골군碧骨郡(전북 김제)으로 옮겼다.[88]

> L-2: 장성하자 생김이 뛰어났으며, 뜻이 크고 기개가 있어 평범하지 않았다. 군대를 따라 왕경에 들어갔다. 서남 해안에 가서 국경을 지켰는데, 창을 베고 자면서 적을 기다렸고, 그의 용기는 항상 군사들 중 첫째였다. 노고로 비장裨將이 되었다.[89]

---

88) 『삼국사기』 권11, 신라본기11 문성왕 13년(851).

89) 『삼국사기』 권50, 열전10 견훤. 견훤은 867년 생으로 군대에 들어간 시기는 대략 15세 언저리로 볼 수 있으므로 880년 이후로 보인다. 그가 비장이 된 것은 '공로를 세운' 이후였을 것이니, 약관인 20세 전후의 시기로 볼 수 있을 것이며, 이 경우 885년을 전후한 시기라 할 수 있다.

L-3: 군인이 되어 서울로 들어갔다가 서남 해변에 가서 변경을 지키는데 창을 베개 삼아 적을 대비하였으니 그의 기상은 항상 사졸에 앞섰으며 그 공로로 비장이 되었다.[90]

염장에 의해 일시 대체되어 운영된 청해진은 이후 5년여 간 운영된 이후 사료 L-1에서 확인되는 바와 같이 851년 폐진되고, 종래 그에 속한 사람들은 벽골군으로 강제 이주된다. 청해진 설치 이후, 신라는 당성진(829)과 혈구진(844) 등의 군진을 추가하면서 점차 청해진의 기능을 약화시켰던 것으로 보인다. 그런 가운데 838년의 왕위 계승전쟁에서 가장 큰 역할을 수행한 청해진에 대한 정치적 공세가 진행되며, 염장에 의한 장보고 암살과 청해진의 폐진이 진행되었다. 그러나 청해진의 폐진 이후에도 서남해를 통해 이루어지는 해운과 교역의 중요성은 그대로 잔존했다. 따라서 신라는 이에 대한 대책 마련을 고심할 수밖에 없었을 것이다.

사료 L-2와 L-3은 청해진 폐진 이후 운영된 서남해 군진의 예를 추정할 수 있는 내용이다. 두 기록은 모두 견훤과 관련된 것인데, 그가 신라 왕경의 군대에 들어가 서남해에서 방수한 내용을 확인 할 수 있다. 이 서남해는 곧 무진주의 연해 지역으로 보이며, 그는 이 조직 내에서 특정 지역에 배치된 독립적인 군대를 이끄는 비장으로 성장할 수 있었다.[91] 한편으로 앞

90) 『삼국유사』 권2, 기이2 후백제견훤.

91) 신라 하대의 비장에 대해서는, 배재훈, 「견훤의 군사적 기반」, 『新羅文化』 36, 2010, 176-181쪽을 참고.

서 검토한 바 있는 무진주 내의 군관 조직 중 비금당주緋衿幢主는 모두 8명이 배치되어, 신라 9주 전체에 배치된 40명 중 무려 1/5로 가장 많았다.[92] 이 숫자는 웅천주에 5명, 완산주에 4명이 배치된 것과 비교해도 그 규모가 상당하다.

타 지역보다 많이 배치된 무진주의 비금당주와 비금감 및 그 휘하 병력을 도서 지역이나 연해 지역에 독립적으로 배치된 병력으로 볼 수 있다면[93] 견훤이 단위 부대를 이끈 군조직이 비금감이거나 그 조직이 9세기 중반 이후로 변형된 조직일 가능성이 있을 것이다. 그렇다면 "창을 베고 자면서 적을 기다렸"다는 기록도 단순히 그의 태도를 설명하는 상투적 표현이 아니라 장창을 사용한 비금당의 부대 특성을 언급한 것으로

---

92) 비금당은 종래의 장창당을 개편한 비금서당(緋衿誓幢)에서 유래한 부대로 장창을 주무기로 한 것으로 보인다. 그런데, 비금당에 속하는 군관 조직 중 비금감(緋衿監)에는 전체 48명 중 마병을 이끄는 8명이 포함되었다. 이는 5:1의 비율로 기병이 조직된 것으로 볼 수 있으며, 이 경우 각 주에 배치된 비금당 중 일부는 기병을 포함하여 독립적인 작전이 가능한 조직으로 보아야 할 것으로 판단된다. 한편으로, 마병을 이끄는 비금감 8인이 모두 무진주에 배치된 것으로 보는 견해가 있다(李仁哲, 『新羅政治制度史硏究』, 一潮閣, 1993, 353-354쪽). 이러한 입장은 비금당주(緋衿幢主)와 비금감이 1:1로 배치되었으며, 그 외 추가된 기병 조직을 서남해의 특수한 상황에 의해 추가적으로 설치한 것으로 보는 견해이다. 반면, 윤태양은 신라의 지방조직 중 '향'으로 편재된 지역에 비금당이 배치되었고, 삽량주를 제외한 8개 주에 이들이 배치되어 향과 주치 사이의 연락망으로 운영했다는 견해를 밝힌 바 있다(윤태양, 「孝昭王代 長槍幢의 緋衿誓幢으로의 再編 目的」, 『한국고대사학회 제174회 정기학술발표회 자료집』, 2021, 13-15쪽). 그러나 여기에서 확인되는 마병을 '기병'이 아닌, 역졸과 비슷한 성격의 지원 병종으로 보는 것에는 동의하기 어렵다.

93) 이에 대해서는 앞서 언급한 李仁哲과 윤태양 모두 인정하고 있는 것으로 보인다. 이들은 약간의 견해 차이가 있지만, 대체로 서남해안이 수로 교통의 요지인 점과 도서가 많은 것에서 그 이유를 찾고 있다(李仁哲, 앞의 책, 1993, 353-354쪽 ; 윤태양, 앞의 논문, 2021, 13-14쪽).

볼 수 있다. 그렇다면 비장이라는 그의 지위도 단위부대의 지휘관으로 독자적 활동을 할 수 있는 비금당주 등으로 비정할 수 있을 것이다.

신라는 서남해의 해상 운송과 방어상의 중요성을 인식하고 경덕왕대인 8세기 중반 이후로 공병 조직을 동원하여 이 지역을 방어했다. 그러나 이는 수군 조직이 아닌, 비금당 등 무진주에 배치된 육상 병력 중심이었을 것이며, 그다지 효과적이지는 못했던 것으로 보인다. 그런 가운데 여러 해상 세력이 등장한다. 이들의 활동이 신라의 연안 물류 이동에까지 영향을 미치게 되자, 신라는 장보고의 청해진을 비롯한 군진을 설치하여 이를 통제하게 했다. 하지만 해상 방수뿐만 아니라 해운을 이용한 동북아 교역을 통해 비대해진 장보고 세력은 중앙정계에까지 큰 영향을 미치게 되었다. 이에 신라 중앙정계는 염장을 비롯한 세력을 이용하여 이를 제거하고 폐진과 사민을 단행하였다.

그러나 서남해의 해상 운송 및 군사적 중요성은 잔존하였으며, 그 때문에 신라는 청해진의 패진 이후 공병 조직을 동원하여 해안 방수를 계속한다. 이는 8세기 중반 경덕왕대의 흐름으로 되돌아간 것이며, 마찬가지로 그다지 효율적이지는 못했던 것으로 보인다. 그 가운데 어려계, 부돈과 연위, 작제건, 왕륭 등 다양한 세력들이 해상 활동을 기반으로 등장할 수 있었을 것이다. 그러나 당성진과 혈구진 등 일부 군진의 이름이 명확히 확인되는 반면, 청해진을 대신하여 설치된 서남해 방수 거점의 명칭은 확인되지 않는다.

한편, 견훤은 앞서 검토한 바와 같이 신라 하대 이 지역의 방어에 동원된 부대에 복무하며, 비장에까지 오르며 군사적으로 성장하였다. 그는 이 시기의 경험과 인맥, 조직을 활용하여 무진주 지역 내의 여러 세력들을 통합하고, 892년에는 그 치소인 무진주를 손에 넣어 독자적인 정권을 창출하였던 것이다.

V. 나오며

지금까지 신라 하대를 중심으로 견훤이 봉기하는 892년 시점까지, 무진주와 관련된 몇 가지 사안들을 검토하여 보았다. 여기에서는 그간의 논의 내용을 가볍게 정리하며 결론을 대신하고자 한다.

무진주는 686년 이후 신라의 지방 조직인 무진주와 그 치소로 기능하면서, 정치·군사적 역할을 수행하며 옛 백제의 고지에 대한 통제와 지배의 거점이 되었다. 다른 한편으로 새롭게 조성된 무진주라는 고대 도시는 신라의 문화와 풍습, 제도 등을 이 지역에 뿌리내리게 하는 중요한 기능을 수행하였다. 그런 가운데 8~9세기의 전환기에는 엄격한 방(리)제에 따른 새로운 도심의 조성과 배후 산성으로 무진고성이 축성되는 등 도시 구조 자체의 변화가 있기도 했다.

신라 중대에서 하대에 걸치는 100년이 넘는 기간 동안 이 지역은 발라군을 비롯한 무진주 내의 재지 세력의 중심지와는 차별되는 매우 선진적인 '신라화'의 공간이 되었다. 또한, 이주한 '신라인'들이 다수 거주하는 이 '작은 왕경'의 거주민들은 여타의 지역 거주자와는 구분되는 신분적 우월성을 갖기도 했을 것이다. 하지만, 이러한 무진주의 평화는 822년의 김헌창의 난으로 인하여 깨지고 만다. 7세기 이후 무열왕계 중심으로 구조화된 무진주 사회는 822년의 변란이 수습되는 동안 원성왕계의 공간으로 재편된다. 아울러 원성왕계 내의 왕위 계승 전쟁이었던, 838년의 변란은 무진주라는 지역과 도시 자체를 대상으로 하여 전쟁의 화마를 불러왔다.

이 사건들을 통해 무진주는 막심한 인적 손실과 함께 도심과 배후 산성이 황폐화되는 상황에 처했다. 일부 재건은 있었겠지만, 이 고대 도시와 그 사회는 결국 예전의 모습으로 돌아가는 데에는 실패했던 것으로 보인다. 그러나 균정계의 왕권이 헌정계의 경문왕가로 이어지는 상황에서 이 지역을 배경으로 하는 정치적 대립은 발생하지 않았다. 그리고 신라 사회는 헌강왕대에 이르러 절정에 다다르며, 적어도 무진주에 관한한 이러한 상황은 진성왕대에도 큰 변화가 없었던 것으로 보인다.

김헌창의 난으로 100여 년 가까이 이 지역에 뿌리내렸던 무열왕계가 몰락하면서, 지역 내의 주도권은 균정계와 헌정계 등 범예영계로 이어졌으며, 그러한 상황은 헌안왕대의 가지산문에 대한 지원 및 사찰 중창, 경문왕대의 개선사지 석등 조영 등의 불사에서 확인된다. 또한 전국적인 농민 반란이 발발하여 그것이 점차 악화되어 가던, 891년 진행된 두 사찰에 대한 사리 봉안과 석등 불사에서 그 안정성 역시 상당한 수준이었음을 확인할 수 있다.

한편 무진주는 서남해 지역의 해상 운송과 대외 교류의 창구로서 중요시 되던 지역이기도 했다. 그 때문에 치소인 무진주를 중심으로 하는 해상 방어 체계가 경문왕대 이후 성립하였으며, 흥덕왕대에 청해진이 설진된 이후에는 그 기능이 매우 원활하게 운영되기도 했다. 장보고와 청해진은 838년 발생한 정변에서 군사적 역할을 수행하며, 잠시 동안이지만 무진주와 남원경 등을 점령하고, 중앙 정계에도 큰 영향을 미치는 세력으로 성장하였다. 그러나 염장에 의해 장보고가 제거된 이후 서남해에 대한 신라의 정책은 다시 기존의 소극적인 방수로 전환된 것으로 판단된다.

신라 서남해의 이러한 특수성 속에서 부돈과 연위, 수달을 비롯한 여러 해상 세력이 등장하였고, 이들을 통제하고 연안을 방수하는 군 조직 내에서는 견훤과 같은 인물이 성장했다. 그리고 이들은 889년 이후의 혼란기 속에 점차 독자적인 활동을 펼치기 시작하여, 독립적인 호족 세력으로, 또는 독자적인 정권을 창출하는 방식으로 변화의 흐름에 동참하게 된다. 물론, 후자는 견훤에 해당하는 설명이다.

견훤은 오늘날의 전라남도를 거의 포함하는 무진주 지역 내의 정치·경제·문화·군사의 중심지인 무진주 치소를 손에 넣었다. 이를 통해 그는 신라 하대 이래 여러 부침을 겪으면서도 어느 정도는 원활히 유지되던 이 조직과 인력, 여러 사회적 기반 요소들을 그대로 활용할 수 있는 매우 유리한 고지를 확보했다. 다른 한편으로 봉기 이전의 그는 무진주의 군사·행정적 체제의 일부에 참여하여, 이의 유지를 담당하는 역할을 수행한 인물이기도 했다. 그는 무진주의 군사·행정 조직이 만들어 낸 여러 요소에 직접 접근할 수 있는 권한을 가지고 있었으며, 이를 기반으로 연해 지역의 방수와 해당 지역의 치안 확보라는 기능을 수행했을 것이다.

따라서 견훤의 초기 행보는 이러한 지역 내의 상황을 파악한 이후 진행된 것일 가능성이 높다. 그리고 그가 892년 자립한 이후에도 선불리 '왕'을 칭하지 않았던 것 또한, 이러한 무진주의 공적 체계와 경문왕계의 왕실을 정점으로 하는 운영 원리를 가능하면 그대로 유지하며 이용하고자 하는 의도에 따른 것일 가능성이 높다.

참고문헌

〈문헌〉

『三國志』, 『續日本記』, 『入唐求法巡禮行記』, 『宣和奉使高麗圖經』, 『삼국사기』, 『삼국유사』, 『高麗史』.

〈단행본〉

李仁哲, 『新羅政治制度史研究』, 一潮閣, 1993.

변동명·최영주·이옥희·유경남, 『무등산, 광주사람을 품다』, 전남대학교출판문화원, 2022.

〈논문〉

陰善赫, 「新羅下代 地方의 吏와 豪族」, 『全南史學』 1, 1987.

尹明喆, 「新羅下代의 海洋活動研究」, 『國史館論叢』 91, 2000.

李京贊, 「고대 한국 지방도시 격자형 토지구획의 형태특성에 관한 연구」, 『建築歷史研究』 32, 2002.

山田隆文, 「新羅の九州五小京城郭の構造と實態について」, 『考古學論攷』 31, 2008.

배재훈, 「견훤의 군사적 기반」, 『新羅文化』 36, 2010.

邊東明, 「武珍州의 성립과 車得·安吉 설화」, 『歷史學研究』 48, 2012.

邊東明, 「9세기 前半 武州 西南海地域의 海上勢力」, 『韓國史學報』 57, 2014.

김창겸, 「신라 開仙寺石燈의 건립과 '大娘主'의 정체」, 『新羅史學報』 49, 2020.

윤태양, 「孝昭王代 長槍幢의 緋衿誓幢으로의 再編 目的」, 『한국고대사학회 제174회 정기학술발표회 자료집』, 2021.

홍성화, 「고대 서남해 항로에 대한 고찰」, 『韓國古代史探究』 39, 2021.

〈보고서〉

林永珍, 『武珍古城』 Ⅰ, 全南大學校博物館, 1989.
林永珍, 『武珍古城』 Ⅱ, 全南大學校博物館, 1990.
崔盛洛·李釩起·尹正國·宋蕙英, 『광주읍성』 Ⅰ·Ⅱ, 全南文化財研究院, 2008.
林永珍·黃鎬均·徐賢珠, 「光州樓門洞 統一新羅建物址 收拾調查報告」, 『湖南考古學報』 2, 1995.
林永珍·梁海雄·李廷珉, 「光州都市鐵道 TK-1工區 우물지」, 『羅州 靑洞 遺蹟』, 全南大學校博物館, 2002.

견훤의 자립과 무진주 호족

채희숙

Ⅰ. 머리말

견훤은 892년 무진주에서 자립하여 왕을 칭하였으나, 대외적으로는 왕을 칭하지 못하고 '신라서면도통新羅西面都統·지휘병마제치指揮兵馬制置·지절持節·도독전무공등주군사都督全武公等州軍事·행전주자사겸어사중승行全州刺史兼御史中丞·상주국上柱國·한남군개국공漢南郡開國公·식읍이천호食邑二千戶'라는 관작으로 서명하였다. 하지만 무진주에서 수립된 견훤 정권은 신라 말의 사회적 격변기에 새로운 삼국의 정립, 즉 후삼국 시대를 여는 계기가 되었다는 점에서 큰 의미를 갖는다.

따라서 그동안 견훤과 후백제에 대한 연구가 꾸준히 이루어져 상당한 연구 성과가 축적되었다.[1] 그러나 한편으로는 실패

---

* 이 글은 「견훤의 자립과 무진주 호족」(『호남학』 73, 2023년 6월)을 수정·보완한 것이다.

1) 견훤과 후백제에 대한 연구 성과는 申虎澈, 『後百濟 甄萱政權研究』, 一潮

한 영웅의 한계를 벗어나지 못한 측면도 있었다고 생각한다. 견훤과 후백제에 대한 자료는 매우 단편적으로 남아 있다. 가장 대표적인 사료는 『삼국사기』 견훤열전과 『고려사』 태조세가의 기록인데,[2] 이 역사서들은 왕건이 건국한 고려시대에 편찬되었다. 『삼국사기』 견훤열전의 사론에서 김부식이 "하물며 궁예·견훤과 같은 흉악한 사람들이 어찌 우리 태조와 서로 겨룰 수 있겠는가? 단지 그를 위해 백성을 몰아다 준 자들이었다."라는 평가를 봐도 쉽게 짐작할 수 있다. 그러나 이러한 한계에도 불구하고 최근 지역사 연구가 활발해지면서 많은 연구 성과물이 나오고 있어 다행스럽다는 생각이 든다.

그런데 지금까지 견훤이 후백제 건국의 첫발을 내디딘 무진주 시기의 정권에 대해서는 부분적으로만 언급되어 왔다. 최근에야 이 시기에 관심을 갖고 연구가 이루어지기 시작한 상황이다.[3] 따라서 견훤이 자립할 당시 무진주 지역 호족들이

閣, 1993 ; 이도학, 『진훤이라 불러다오』, 푸른역사, 1998 ; 백제연구소 편, 『후백제와 견훤』, 서경문화사, 2000 ; 전북전통문화연구소 편, 『후백제 견훤정권과 전주』, 주류성, 2001 ; 문안식, 『후백제 전쟁사 연구』, 혜안, 2008 ; 이도학, 『후백제 진훤 대왕』, 주류성, 2015 ; 국립전주박물관 편, 『대외관계로 본 후백제』, 공감, 2015 ; 국립전주박물관 편, 『후백제와 오월』, 세종씨앤씨, 2016. 등이 대표적이다(배재훈, 「무진주 시기 견훤 정권의 동향」, 『한국고대사연구』 103, 2021, 301쪽, 주) 2 참조).

2) 견훤과 후백제에 대한 가장 기본적인 사료는 『삼국사기』의 견훤열전과 신라본기, 『고려사』의 태조세가, 『삼국유사』의 후백제 견훤조 등이다. 그리고 『고려사』의 박영규열전과 공직열전, 『고려사절요』의 태조대 기록 등에 비교적 상세하게 나와 있으며, 조선시대에 편찬한 史書와 地理書, 金石文, 『冊府元龜』와 『舊五代史』, 『扶桑略記』, 『本朝文粹』 등의 외국 문헌에도 관련 내용이 전하고 있다(신호철, 「견훤관계 문헌의 검토」, 같은 책, 178-201쪽 ; 전덕재, 「『삼국유사』 기이편 후백제 견훤조의 원전과 편찬」, 『사학연구』 146, 2022, 42쪽).

협조했을 것으로 막연히 이해했을 뿐, 실제로 그 활약상이 드러난 인물은 별로 없다. 송악을 도읍으로 건국한 궁예 정권에서 송악의 호족인 왕건의 활동이 두드러지게 나타난 것과 대조적이다. 물론 왕건이 세운 고려에 의해 남겨진 기록이기 때문에 차이가 있을 수 있다. 하지만 전주로 천도할 때까지 거의 10년에 가까운 기간 동안 후백제의 도읍이었던 무진주 지역 호족들의 활약이 드러나지 않는 것은 의문이다. 더구나 견훤 정권에서는 전남 동부지역 출신의 박영규와 김총 등의 활동이 주로 언급되고 있을 뿐이다. 그렇다면 무진주에서 자립한 견훤이 왕을 칭하지 못한 사정이 이 지역 호족들과 관련이 있는 것은 아닌지 궁금하다.

이와 관련이 있을 것으로 생각되는 견훤의 관작에 대해서는 그동안 부분적으로 언급하였을 뿐,[4] 전체적으로 고찰한 경우

3) 이윤미, 「9세기 후반 무주지역의 정치적 동향과 견훤의 자립」, 『역사교육논집』 44, 2010 ; 배재훈, 앞의 논문, 2021.

4) 견훤이 자서한 관작에 대해서는 신호철과 이도학, 진정환과 배재훈 등의 논문에서 부분적으로 언급되었다. 신호철은 견훤이 '都統'이나 '太傅' 등의 직함을 사용했는데, 신라의 지방관임을 자처한 것으로 이해하였다(신호철, 앞의 책, 1993, 106-107쪽). 이도학은 견훤이 '新羅 西面都統指揮兵馬制置'라고 한 것은 자신을 신라왕의 臣下로 인식한다는 의미이며, '持節 都督全武公等州軍事'에 보이는 全州·武州·公州는 백제 故地를 가리키고 있는 것으로 이해하였다. 따라서 '漢南郡開國公'을 칭하여 한강 남쪽 백제 영역을 모두 제패하려는 의도를 드러냈고, 무진주에서부터 '全州刺史'를 칭한 것은 이미 전주지역에 의미를 부여한 것으로 파악하였다(이도학, 「後百濟의 全州 遷都와 彌勒寺 開塔」, 『한국사연구』 165, 2014, 8-14쪽). 진정환은 견훤이 신라 정규군인 방수군과 해상을 주무대로 활동한 재지세력을 기반으로 자립하였고, '新羅西面都統'은 신라 중앙 문화를 동경하는 內地 출신자들로 구성된 방수군의 지향이 반영된 것이며, '全武公等州軍事'·'漢南郡公'은 백제의 옛 강역을 수복하고자 하는 재지세력의 의지를 드러낸 것으로

는 없었다. 따라서 먼저 견훤이 자서했던 관작의 구성과 의미 등에 대해 살펴보고, 견훤과 무진주 지역 호족들의 관계를 좀 더 면밀하게 검토해보려고 한다. 이러한 작업들이 무진주 시기의 견훤 정권, 더 나아가 후삼국 분열기 신라 사회의 이해에 도움이 되었으면 한다.

Ⅱ. 견훤의 자립과 '자서自署'

견훤은 892년 무진주에서 스스로 왕을 칭하였다. 그런데 공공연히 왕을 칭하지 못하고 '신라서면도통新羅西面都統 · 지휘병마제치指揮兵馬制置 · 지절持節 · 도독전무공등주군사都督全武公等州軍事 · 행전주자사겸어사중승行全州刺史兼御史中丞 · 상주국上柱國 · 한남군개국공漢南郡開國公 · 식읍이천호食邑二千戸'라고 자서自署하였다.[5] '신라서면도통新羅西面都統'은 신라의 서쪽 방면을 다스리는 도통都統이라는 의미로 생각되는데, 신라의 관직에서는 보이지 않는다. 그런데 『삼국사기』에서 '도통'의 용례를 찾아

이해하였다. 특히 견훤은 자립 당시 주축 세력 간 균열을 방지하기 위해, 892년 自王할 때 '新羅西面都統'과 '全武公等州軍事'·'漢南郡公'을 같이 내세운 것으로 파악하였다(진정환, 「후백제 주도 세력의 변화와 그 영향」, 『신라사학보』 51, 2021, 51-52쪽). 배재훈은 "신라서면도통" 이하의 직책은 신라 서면의 도통과 전주, 무주, 공주의 군사 지휘관, 그리고 전주의 자사를 겸하는 직책으로 이해하고, 겸직으로 언급되는 전주자사를 고려할 때 전주지역을 장악한 이후일 것으로 추정하였다.(배재훈, 앞의 논문, 2021, 311-312쪽).

5) 『삼국사기』 권50, 열전10, 견훤.

보면 모두 3건이 나온다. 『삼국사기』 최치원열전에 "그때 황소가 반란을 일으키자 고병이 제도행영병마도통諸道行營兵馬都統이 되어 이를 토벌하였는데, 최치원을 추천하여 종사관을 삼고, 서기의 임무를 맡겼다. 그가 지은 표表·장狀·서書·계啓가 지금까지 전한다."[6]라는 기록이 보인다. 나머지 2건은 모두 견훤과 관련한 것으로, 892년 무진주에서 자서한 관작과 후당에서 책봉한 관작에서 보인다.[7] 『삼국유사』에는 2건의 기록이 있는데, 견훤이 무진주에서 자서한 관작[8]과 후당에 사신을 보내 책봉 받은 관작[9]이다.[10]

먼저 최치원과 관련된 기록을 살펴보겠다. 최치원은 당나라에서 고병의 종사관이 되었는데, 고병이 황소의 난을 토벌하러 갈 때의 관직이 '제도행영병마도통'이었다. 황소의 난은 당을 멸망하게 한 요인 가운데 하나였다. 이러한 황소의 난을 토벌하러 가는 장수가 제도행영병마도통이었다면, '도통'이 어떤 관직이었는지 짐작할 수 있다. 그리고 『계원필경집』에는 이 밖에도 당나라의 도통 관련 기록들이 있는데, "회남절도사겸동면도통淮南節度使兼東面都統"[11], "신은 2년 동안이나 도통의 이름을 지니고 있으면서도 간교하고 포악한 자를 주륙하지 못하

6) 『삼국사기』 권46, 열전6, 최치원.
7) 『삼국사기』 권50, 열전10, 견훤.
8) 『삼국유사』 권2, 紀異2, 후백제견훤.
9) 『삼국유사』 권2, 紀異2, 후백제견훤.
10) 892년 견훤이 자서한 관작은 『삼국사기』에서는 '신라서면도통', 『삼국유사』에서는 '신라서남도통'으로 다르게 기록되어 있다. 그리고 후당으로부터 책봉받은 관작에서는 '해동사면도통'으로 바뀌었다.
11) 『계원필경집』 권2, 謝加太尉表.

였으며,"[12] 등의 내용이 있다. 이것은 절도사들이 도통을 겸하기도 하였으며 그 지역의 군사권을 장악하여 통솔하고 있었다는 것을 의미한다. 결국 견훤이 '신라서면도통'을 칭한 것은 당시 당나라에서 군사권을 장악하고 있었던 '도통'의 영향을 받은 것으로, 신라 서쪽 방면의 군사권을 장악하여 통솔하고 있다는 의미에서 사용한 것으로 추정된다.

'지휘병마제치指揮兵馬制置' 관련 기록은 견훤을 제외하고는 찾기 어렵다. 다만 최치원이 지은 거첩擧牒 50수 가운데 '묵칙을 행하여 산기상시에 제수한 글'에서 "칙을 행하여 회남절도淮南節度·염철전운등사鹽鐵轉運等使·동면도통겸지휘경서경북신책제도절도병마제치등사東面都統兼指揮京西京北神策諸道節度兵馬制置等使는 모관某官에게 통첩하여 우가검교右可檢校·우산기상시右散騎常侍를 제수하고 나머지는 예전대로 한다."[13]라고 하여 그 용례를 찾을 수 있다. '지휘指揮'와 '병마제치兵馬制置' 사이에 '경서경북신책제도절도京西京北神策諸道節度'가 있지만, 이를 통해 신라말 당나라의 무관직이라는 것은 유추할 수 있다. 그런데 견훤이 자서한 관작이 '신라서면도통新羅西面都統·지휘병마제치指揮兵馬制置'였다는 면에서 동면도통겸지휘경서경북신책제도절도병마제치등사東面都統兼指揮京西京北神策諸道節度兵馬制置等使와 그 구성이 비슷하다고 할 수 있으며, 도통이 '지휘指揮'와 '병마제치兵馬制置'를 겸하고 있었던 사실도 짐작할 수 있다.

---

12) 『계원필경집』 권2, 讓官請致仕表.

13) 『계원필경집』 권13, 擧牒 行墨勅授散騎常侍.

다음은 '지절持節·도독전무공등주군사都督全武公等州軍事·행전주자사겸어사중승行全州刺史兼御史中丞'에 대해 살펴보겠다. '지절持節'은 『삼국사기』에서 상당히 많은 기록을 찾을 수 있는데, 주로 중국에서 삼국의 왕을 책봉하는 기사에서 보인다. 진흥왕은 북제로부터,[14] 헌강왕은 당나라로부터 책봉을 받았는데[15] '사지절使持節'이 포함되어 있다. 본래 지절持節은 황제가 내린 부절符節을 지녔다는 의미로 한나라에서 시작되었는데, 후에 사지절使持節과 지절持節, 가절假節로 등급이 나누어졌다. 중국이 주변국의 국왕을 책봉할 때 지절호가 들어간 것은 4세기 이후였다. 4세기 초 5호의 화북지방 장악으로 동아시아에서 다원적·중층적인 국제질서가 형성되면서 책봉호 구성이 군사권의 위상을 규정한 지절호持節號와 장군호將軍號, 지배 범위를 나타내는 도독제군사호都督諸軍事號와 지방관명 등으로 바뀌었다.[16] 이와 같은 변화가 나타나게 된 것은 남북조시대에 주자사州刺史가 장군직을 겸하게 된 것과 관련이 있다.[17]

14) 『삼국사기』 권4, 진흥왕 26년 2월.

15) 『삼국사기』 권11, 헌강왕 4년 4월.

16) 여호규, 「책봉호 授受를 통해 본 수·당의 동방정책과 삼국의 대응」, 『역사와 현실』 61, 2006, 33쪽.

17) 한나라 때는 大將軍과 驃騎將軍·車騎將軍·衛將軍 및 前後左右將軍과 수종의 雜號將軍職 등이 유사시에만 임시로 설치되었는데, 남북조시대가 되면 새로운 장군직이 많이 만들어지고 대체로 상설직이 되었다. 이들 將軍職號는 주요한 호족집단의 대표자들에게 부여되어 그들의 독립적인 정치권력의 대소와 관료로서의 지위를 나타내주었다. 이러한 장군직제의 급속한 발달은 대분열기의 특수한 상황이 낳은 결과였는데, 이와 함께 州의 수가 급증하고 주권력이 강화되는 현상도 남북조시대에 나타난 주요한 변화였다. 한나라 때 13개에 불과했던 州는 남북조 말기에 남북조를 합하여 285개로 증가하였다. 이러한 州의 분화현상은 지방제도의 변화와 관계가 있

남북조시대에 주자사는 흔히 장군직을 겸하고, 동시에 사지절·지절·가절 혹은 도독제군사都督諸軍事·감군監軍·독제군사督諸軍事 등의 가호加號를 받는다. 『송서宋書』 백관지에는 이러한 '통군가절지제統軍加節之制'에 대해 "진晉나라 때는 도독제군都督諸軍18)을 상上으로 하고, 감제군監諸軍은 차次, 독제군督諸軍은 하下로 하였다. 또한 사지절使持節은 상, 지절持節은 차, 가절假節은 하로 하였다. 사지절은 이천석二千石 이하를 처형할 수 있으며, 지절은 무관위인無官位人만을 처형할 수 있으나 군사일 경우에는 사지절과 같은 권한을 갖는다. 가절은 오직 군사일 경우에만 군령을 범한 자를 처형할 수 있다."라고 규정하고 있다. 사지절 등은 장군이 군주로부터 독자적 권한을 위임받았음을 의미하며, 도독제군사都督諸軍事 등은 장군이 '가절지제加節之制'로서 부여받은 독자적 권한으로 통할하여 감독할 수 있는 군사지구軍事地區를 규정하는 것이다.19)

다. 즉 한나라의 郡縣 2급체제가 남북조의 州郡縣 3급체제로 바뀌면서, 州는 종래의 郡과 같은 역할을 하게 되고 州의 규모는 종래의 郡과 같은 규모로 축소되었다. 따라서 감찰기관인 州가 최상급의 지방정부로 변신하게 되고, 州刺史는 장군직까지 겸하여 민정권과 군사권을 장악하게 되었다(김한규, 「남북조시대의 중국적 세계질서와 고대 한국의 막부제」, 『古代東亞細亞幕府體制硏究』, 일조각, 1997, 319-320쪽).

18) 都督諸州의 전통은 한나라에서 시작되었으나 魏晉 때부터 본격적으로 운영되었다. 都督諸州軍事는 분열시대가 낳은 결과로, 특히 西晉 이후 도독이 치소의 자사를 겸하면서 도독 즉 장군직과 주자사직이 제도적으로 결합하였다. 즉 서진시대부터 중요한 주의 자사는 대체로 본주의 도독·지절을 겸임하였다. 이러한 현상은 국가를 분점·공유하고 있던 호족집단이 국가의 지배체제 내로 편입되는 과정에서 나타났다. 즉 그들이 보유한 독자적 군사력으로 인해 장군의 직위를 차지하고, 민간 질서에 대한 영도권으로써 자사직을 획득하면서 나타난 것이다(김한규, 같은 책, 321-322쪽).

19) 김한규, 같은 책, 320-321쪽.

그렇다면 견훤이 자서한 관작 중 '지절持節·도독전무공등주군사都督全武公等州軍事·행전주자사行全州刺史'는 지절호와 도독제군사호, 지방관명으로 구성되어 4세기 이후의 책봉호와 비슷하다는 것을 알 수 있다. 그리고 이 관작은 견훤이 전주·무주·공주의 군사권을 장악하고 황제로부터 지절의 독자적 권한을 위임받았으며, 행전주자사로서 민정권까지 장악하고 있다는 것을 의미한다. 그런데 견훤의 '지절·도독전무공등주군사·행전주자사'는 백제의 위덕왕이 북제로부터 받은 책봉호 '사지절使持節·도독동청주제군사都督東青州諸軍事·동청주자사東青州刺史'[20]와도 유사하다.[21]

'어사중승御史中丞'은 당나라 어사대御史臺의 관리로 어사대부 바로 아래이다. 『당육전唐六典』에 의하면, "어사중승은 정원이 2인이며 관품은 정5품상이다. 어사대부는 국가의 형헌刑憲·전장典章의 정령을 관장하여 조정 관리들의 숙정을 담당하는데, 중승은 그 차관으로 대부를 보좌한다. 관리에게 숨겨진 죄와 불법행위가 있으면 추궁하여 탄핵할 수 있다"[22]라고 한다. 견훤은 '행전주자사겸어사중승'이라고 했는데, 정5품상으로 높은 관직도 아닌 어사중승을 칭한 이유가 궁금하다. 용례를 찾아

---

20) 『삼국사기』 권27, 威德王 18년.

21) 삼국의 왕들이 중국으로부터 수여받은 책봉호는 김한규가 '中國正史 所載(南北朝時代) 高句麗王·百濟王 冊封官爵表', '中國正史 所載 (隋唐代) 高句麗·百濟·新羅王 冊封官爵表', '『三國史記』 所載 高句麗王 冊封官爵表', '『三國史記』 所載 百濟王 冊封官爵表', '『三國史記』 所載 新羅王 冊封官爵表'로 상세하게 정리한 표 참조(김한규, 앞의 책, 1997, 332-337쪽).

22) 金鐸敏 主編, 『譯註 唐六典 中』, 신서원, 2005, 306-312쪽.

보면 '모년某年 배월주자사겸어사중승절동관찰사拜越州刺史兼御史中丞浙東觀察使'라고 하여 9세기 전기에 한유가 지은 묘지명 '당고조산대부월주자사설공묘지명唐故朝散大夫越州刺史薛公墓誌銘'[23]에서 설융薛戎이 월주자사와 어사중승을 겸한 사례가 있다. 견훤이 자서할 때 '행전주자사겸어사중승行全州刺史兼御史中丞'이라고 했던 것과 유사하다. 그런데 9세기에 당에서 신라왕을 책봉할 때 보낸 사신들이 대부분 어사중승을 겸하고 있었다.[24] 따라서 신라의 관직자들에게 이 관직이 상당히 알려져 있었을 것으로 생각되지만, 스스로 왕을 칭했던 견훤이 왜 어사중승을 칭했는지는 여전히 의문이다.

'상주국上柱國'은 당에서 신라왕을 책봉한 관작에서 찾을 수 있는데, 당나라의 훈관으로 정2품의 최고위 훈관이다. 당나라의 훈관은 7세기 전기 고조高祖 때 법제화되었으며, 정2품 상주국부터 종7품 무기위武騎尉에 이르기까지 12등급으로 구성되어 있었다.[25] 훈관은 정해진 무훈공의 등급에 따라 수여하였

23) 『唐大家韓文公文抄』 권13, 唐故朝散大夫越州刺史薛公墓誌銘.

24) 당나라에서 파견된 사신들 중 어사중승을 겸한 예는, 혜공왕 4년 倉部郎中兼御史中丞 歸崇敬(『삼국사기』 권9, 혜공왕 4년), 애장왕 즉위년 司封郎中兼御史中丞 韋丹(『삼국사기』 권10, 애장왕 즉위년), 헌덕왕 원년 職方員外郎攝御史中丞 崔廷(『삼국사기』 권10, 헌덕왕 원년), 흥덕왕 2년 太子左諭德兼御史中丞 源寂(『삼국사기』 권10, 흥덕왕 2년), 경문왕 5년 太子右諭德御史中丞 胡歸厚(『삼국사기』 권11, 경문왕 5년) 등이 있다.

25) 凡勳十有二等 十二轉爲一柱國比正二品 十一轉爲柱國比從二品 十轉爲上護軍比正三品 九轉爲護軍比從三品 八轉爲上輕車都尉比正四品 七轉爲輕車都尉比從四品 六轉爲上騎都尉比正五品 五轉爲騎都尉比從五品 四轉爲驍騎尉比(正)六品 三轉爲飛騎尉比從六品 二轉爲雲騎尉比正七品 一轉爲武騎尉比從七品 (『唐六典』 권2, 「尙書吏部」). 여기서는 十二轉이 一柱國이 된다고 하였는데, 分註에서는 上柱國으로 표기하고 있다.

다. 『당육전』에 의하면, “훈관을 획득하는 등급 - 군사들이 세우는 전공의 등급으로 만약 성을 굳게 지키거나 전쟁에서 제1등의 공을 세우면 훈삼전勳三轉을 주고, 제2등과 제3등은 일전一轉씩 차감한다.”[26]라는 규정이 있다. 즉 전공을 세우고 받는 훈공의 단위를 ‘전轉’이라 하였으며, 12전을 획득하면 상주국, 11전을 획득하면 주국 등으로 훈관을 차등있게 수여하였다.[27] 이러한 상주국은 7세기 문무왕[28], 8세기 성덕왕[29], 9세기의 애장왕[30]과 헌덕왕[31], 문성왕[32]과 경문왕[33] 등의 책봉호에서 보인다. 상주국은 7세기 후반부터 신라왕을 책봉하는 관작에 포함되었으며, 특히 9세기에 집중되어 있다. 따라서 견훤이 상주국을 칭한 것은 9세기 신라왕들에게 수여된 책봉호의 영향을 받은 것으로 보인다.

‘한남군개국공漢南郡開國公·식읍이천호食邑二千戶’를 알아보기 위해서는 먼저 중국의 작제를 살펴봐야 한다. 위진남북조와 수·당나라 작제爵制의 기본은 진晉나라의 작제이다. 진나라의 작제는 『통전通典』에 의하면 “진역유왕晉亦有王·공公·후候·백伯·자子·남男 우유개국군공又有開國郡公·현공縣公·군후郡侯·현

26) 『唐六典』 권5, 尙書兵部.

27) 金鐸敏, 「隋 煬帝의 勳官 폐지와 唐代의 勳官 濫授」, 『역사학보』 149, 1996, 69-70쪽.

28) 『삼국사기』 권6, 문무왕 2년 1월.

29) 『삼국사기』 권8, 성덕왕 12년 10월.

30) 『삼국사기』 권10, 애장왕 6년.

31) 『삼국사기』 권10, 헌덕왕 원년 8월.

32) 『삼국사기』 권11, 문성왕 3년 7월.

33) 『삼국사기』 권11, 경문왕 5년 4월.

후縣侯·(현)백(縣)伯·(현)자(縣)子·(현)남급향정(縣)男及鄕亭·관내등후關內等侯 범십오등凡十五等"[34]으로 구분되어 있었다. 왕王·공公·후候·백伯·자子·남男은 종실을 대상으로 한 것으로 국왕國王·국공國公·국후國候 등이다. 개국군공開國郡公 이하는 신하들에게 수여된 것이며 향정후鄕亭侯·관내후關內侯를 제외하면 모두 앞에 군현명郡縣名을 써서 '농서군개국공隴西郡開國公', '임치현개국공臨淄縣開國公' 등으로 표기한다. 이러한 중국의 작제는 주변국을 책봉할 때도 그대로 적용되었다. 『통전通典』 봉작조封爵條에 의하면 수나라의 작제는 국왕國王·군왕郡王·국공國公·군공郡公·현공縣公·후侯·백伯·자子·남男 등 9등제였으며, 당나라는 국왕國王·군왕郡王·국공國公·군공郡公·개국군공開國郡公·현공縣公·개국후開國侯·백伯·자子 등으로 9등제는 같으나 개국군공 이하의 작호가 달라졌다.[35] 그렇다면 '한남군개국공漢南郡開國公'은 당나라 때 한남군의 개국군공 작호라는 것을 알 수 있다.

그런데 개국군공 작호는 신하들에게 수여된 것이다. 왕을 칭한 견훤이 '한남군개국공'을 칭한 이유가 궁금한데, 이는 책봉호의 변화와 관련이 있는 듯하다. 4세기 이후 동아시아에서 다원적·중층적인 국제질서가 형성되면서 지절호持節號와 장군호將軍號, 지배 범위를 나타내는 도독제군사호都督諸軍事號와 지방관명 등으로 바뀌었던 책봉호가 '북제 때부터 다시 변화하

34) 『通典』 19, 職官1, 封爵條.

35) 김종완, 「고구려의 조공과 책봉의 성격 -정체성과 관련하여-」, 『고구려연구』 18, 2004, 632-633쪽.

기 시작하여 수에서 훈관勳官·군공郡公·본국왕本國王으로 정형화되었으며 이러한 양상이 당 초기까지 지속되었다'[36]고 한다.

『삼국사기』에서 책봉호에 군개국공이 포함된 경우는 6건으로 모두 고구려의 왕들이다. 북위에서 책봉을 받은 장수왕[37]과 문자왕[38], 안장왕[39]과 안원왕[40] 등의 책봉호에 요동군개국공遼東郡開國公이 포함되어 있다. 그리고 북제에서 책봉을 받은 양원왕[41], 북주에서 책봉을 받은 평원왕[42]의 책봉호에도 요동군개국공이 들어 있다. 이와 같이 고구려의 왕 책봉호에 요동군개국공이라는 작호가 포함된 것은 5~6세기였다.

그런데 6세기 후반부터는 왕이 책봉될 때 군개국공 대신 주로 '군공郡公'을 수여하였으며, 때로는 '군왕郡王'을 수여하였다. 『삼국사기』에서 책봉호에 '군공' 또는 '군왕'이 포함된 사례를 정리한 것이 〈표 1〉이다.

---

36) 여호규, 앞의 논문, 2006, 38쪽.

37) 都督遼海諸軍事·征東將軍·領護東夷中郎將·遼東郡開國公·高句麗王(『삼국사기』 권18, 고구려본기 6, 長壽王 23년 6월).

38) 使持節·都督遼海諸軍事·征東將軍·領護東夷中郎將·遼東郡開國公·高句麗王(『삼국사기』 권19, 고구려본기 7, 文咨王 원년 3월).

39) 安東將軍·領護東夷校尉·遼東郡開國公·高句麗王.(『삼국사기』 권19, 고구려본기 7, 安藏王 2년).

40) 使持節·散騎常侍·領護東夷校尉·遼東郡開國公·高句麗王(『삼국사기』 권19, 고구려본기 7, 安原王 2년 3월).

41) 使持節·侍中·驃騎大將軍·領護東夷校尉·遼東郡開國公·高句麗王(『삼국사기』 권19, 고구려본기 7, 陽原王 6년 9월).

42) 開府儀同三司·大將軍·遼東郡開國公·高句麗王(『삼국사기』 권19, 고구려본기 7, 平原王 19년).

〈표 1〉 『삼국사기』 책봉호에 '郡公' 또는 '郡王'이 포함된 사례

나라	왕	책봉호	책봉한 나라	전거
고구려	평원왕	使持節·領東夷校尉·遼東郡公·高句麗王	北齊	권19, 고구려본기 7, 평원왕 2년(560) 02월.
고구려	평원왕	大將軍·遼東郡公	隋	권19, 고구려본기 7, 평원왕 23년(581) 12월.
고구려	영양왕	上開府儀同三司·遼東郡公	隋	권20, 고구려본기 8, 영양왕 원년(590).
고구려	영류왕	上柱國·遼東郡公·高句麗國王(上柱國·遼東郡王·高麗王 『구당서』)	唐	권20, 고구려본기 8, 영류왕 6년(624) 2월.
고구려	보장왕	上柱國·遼東郡公·高句麗王(上柱國·遼東郡王·高麗王 『冊府元龜』)	唐	권21, 고구려본기 9, 보장왕 2년(643) 윤6월.
백제	위덕왕	使持節·侍中·車騎大將軍·帶方郡公·百濟王	北齊	권27, 백제본기 5, 위덕왕 17년(570).
백제	위덕왕	上開府儀同三司·帶方郡公	隋	권27, 백제본기 5, 위덕왕 28년(581).
백제	무왕	帶方郡王·百濟王	唐	권27, 백제본기 5, 무왕 25년(624) 1월.
백제	의자왕	柱國·帶方郡王·百濟王	唐	권28, 백제본기 6, 의자왕 원년(641) 3월.
신라	진흥왕	使持節·東夷校尉·樂浪郡公·新羅王	北齊	권4, 신라본기 4, 진흥왕 26년(565) 2월.
신라	진평왕	上開府·樂浪郡公·新羅王	隋	권4, 신라본기 4, 진평왕 16년(594).
신라	진평왕	柱國·樂浪郡公·新羅王(柱國·樂浪郡王·新羅王 『구당서』)	唐	권4, 신라본기 4, 진평왕 46년(624) 3월.
신라	선덕여왕	柱國·樂浪郡公·新羅王(柱國·樂浪郡王·新羅王 『구당서』)	唐	권5, 신라본기 5, 선덕여왕 4년(635).
신라	진덕여왕	柱國·樂浪郡王(柱國·樂浪郡王·新羅王 『冊府元龜』)	唐	권5, 신라본기 5, 진덕여왕 원년(647). 648
신라	문무왕	開府儀同三司·上柱國·樂浪郡王·新羅王	唐	권6, 신라본기 6, 문무왕 2년(662) 1월.

나라	왕	책봉호	책봉한 나라	전거
신라	성덕왕	驃騎將軍·特進·行左威衛大將軍·使持節·大都督雞林州諸軍事·雞林州刺史·上柱國·樂浪郡公·新羅王	唐	권8, 신라본기 8, 성덕왕 12년(713) 10월.

※ ( )안의 내용은 『삼국사기』 기록에는 '郡公'으로 나오는데, 다른 역사서에 '郡王'으로 기록된 경우이다.[43]

〈표 1〉을 살펴보면 '군공郡公'이 수여된 시기는 주로 6세기 후반 이후였으며, 책봉을 한 주체는 북제, 수나라와 당나라였다. 한편 백제의 무왕과 의자왕, 신라의 진덕여왕과 문무왕은 당나라로부터 '군왕郡王'을 수여 받았는데, 주로 당나라 초기에 해당하는 시기였다. 이와 같이 삼국의 왕들에게 '군공' 또는 '군왕'이 수여된 것은 작제의 변화와 관련이 있다. 진晉나라의 작제爵制는 15등급으로 구성되었는데, 수나라에서는 작제가 국왕國王·군왕郡王·국공國公·군공郡公·현공縣公·후侯·백伯·자子·남男 등 9등제로 개정된 것은 앞에서 살펴보았다. 그러므로 수나라에서는 군개국공 대신 군공을 수여했을 것이다. 그런데 당나라의 경우는 수나라와 같은 9등제이지만 국왕國王·군왕郡王·국공國公·군공郡公·개국군공開國郡公·현공縣公·개국후開國侯·백伯·자子 등으로 개국군공 이하의 작호가 바뀌었다.

지금까지 살펴본 내용을 정리해보면, 6세기 후반부터 북제와 수나라, 당나라는 삼국의 왕들을 책봉할 때 '군공'이라는 작

43) 여호규, 앞의 논문, 2006, 50-51쪽의 〈표 3〉 唐 武德-貞觀 연간 주변국 군장·세력에 대한 册封號와 官爵 수여 현황 참조.

호를 수여하였다. 군공은 수나라와 당나라의 9등급 작제에서 네 번째에 해당한다. 그런데 9세기 말에 견훤이 자서한 한남군개국공은 당나라의 9등급 작제에서 다섯 번째에 해당한다.[44] 즉 삼국의 왕들이 당으로부터 수여받은 군공보다 한 단계 낮다. 9세기 말 무진주에서 왕을 선언했던 견훤이 신라왕보다 한 등급 낮은 개국군공을 칭한 것이 의아하다. 이것은 견훤이 전주로 천도한 후에도 계속 신라 왕의 신하임을 자처했던 것과 관련이 있지 않을까 한다.

그리고 견훤이 한남군개국공을 칭했는데, '한남군漢南郡'에 대한 기록은 견훤의 자서에서 처음 보인다. 견훤이 '한남군'이라는 용어를 사용한 것은 앞에서 살펴본 고구려와 백제, 신라 왕들의 '개국군공', '군공' 작호와 관련이 있다. 앞의 표에서 보면 고구려 왕들의 책봉호에는 '요동군개국공' 또는 '요동군공'으로 요동군이 공통적으로 들어가 있다. 백제 왕들의 경우에는 '대방군공' 또는 '대방군왕', 신라의 왕들은 '낙랑군공' 또는 '낙랑군왕'을 수여 받았다. 군공호는 본래 내신에게 수여하던 작호였는데, 4세기 이후 중국의 변군을 장악했거나 그 주변에 상당한 세력을 구축한 군장에게 수여되었다. 이러한 군공호의 수여는 주변국 군장을 내신으로 삼는다는 의미도 있지만, 실질적으로는 그 지역의 지배권을 위임한다는 의미를 담고 있었다.[45]

---

44) 『통전』의 작제로는 다섯 번째이지만, 『신당서』의 식읍 규정에서는 네 번째에 해당한다. 140쪽 〈표 2〉 참조.

45) 여호규, 앞의 논문, 2006, 38-39쪽.

고구려를 요동군, 백제를 대방군, 신라를 낙랑군이라고 칭한 것은 한나라와 그 뒤를 이은 위나라가 변군邊郡을 통해 주변국을 개별적으로 관할하던 것에서 유래하였다. 즉 후한은 요동군·현도군을 통해 부여와 고구려를, 낙랑군을 통해 한반도 중남부를 관할하였다. 그런데 3세기 전반 공손씨가 대방군을 신설하여 한반도 중남부를 관리하였고, 그 후 위나라가 백제의 전신인 마한은 대방군, 신라의 전신인 진한은 낙랑군으로 하여금 관할하도록 하였기 때문이다.[46]

견훤이 칭한 한남군은 신라 말기에는 존재하지 않았던 군명郡名으로 관념이 투영된 지명이라는 견해가 있다. 즉 견훤은 한남군개국공을 자서함으로써, 한남군 즉 한수漢水 이남의 백제 옛땅에 대한 지배권을 장악하려는 의도를 드러낸 것[47]으로 추정된다.

견훤이 자서한 관작의 마지막은 '식읍이천호食邑二千戶'이다. 식읍은 진나라와 한나라 때 중앙집권체제를 확립하기 위해 만들어진 제도였다. 삼국도 중앙집권적 국가 체제를 정비하면서 공로를 세운 고위 귀족들에게 식읍을 수여하였다.[48] 그런데 당나라의 식읍 규정을 살펴보면 『당육전』과 『신당서』, 『통전』의 작호가 다르다. 이를 비교한 것이 〈표 2〉이다. 이러한 차이는 편찬 시기에 따라 개정된 제도의 내용이 반영되었기 때문일 것이다. 그렇다면 견훤은 『신당서』의 4등급인 개국군공 식

46) 여호규, 앞의 논문, 2006, 37쪽.

47) 이도학, 앞의 논문, 2014, 12-14쪽.

48) 노중국, 「백제의 식읍제에 대한 일고찰」, 『경북사학』 23, 2000, 65쪽.

읍 2천호를 자서한 것으로, 당나라 말기의 식읍 규정을 반영한 것으로 추정된다.

〈표 2〉 『당육전』·『신당서』의 작호와 식읍 비교표

등급	『당육전』[49]			『신당서』[50]			『통전』
1	王	정1품	1만호	王	정1품	1만호	國王
2	郡王	종1품	5천호	嗣王郡王	종1품	5천호	郡王
3	國公	종1품	3천호	國公	종1품	3천호	國公
4	郡公	정2품	2천호	開國郡公	정2품	2천호	郡公
5	縣公	종2품	1천5백호	開國縣公	종2품	1천5백호	開國郡公
6	縣侯	종3품	1천호	開國縣侯	종3품	1천호	縣公
7	縣伯	정4품	7백호	開國縣伯	정4품上	7백호	開國侯
8	縣子	정5품	5백호	開國縣子	정5품上	5백호	伯
9	縣男	종5품	3백호	開國縣男	종5품上	3백호	子

지금까지 살펴본 견훤의 관작은 당나라의 관직과 작호, 중국이 삼국의 국왕에게 수여한 책봉호 등으로 구성되어 있었다. 견훤이 이렇게 다양한 요소로 구성된 관작을 사용했다는 것은, 이러한 정보를 견훤에게 제공한 지식인 집단이 있었다는 것을 의미한다. 견훤이 방수군으로 활동했던 순천지역은 중국과 왕래하는 포구가 있었기 때문에, 도당유학생 또는 유학승들과 연결되기가 쉬었을 것이다. 견훤이 전주로 천도한 이후의 일이지만, 909년(혜공왕惠恭王 13)에 대경대사大鏡大師 여엄麗嚴은 중국을 출발하여 승평昇平 즉 순천을 통해 귀국하였다.[51] 따라

49) 『唐六典』 권2, 尙書吏部.
50) 『신당서』 권46, 백관지 36.

서 견훤은 방수군으로 활동하던 시기에 유학생이나 유학승들과 교류하면서 지식인 집단을 확보할 수 있었을 것으로 추정된다.[52] 그리고 견훤은 일찍부터 불교에 관심을 갖고 있었으며 여러 선종산문과도 밀접하게 연결을 맺고 있었다.[53] 이러한 사실들은 견훤이 순천지역에서 방수군으로 활동하던 시절부터 중국의 정세에 밝고 학식을 갖춘 유학생 또는 유학승들과 교류하면서 긴밀한 관계를 형성하고 있었음을 알게 해준다.

견훤 정권에 협력한 도당유학생은 최승우가 대표적이다. 『삼국사기』에 의하면

> 최승우崔承祐는 당나라 소종昭宗 용기 2년(890)에 당나라에 들어가 경복 2년(893)에 이르러 시랑侍郞 양섭楊涉 아래에서 과거에 합격하였다. 사륙문四六文 5권이 있는데 자신이 쓴 서문에서 『호본집』이라고 하였다. 후에 견훤을 위하여 격문을 지어 우리 태조에게 보냈다.[54]

라고 하여, 최승우가 890년 입당하여 893년 빈공과에 합격하였으며, 귀국한 후 견훤 정권에 협력한 사실을 알려준다. 이와 관련하여 최승우가 입당할 때 견훤과 어느 정도 관련이 있을

---

51) 변동명, 「후백제의 해상활동과 대외관계」, 『한국고대사탐구』 19, 2015, 9쪽.
52) 이도학, 「진훤의 출신지와 그 초기 세력기반」, 『후백제 견훤정권과 전주』, 2001, 73쪽.
53) 신호철, 「고려초 후백제계 인물들의 활동」, 『한국중세사연구』 22, 2007, 89쪽.
54) 『삼국사기』 권46, 열전6, 최승우.

것으로 이해한 견해가 있지만,[55] 명확하지 않다. 최승우가 견훤을 위해 격문을 작성한 것은 927년으로[56] 그 이외의 활동은 잘 드러나지 않는다. 그가 당에서 귀국한 시기도 901년 이후로 추정되고 있다.[57] 그렇다면 최승우가 견훤에게 귀부한 시기는 전주로 천도하여 왕을 칭한 이후이다.

한편 927년에 후백제에 온 거란 사신을 영접한 최견을 유학 지식인으로 이해한 견해가 있다.[58] 그러나 『삼국사기』에 '장군 최견'으로 기록되어 있고,[59] 927년의 활동 외에는 알려진 것이 없으므로 무진주 시기의 견훤 정권과 연결짓기는 어렵다. 따라서 이 시기 견훤 정권에 협력한 지식인들이 있었을 것이 분명하지만, 구체적으로 드러나는 인물은 찾을 수 없었다.

지금까지 살펴본 것을 정리해보면, 견훤이 자서한 관작은 자신이 백제의 옛땅이었던 신라 서쪽 방면 즉 전주·무주·공주 등지의 군사권과 민정권 등을 장악하고 있는 통치자로서, 신라왕과 거의 대등한 지위라는 것을 내세우고 있다. 그리고 삼국 왕들의 책봉호와 유사하게 자서함으로써, 이러한 지위를 당나라로부터도 인정받은 것처럼 꾸미려고 했던 듯하다. 견훤은 이를 통해 신라 군인 출신으로 새로운 나라를 건국한 자신

55) 견훤이 방수군으로 활동했던 서남 지역을 영암·해남·강진 지역 등으로 비정하고, 최승우의 입당이 견훤 등 영암 지역을 방어하고 있었던 신라군의 도움, 즉 견훤과 연관되어 있을 것으로 이해하였다(배재훈, 「입당 유학생 최승우와 후백제 견훤 정권」, 『신라사학보』 26, 2021, 270-272쪽).

56) 배재훈, 같은 논문. 281-282쪽.

57) 배재훈, 같은 논문. 262쪽.

58) 장일규, 「신라말 경주최씨 유학자와 그 활동」, 『사학연구』 45, 1992, 29-30쪽.

59) 『삼국사기』 권50, 열전10, 견훤.

의 행위를 정당화하고, 또 자신의 지위를 대외적으로 과시하려고 했던 것으로 여겨진다.

그런데 견훤이 언제부터 이 관작을 사용했는지 분명하지 않다.[60] 무진주 시기의 견훤 정권에 대한 『삼국사기』의 기록은 892년이라는 시작 연도만 밝히고 있을 뿐이다. 따라서 견훤이 이 관작을 사용한 시기는 무진주에 도읍을 정하고 있던 때, 즉 완산주로 천도하여 후백제 왕을 칭하기 전이라고 짐작할 수 있을 뿐이다.

견훤이 이 관작을 언제부터 사용했는지 알 수 있다면, 그 의미가 조금 더 분명해질 것으로 생각된다. 만약 견훤이 무진주에 도읍을 정한 초기부터 사용했다면, 이것은 후백제 건국에 대한 큰 그림을 이미 그린 상태로, 옛 백제 땅을 아우를 수 있는 전주로의 천도도 예정되어 있었다고 할 수 있다. 무진주에서 건국한 견훤이 행전주자사를 칭하였기 때문이다. 하지만 이것은 무리한 추정이라 생각된다. 새로운 국가를 수립한 견훤은 초기에 당연히 왕을 칭하였을 것이고, 우선 정권을 안정시키기 위해 노력했을 것이다. 그러나 견훤이 의도한 대로 상황이 전개되지 않았던 듯하다. "드디어 무진주武珍州를 습격하여 스스로 왕이 되었으나 아직 감히 공공연히 왕을 칭하지는 못하였다."라는 『삼국사기』 견훤열전의 기록을 통해 이러한

60) 배재훈은 전주자사를 칭한 것으로 미루어 전주지역을 장악한 이후일 것으로 추정하였으며(배재훈, 앞의 논문, 2021, 311-312쪽), 전덕재는 견훤이 무진주를 차지하고 왕을 칭한 892년부터 이 관작으로 자서했을 것으로 보았다(전덕재, 앞의 논문, 2022, 61-63쪽).

사정을 짐작할 수 있다. 그렇다면 견훤은 무진주에서 정권을 수립한 직후가 아니라, 공공연히 왕을 칭하지 못할 상황이 발생한 890년대 중·후반 무렵부터 이 관작으로 자서했다고 추정된다.

견훤이 무진주에서 정권을 수립하고 왕을 칭하였지만, 공공연히 왕이라고 내세울 수 없게 된 사정이 궁금하다. 이는 견훤과 무진주 호족들과의 관계를 살펴보면 단서를 찾을 수 있지 않을까 한다.

Ⅲ. 견훤과 무진주 호족

견훤은 892년 무진주를 장악하여 정권을 수립하였으나, 완산주로 도읍을 옮긴 후에야 후백제왕을 칭하고 관부를 설치하였다. 『삼국사기』를 통해 그 과정을 살펴보면 다음과 같다.

> 당나라 소종昭宗 경복景福 원년(892)은 신라 진성왕 재위 6년인데, 왕의 총애를 받는 신하들이 곁에 있으면서 정권을 훔쳐 제 마음대로 휘두르니 기강이 문란해졌다. 그에 더하여 기근이 드니 백성들이 떠돌아다니고 떼도적들이 벌떼처럼 일어났다. 이에 견훤은 몰래 [왕위를] 넘겨다보는 마음을 갖고, 무리를 불러 모아 왕경의 서남쪽 주·현을 돌아다니며 공격하였다. 이르는 곳마다 메아리처럼 호응하여 열흘에서 한 달 사이에 무리가 5천 명에 달했다. 드디어 무진주武珍州를 습격하여 스

스로 왕이 되었으나 아직 감히 공공연히 왕을 칭하지는 못하였다. …… 견훤이 서쪽으로 순행하여 완산주에 이르니 주州의 백성들이 위로하며 영접하였다. 견훤이 인심을 얻은 것을 기뻐하여 좌우에게 다음과 같이 말하였다. "…… 지금 내가 감히 완산에 도읍하여 의자왕의 오래된 울분을 씻지 않겠는가?" 드디어 스스로 후백제왕을 칭하고 설관분직設官分職하니 이때는 당나라 광화光化 3년 신라 효공왕 4년(900)이었다.[61]

이 기록에 의하면, 견훤은 완산주에서 인심을 얻은 것에 대해 기뻐하였다. 그리고 완산주에서 후백제왕을 칭하였으며 의자왕의 복수를 공언하였다. 무진주에서 왕을 칭하지 못한 것과 대조적이다.

위의 『삼국사기』 기록을 살펴보면, 견훤은 무리 5천 명을 모아 무진주를 습격하여 정권을 수립하였다. 무진주의 호족들은 자발적으로 견훤의 정권에 참여한 것이 아니라, 견훤의 군사력에 굴복한 것이다. 무진주의 호족들이 스스로 견훤에게 귀부했다면 위의 사료에서 "드디어 무진주를 습격하여 스스로 왕이 되었으나[遂襲武珍州自王]"라고 표현하지 않았을 것이다. 이렇게 군사력에 굴복하여 견훤의 세력권에 포함된 무진주 호족들이 후백제 정권에 얼마나 적극적으로 참여했을지 의문이다.

견훤이 무진주를 습격할 때, 그를 따르는 무리가 5천 명이었다고 한다. 이들의 대부분은 견훤이 서남해 방수군의 비장으로 있을 때 휘하에 있던 신라의 정규군인들로 추정된 바 있

61) 『삼국사기』 권50, 열전10, 견훤.

다. 따라서 견훤의 초기 군사 5천 명은 군대조직이나 충성심 또는 전투 경험 등에 있어서, 다른 반란군들과는 비교할 수 없을 정도로 강력하였다. 이러한 군사력을 바탕으로 후백제는 920년대까지 고려군과의 전투에서 우위를 점할 수 있었다.[62] 따라서 당시의 무진주 호족들이 이러한 견훤의 군대를 막아내기는 어려웠을 것이다.

견훤이 무진주를 도읍으로 자립할 당시 이 지역 호족 세력의 실체에 대해 밝혀진 것은 별로 없지만, 무진고성을 통해 추정해 볼 수 있을 것 같다. 무진고성은 무등산 잣고개에서 그 흔적을 찾을 수 있는데, 9세기 말엽에 대대적인 수축을 한 흔적이 뚜렷하게 남아 있다.[63] 이것은 당시 무진고성을 수리할 정도의 세력가, 즉 무진주 호족의 존재를 확인할 수 있게 해준다. 무진주는 무주의 치소가 있었던 지역으로, 무주의 정치와 경제의 중심지였다.[64] 따라서 해상활동을 통해 호족들이 성장한 순천, 나주지역에 못지않게 무진주에도 호족 세력들이 형성되어 있었을 것이다.

하지만 당시 무진주 호족들의 세력이 견훤의 군사를 막아낼 정도로 강하지 못했던 사실은 이미 살펴보았다. 견훤이 무진주를 장악하고 후백제를 세운 것으로도 그간의 사정은 짐작할 수 있다. 결국 무진주 호족들은 견훤의 군사력에 굴복하여 그 세력권에 포함되었다. 따라서 이들과 견훤의 관계는 정복을

---

62) 신호철, 앞의 책, 1993, 26-29·100-102쪽.
63) 변동명, 「三國·統一新羅時期의 無等山과 光州」, 『호남학』 69, 2021, 63쪽.
64) 이윤미, 앞의 논문, 2010, 176쪽.

통한 통합에 해당하여 호혜적인 협조 관계가 형성되기 어렵고, 그 결속력도 약할 수밖에 없었을 것이다.[65)]

이와 관련하여 신검이 정변을 도모할 때 용검이 무주의 도독으로 있었던 사실이 주목된다. 후백제는 중앙에서 직접 통치하기 어려운 군사적 요충지에 지방관(도독)을 파견하여 이들이 군사적 실권을 갖고 인근 지역까지 통치하게 하였다.[66)] 그런데 단순한 지방관이 아니라 도독을 파견하여 군사적 실권을 갖고 무진주와 인근 지역까지 통치하도록 했다는 것은, 군사적 요충지였다는 것만으로는 충분히 설명되지 않는다. 오히려 군사력에 의해 정복된 지역의 호족들은 전세에 따라 반부叛附를 거듭하였다는 설명이 더 설득력이 있어 보인다.[67)] 견훤 정권의 초기 도읍지였던 무진주가 후백제를 지지하는 견훤의 세력 기반으로 계속 기능했다면, 전주로 천도한 이후 중앙에서 직접 통치하기 어려워 도독을 파견하여 통치했을지 의문이다. 전주

65) 신호철은 견훤정권이 군사력을 동원하여 호족세력을 정복한 경우는 대체적으로 고려나 신라와의 접경지역에 해당하며, 이들 정복지역의 경우 호족들과 호혜적인 협조관계가 아니라, 주민을 동원하거나 곡식을 수취하는 일방적인 관계가 형성되는 것으로 이해하였다. 따라서 이들 지역은 전세에 따라 叛附를 거듭하였는데, 나주·상주·대야성·고창군·순주성·오어곡성 등을 대표적인 예로 들었다(신호철, 앞의 책, 1993, 100-101쪽). 그런데 무진주의 호족들도 이 경우에 해당한다고 생각한다. 무진주 호족들이 스스로 견훤에게 귀부한 것이 아니라, 견훤의 군사력에 정복당했기 때문이다.

66) 신호철은 견훤정권의 지방지배를 다섯 가지 유형으로 구분하였는데, ①중앙정부의 직접지배 ②지방관(도독)을 파견하여 군사적 실권을 가지고 인근 지역을 지배하게 하는 거점지배 ③歸附·來投 호족을 통한 간접지배 ④혼인으로 결합한 호족을 통한 간접지배 ⑤정복활동을 통한 무력지배로 나누었다(신호철, 앞의 책, 1993, 78-86쪽).

67) 주 65) 참조.

를 비롯한 그 인근 지역을 견훤 정권이 직접 지배하고[68] 있었던 상황을 고려하면 더욱 그러하다.

지금까지 살펴본 것을 정리해보면, 무진주의 호족들은 자발적으로 견훤에게 귀부한 것이 아니라 그의 군사력에 의해 굴복하였다. 그리고 견훤은 전주로 천도한 이후 정권 말기에 왕자 용검을 도독으로 파견하여 통치하였다. 전주를 비롯한 인근 지역을 중앙 정부가 직접 통치했던 것과 대조적이다. 이러한 사실들은 견훤이 무진주를 도읍으로 자립한 후 이 지역 호족들과 연합함으로써 세력 기반을 강화하였다고 이해한 것에 의문을 갖게 한다. 이러한 의문은 견훤 정권에서 활약한 호족들을 살펴보면 조금이라도 풀리지 않을까 한다.

견훤 정권에서 활약한 대표적인 호족은 박영규와 김총, 지훤 등이 알려져 있다. 박영규는 『고려사』에 의하면 "견훤의 딸에게 장가들었고, 견훤의 장군이 되었다."라고 한다. 이것은 그가 후백제의 군사력을 장악한 유력자 중의 한 사람이었다는 것을 의미한다. 박영규가 견훤의 신임을 받고 정치적으로 중요한 지위를 차지할 수 있었던 것은, 그가 순천지역을 지배하는 호족으로서 막강한 세력을 형성하고 있었던 점이 주요한 배경으로 작용하였다. 견훤은 신라 방수군으로 활동하던 순천지역에서 후백제 건국의 기반을 닦았던 것으로 알려져 왔고, 그 과정에서 박영규의 집안과 관련을 맺었던 것으로 보인다.[69]

---

68) 신호철, 앞의 책, 1993, 103쪽.

69) 정청주, 「신라말·고려초 순천지역의 호족」, 『전남사학』 18, 2002, 26-39쪽 ; 변동명, 「新羅末·高麗初의 順天 豪族 朴英規」, 『歷史學研究』 62,

김총은 여수지역 출신으로서 견훤을 섬겨 관직이 인가별감에 이르렀으며, 죽어서는 여수지역의 성황신이 되었던 인물이다. 그에 관한 기록은 『신증동국여지승람』과 『강남악부』에 전하고 있는데, 신라 말·고려 초 여수지역을 중심으로 해상활동을 하여 세력을 형성한 호족 출신으로 추정되고 있다.[70] 지훤은 무진주의 성주이자 견훤의 사위로 알려진 인물이다. 『고려사』 지리지에 의하면, 왕건이 911년 무진주의 경계를 공격했을 때 성주 지훤이 견훤의 사위로서 굳게 지키고 항복하지 않았다고 한다.[71] 이와 관련하여 견훤이 무진주 호족인 지훤과 연합하기 위해 그의 딸과 혼인시킨 것으로 이해되어 왔다.[72]

한편 신검과 양검, 용검 3형제가 견훤과 무진주 호족의 딸 사이에서 태어난 것으로 추정한 견해가 있다. 견훤이 무진주에서 정권을 수립한 초기에 신검 3형제의 외조부, 즉 무진주 호족과 결합하기 위해 그 딸과 혼인하였다는 것이다. 그런데 전주로 천도한 견훤이 새로운 왕비를 맞이하여 금강이 태어났고, 후백제 말기 이들 외척 간의 왕위 쟁탈전으로 후백제가 멸망하였다는 것이다.[73] 당시의 상황으로 보아 충분히 가능한 추정이라고 생각한다. 하지만 무진주 정권 초기 견훤과 결합

2016, 144-146쪽.

70) 정청주, 같은 논문, 39-44쪽 ; 변동명, 「金惣의 城隍神 推仰과 麗水 豪族」, 『全南史學』 22, 2004, 161-174쪽.

71) 『고려사』 권57, 지리2, 전라도 해양현.

72) 정청주, 「견훤의 호족정책」, 『전남사학』 19, 2002, 80쪽.

73) 신호철, 앞의 책, 1993, 86-93쪽 ; 신호철, 「견훤, 백제 부활을 꿈꾼 시대의 영웅」, 『내일을 여는 역사』 28, 2007, 126-127쪽.

한 무진주의 호족에 대해서는 남겨진 자료가 없어서 단정하기 어렵다.

지금까지 견훤 정권에서 활약한 대표적인 호족들을 살펴보았는데, 박영규와 김총은 순천·여수지역 호족 세력이었다. 지훤은 무진주 호족으로 이해되었는데, 그의 활약상은 극히 단편적으로 전해지고 있다. 더구나 지훤이 견훤과 결합한 시기가 분명하지 않은데, 그의 활약상이 드러난 시기는 911년 왕건이 무진주 경계를 침략했을 때였다. 지훤이 견훤의 딸과 혼인한 시기도 전주로 천도한 이후로 추정되고 있다.[74] 그렇다면 견훤이 무진주를 도읍으로 자립했던 시기에, 견훤과 결합했던 이 지역의 호족으로 뚜렷하게 드러나는 인물은 없는 셈이다. 견훤은 자신이 방수군으로 활동하였던 전남 동부지역을 중심으로 세력을 형성한 후, 무진주를 공격하여 장악하고 정권을 수립하였다. 따라서 견훤 정권에서 전남 동부지역, 즉 순천의 박영규와 여수 출신 김총 등의 활약상이 두드러지게 나타나는 것은 당연하다고 생각한다.[75]

이러한 사실들은 지금까지 무진주 지역이 반신라적 정서가 강했을 것으로 이해해 왔는데, 과연 그러하였는지 의문이 들게 한다. 이와 관련하여 891년(진성여왕 5)에 작성된 개선사지 명문을 살펴보고자 한다. 이 명문은 견훤이 무진주를 장악하

74) 정청주, 앞의 논문, 2002, 80쪽, 주) 16.

75) 이와 관련하여 전남 동부지역에 위치한 구례·곡성·광양·순천·여수·보성·고흥 등의 군현이 견훤 정권의 가장 핵심적인 세력 기반이 되었다고 이해한 견해(문안식, 「견훤의 후백제 건국과 전남지역 호족세력의 추이」, 『경주사학』 22, 2003, 121-122쪽)가 참고 된다.

기 1년 전에 새겨졌으므로 당시 무진주 지역의 동향, 더 나아가 견훤과 무진주 호족들의 관계를 이해하는 데 도움이 될 것으로 생각되기 때문이다.

개선사지는 광주와 담양의 경계에 자리하고 있는데, 석등의 명칭과 명문의 내용 등을 둘러싸고 다양한 견해가 제시되어 왔다. 그런데 석등의 건립은 868년(경문왕 8), 명문이 새겨진 것은 891년(진성여왕 5) 무렵으로 보는 것이 타당하다고 생각한다. 명문은 경문왕 때 석등을 세운 내력과, 진성여왕 때 토지를 매입한 내용으로 구성되어 있다. 즉 앞부분은 경문왕景文王과 왕후王后, 차비次妃가 사찰에 등燈 보시를 원하자, 868년에 전前 국자감경國子監卿 김중용金中庸이 유량油粮 곧 등유와 양식으로 운영하도록 조租 300석을 보냈고, 그 일을 계기로 해서 승려 영판靈判이 석등을 세웠다는 내용이다. 그리고 이어서 승려 입운入雲이 891년에 京租京租 100석으로 오호비소리烏乎比所里에 거주하는 공서公書와 준휴俊休에게서 석보평石保坪에 위치하는 농토 14결結을 매입한 사실을 기록하였다.[76]

승려 입운이 토지를 매입한 891년은 대순大順 2년에 해당하는데 석등의 기문에는 용기龍紀 3년으로 잘못 기재되어 있다. 이와 관련하여 당시 무진주 지역에 반신라적이거나 혹은 신라 중앙과의 연계에 반대하는 분위기가 조성되어 왕경 경주와의 소통이 원활하지 못했던 것으로 추정되었다. 하지만 승려 입운을 비롯하여 이 불사를 주도한 인물들은 신라말의 격변하는

76) 변동명, 앞의 논문, 2021, 43-48쪽.

정세 속에서도 중앙 정부와 맺어온 관계를 유지하려는 움직임을 보인 것으로 이해되기도 하였다.[77] 이러한 사실은 당시 무진주 지역의 분위기가 반신라적이라고 단정할 수 없음을 알려준다.

한편, 무진주의 이러한 분위기와 관련하여 심희와 찬유, 충담의 사례도 참고가 된다. 심희는 무주의 송계선원松溪禪院에 머무르다, 892년 무렵 견훤의 군대가 침공하자 무주를 떠나 설악으로 옮겼다.[78] 심희의 제자인 찬유는 892년 무주의 송계선원으로 스승을 찾아와 뵙고 당으로 유학을 떠났다.[79] 송계선원은 강진에 있었던 것으로 추정되었는데,[80] 찬유의 비문에는 광주 송계선원으로 기록되어 있다. 찬유는 958년(광종 9) 혜목산에서 입적하였으며, 원종대사라는 시호를 받았다. 이후 탑 건립이 시작되어 977년(정종 2)에 찬유의 탑비가 완공되었다.[81] 그런데 무진주는 940년(태조 23) 지방 제도 개편 때 광주로 개칭되었으므로,[82] 찬유의 탑비에 광주 송계선원으로 기

77) 변동명, 앞의 논문, 2021, 48-59쪽.

78) 조범환, 「신라말 봉림산문과 신라왕실」, 『진단학보』 78, 1994, 50쪽 ; 김용선, 「현욱·심희·찬유와 여주 고달사」, 『한국중세사연구』 21, 2006, 123-125쪽.

79) 김용선, 같은 논문, 124쪽.

80) 송계선원은 강진에 위치한 것으로 추정되었는데, 조범환은 이지관과 남동신이 송계선원이 위치하고 있었던 곳을 지금의 강진으로 추정하는 것에 대해 의문을 제기하였다(조범환, 앞의 논문, 1994, 48쪽 주) 17 참조). 반면 김용선은 송계가 강진현에 있었던 지명이라는 것을 근거로 강진으로 추정하였으나 찬유의 비문에서 광주송계선원으로 기록된 사실도 언급하였다(김용선, 같은 논문, 123쪽 주) 20 참조).

81) 김용선, 같은 논문, 131-132쪽.

82) 서금석, 「고려 초 '光州' 지명의 출현 시기와 정치적 배경」, 『歷史學硏究』

록된 것이 아닌가 한다. 심희는 923년(경명왕 7)에 입적하여 그 탑비가 924년에 세워졌으므로, 광주로 개칭되기 전이었다. 따라서 심희의 비문에는 '무주 송계선원', 찬유의 비문에는 '광주 송계선원'으로 기록되었을 것으로 생각된다. 찬유의 비문만으로 송계선원이 무진주에 있었다고 단정하기는 어렵지만, 비문이 작성된 시기를 고려하면 광주에 있었다고 보는 것이 더 타당해 보인다.

충담은 889년 무주의 영신사에서 구족계를 받았는데, 이후 고려 태조의 왕사가 되었던 승려이다.[83] 그는 해골과 시신들이 널려있는 전쟁터를 떠나 당으로 유학을 떠났다고 한다.[84] 그동안 무주의 영신사는 진주목의 사찰로 추정되었다.[85] 그러나 진주목은 무주가 아니라 강주에 속한다. 진주목은 본래 백제의 거열성(또는 거타)이었는데, 신라 문무왕이 정복하여 주를 설치하였다. 이후 신문왕은 이 주를 분할하여 진주총관菁州摠管을 설치하였으며 경덕왕 때 강주康州로 개칭하였고, 혜공왕 때 청주菁州로 고쳤는데 고려 태조 때 다시 강주로 바꿨다고 한다.[86] 따라서 진주목의 영신사는 무주의 영신사라고 할 수 없다.

그런데 화순 동복에 영신천과 영신사동이 있었다는 기록이

69, 2018, 140-141쪽.

83) 김두진, 「왕건의 승려결합과 그 의도」, 『한국학논총』 4, 1982, 133쪽.

84) 안영근, 「흥법사 진공대사탑비」, 『譯註 羅末麗初金石文(下)』, 한국역사연구회, 1996, 116쪽.

85) 정동락, 「충담의 생애와 활동」, 『신라사학보』 18, 2010, 198쪽 주) 17.

86) 『신증동국여지승람』 권30, 경상도 진주목 연혁.

있다. 신증동국여지승람에 의하면, "영신천靈神川이 동복현의 서쪽 25리에 있으며, 서석산瑞石山에서 나와서 달천으로 들어간다."[87]라고 한다. 그리고 세종실록지리지에도 "철장鐵場이 1곳이요-현의 서쪽 영신사동靈神寺洞에 있는데, 중품이다-."[88]라는 기사가 있다. 화순 동복에 '영신천'과 '영신사동'이 있었다는 사실은, 화순에 영신사가 있었음을 알게 해준다. 더구나 충담이 '무주의 영신사'에서 구족계를 받았다는 기록으로 볼 때, 화순 동복의 영신사로 유추하는 것이 더 타당하다고 생각한다.

충담이 중국으로 유학을 떠난 시기는 분명하지 않으나 904~907년 무렵 귀국한 것으로 추정되고 있다.[89] 충담이 889년 무주의 영신사에서 구족계를 받았으므로, 그가 유학을 떠난 시기는 대략 견훤의 무진주 침공 시기와 겹쳐진다. 즉 충담은 견훤의 무진주 침공으로 사회가 혼란해지자 이 지역을 떠나 중국으로 유학을 떠났다고 할 수 있다.

견훤이 무주를 침공할 무렵 심희는 무주의 송계선원을 떠났고, 찬유와 충담은 전란을 피해 중국으로 유학을 갔다. 이들이 무진주 지역을 떠난 것은 전란의 어지러운 상황을 피해서이기도 하지만, 한편으로는 이들의 정치적 성향과도 관련이 있었을 것이다. 이들이 친견훤적이었다면 굳이 이 지역을 떠날 이유가 없었다고 생각한다. 따라서 이들의 행적을 통해서도, 무

87) 『신증동국여지승람』 권40, 전라도 동복현 산천.
88) 『세종실록지리지』 권151, 전라도 장흥도호부 동복현.
89) 김두진, 앞의 논문, 1982, 132쪽.

진주와 그 인근 지역의 정치적 분위기를 짐작할 수 있다.

지금까지 살펴본 바를 정리해보면, 무진주를 도읍으로 삼았던 견훤 정권에서 이 지역 출신 호족의 활약이 두드러지게 나타나지 않는다. 그리고 당시 무진주 지역의 사회 분위기가 반신라적이라고 이해되어 온 것과 달리 일부 세력은 신라 중앙정부와의 연결을 유지하기 위해 노력하고 있었다. 그리고 견훤은 자신이 활동했던 전남 동부지역을 중심으로 세력을 키워 무진주를 장악하였다. 즉 무진주의 호족들은 견훤의 군사력에 굴복하였다. 그리고 견훤 정권에서는 전남 동부지역 출신의 박영규와 김총 등이 이미 주도권을 장악하고 있었다. 이러한 견훤 정권을 무진주의 호족들이 크게 환영했을 리가 없다. 더구나 이 시기는 견훤 정권의 초기로 후백제 건국의 성공 여부도 불투명한 상황이었다.[90] 이러한 상황에서 무진주의 호족들은 견훤 정권에 적극적으로 참여하지 않았을 것이다. 따라서 이들은 전세에 따라 정치적 입장을 바꿀 가능성이 있는 세력으로, 견훤 정권에 불안 요인으로 작용했을 것으로 생각된다.

이와 같은 무진주 지역의 분위기 때문에 견훤은 왕을 칭하였지만, 대외적으로는 긴 관작을 사용했던 것으로 여겨진다. 물론 여기에는 정권 초기의 불안정과 신라 군인 출신으로서의 한계도 작용했을 것이다. 하지만 견훤의 군사력에 굴복하여

90) 견훤은 상주 출신의 신라 무관으로 무진주에는 재지적 기반이 없었기 때문에 지역민들이 그가 세운 정권의 성격과 정통성에 대해 의문을 갖는 것은 당연했을 것이며, 견훤의 광주 출생설은 이러한 한계를 극복하기 위한 노력의 일부로 이해한 견해가 있다(배재훈, 앞의 논문, 2021, 300쪽).

자신들의 세력 기반을 빼앗기게 된 무진주 지역 호족들의 동향이 가장 크게 영향을 미쳤을 것으로 생각된다. 견훤이 전주로 천도하기 전에 순행차 들른 전주에서 환대를 받고, 인심을 얻은 사실에 크게 기뻐하며 천도를 결정한 것으로 보아도 그러하다. 물론 이 내용이 전주 천도를 포장하기 위한 수사적 표현에 불과할 수도 있다. 하지만 지금까지 살펴본 상황을 고려하면 결코 그렇게 볼 수만은 없을 것 같다. 견훤은 전주로 천도한 이후 “드디어 스스로 후백제왕을 칭하고 설관분직設官分職하니 이때는 당나라 광화光化 3년 신라 효공왕 4년(900)이었다.”라는 『삼국사기』의 기록은 이러한 사정을 잘 드러내 준다고 생각한다.

Ⅳ. 맺음말

견훤이 자서한 ‘신라서면도통新羅西面都統·지휘병마제치指揮兵馬制置·지절持節·도독전무공등주군사都督全武公等州軍事·행전주자사겸어사중승行全州刺史兼御史中丞·상주국上柱國·한남군개국공漢南郡開國公·식읍이천호食邑二千戶’는 자신이 백제의 옛땅이었던 신라 서쪽 방면 즉 전주·무주·공주 등지의 군사권과 민정권 등을 장악하고 있는 통치자로서, 신라왕과 거의 대등한 지위라는 것을 내세우고 있다. 그리고 삼국 왕들의 책봉호와 유사하게 자서함으로써, 이러한 지위를 당나라로부터도 인정받은 것처럼 꾸미려고 했던 듯하다. 견훤은 이를 통해 신라 군인 출신으로 새로운 나라를 건국한 자신의 행위를 정당화하고, 또 자신의 지위를 대외적으로 과시하려고 했던 것으로 여겨진다.

그런데 견훤이 무진주에서 대외적으로 왕을 칭하지 못한 것은 이 지역 호족들의 동향과 관련이 있는 것으로 생각된다. 견훤은 자신이 활동했던 전남 동부지역을 중심으로 세력을 키워 무진주를 장악하였다. 즉 무진주의 호족들은 견훤의 군사력에 굴복하여 그 세력권에 포함되었다. 더구나 견훤은 자신이 방수군으로 활동했던 전남 동부지역을 중심으로 건국의 기반을 닦았기 때문에, 이미 이 지역 출신의 박영규와 김총 등이 정권의 주도권을 장악하고 있었다. 이것은 무진주 시기의 견훤 정권에서 이 지역 호족들의 역할이 두드러지게 나타나지 않는 것으로도 짐작할 수 있다.

이와 관련하여 891년(진성여왕 5) 개선사지 석등에 명문을 새기는 불사를 주도한 승려 입운 등이 격변하는 정세 속에서도 중앙 정부와의 관계를 유지하기 위해 노력하고 있었던 사실이 주목된다. 그리고 견훤이 무진주를 침공할 무렵, 무주를 떠난 심희와 찬유, 충담 등의 행적도 견훤 정권에 대한 이 지역의 동향을 알려주는 것으로 생각된다.

견훤은 892년 무진주에서 자립하여 후백제를 세웠지만, 900년 전주로 천도한 이후 왕을 칭하고 관부를 설치하는 등 국가체제를 정비하였다. 견훤이 무진주에서 왕을 칭하지 못한 것은 무진주 지역 사회의 동향과 관련이 있었다. 즉 견훤에게 정복당한 무진주 지역의 호족들은 언제든지 전세에 따라 정치적 입장을 바꿀 가능성이 있었다고 생각된다. 이들은 견훤의 군사력에 굴복하여 자신들의 세력 기반을 상실하였고, 박영규와 김총 등 전남 동부지역의 호족들이 주도하고 있는 견훤 정권에서 자신들의 입지를 강화할 수도 없었기 때문이다. 따라서 무진주 호족들은 견훤 정권에 적극적으로 참여하지 않았고, 이것은 견훤에게 커다란 불안 요인으로 작용했을 것이다. 이러한 상황으로 인해, 견훤은 무진주에서 정권의 기반을 다지지 못하고 결국 전주로 천도했던 것이 아닌가 한다.

참고문헌

〈문헌〉

『三國史記』, 『三國遺事』, 『高麗史』, 『桂苑筆耕集』, 『新增東國輿地勝覽』, 『江南樂府』, 『宋書』, 『唐大家韓文公文抄』, 『唐六典』, 『通典』, 『新唐書』.

〈단행본〉

金鐸敏 主編, 『譯註 唐六典 中』, 신서원, 2005.

김한규, 『古代東亞細亞幕府體制研究』, 일조각, 1997.

申虎澈, 『後百濟 甄萱政權研究』, 일조각, 1993.

전북전통문화연구소 편, 『후백제 견훤정권과 전주』, 주류성, 2001.

〈논문〉

김두진, 「왕건의 승려결합과 그 의도」, 『한국학논총』 4, 1982.

김용선, 「현욱·심희·찬유와 여주 고달사」, 『한국중세사연구』 21, 2006.

김종완, 「고구려의 조공과 책봉의 성격 -정체성과 관련하여-」, 『고구려연구』 18, 2004.

金鐸敏, 「隋 煬帝의 勳官 폐지와 唐代의 勳官 濫授」, 『역사학보』 149, 1996.

김한규, 「남북조시대의 중국적 세계질서와 고대 한국의 막부제」, 『古代東亞細亞幕府體制研究』, 일조각, 1997.

노중국, 「백제의 식읍제에 대한 일고찰」, 『경북사학』 23, 2000.

문안식, 「견훤의 후백제 건국과 전남지역 호족세력의 추이」, 『경주사학』 22, 2003.

배재훈, 「무진주 시기 견훤 정권의 동향」, 『한국고대사연구』 103, 2021.
배재훈, 「입당 유학생 최승우와 후백제 견훤 정권」, 『신라사학보』 26, 2021.
변동명, 「金惣의 城隍神 推仰과 麗水 豪族」, 『全南史學』 22, 2004.
변동명, 「후백제의 해상활동과 대외관계」, 『한국고대사탐구』 19, 2015.
변동명, 「新羅末·高麗初의 順天 豪族 朴英規」, 『歷史學研究』 62, 2016.
변동명, 「三國·統一新羅時期의 無等山과 光州」, 『호남학』 69, 2021.
서금석, 「고려 초 '光州' 지명의 출현 시기와 정치적 배경」, 『歷史學研究』 69, 2018.
신호철, 「고려초 후백제계 인물들의 활동」, 『한국중세사연구』 22, 2007.
신호철, 「견훤, 백제 부활을 꿈꾼 시대의 영웅」, 『내일을 여는 역사』 28, 2007.
안영근, 「흥법사 진공대사탑비」, 『譯註 羅末麗初金石文(下)』, 1996.
여호규, 「책봉호 授受를 통해 본 수·당의 동방정책과 삼국의 대응」, 『역사와 현실』 61, 2006.
이도학, 「진훤의 출신지와 그 초기 세력기반」, 『후백제 견훤정권과 전주』, 2001.
이도학, 「後百濟의 全州 遷都와 彌勒寺 開塔」, 『한국사연구』 165, 2014.
이윤미, 「9세기 후반 무주지역의 정치적 동향과 견훤의 자립」, 『역사교육논집』 44, 2010.
장일규, 「신라말 경주최씨 유학자와 그 활동」, 『사학연구』 45, 1992.
전덕재, 「『삼국유사』 기이편 후백제 견훤조의 원전과 편찬」, 『사학연구』 146, 2022.

정동락, 「충담의 생애와 활동」, 『신라사학보』 18, 2010.
정청주, 「견훤과 호족세력」, 『후백제 견훤정권과 전주』, 2001.
정청주, 「신라말·고려초 순천지역의 호족」, 『전남사학』 18, 2002.
정청주, 「견훤의 호족정책」, 『전남사학』 19, 2002.
조범환, 「신라말 봉림산문과 신라왕실」, 『진단학보』 78, 1994.
진정환, 「후백제 주도 세력의 변화와 그 영향」, 『신라사학보』 51, 2021.

고고학적 자료로 본 견훤 도읍기 무진주

최영주

Ⅰ. 머리말

후백제는 견훤이 892년에 무진주(광주)에서 봉기하여 건국하였고, 900년에 전주로 천도하여 국가체제를 정비하고 웅비하였다. 후백제는 936년 멸망할 때까지 45년간 존속했고, 신라·고려 등과 함께 정립하여 후삼국시대를 열었다. 이러한 후백제 관련 연구는 문헌사적 연구가 적지 않게 이루어졌지만,[1] 고고학적 연구는 매우 부족한 편으로 걸음마 단계에 머무르고 있다. 이마저도 후백제 관련 고고학적 연구는 37년간 도읍이었던 전주를 중심으로 연구가 집중되고 있다.

후백제 관련 학술발굴조사가 2000년 이후에 본격적으로 시

* 이 글은 「고고학적 자료로 본 견훤 도읍기 무진주」(『歷史學硏究』 90, 2023년 5월)를 수정·보완한 것이다.

1) 신호철, 「후백제사 연구의 성과와 과제」, 『대외관계로 본 후백제』, 공감인, 2015, 7-31쪽.

작되면서 후백제의 고고학적 자료를 재조명하기 시작하였다. 전남지역에서는 광양 옥룡사지를 시작으로 마로산성, 순천 해룡산성·금둔사지, 나주 자미산성에 대한 학술발굴조사가 이루어졌다. 특히 광양 마로산성의 전면 학술발굴조사를 통해 후백제의 고고학적 자료에 대한 실체를 알 수 있었다. 이렇듯 후백제의 고고학적 자료에 대한 것은 전남지역에서 먼저 연구성과를 내기 시작하였다.[2] 전북지역에서는 익산 오금산성·미륵산성, 전주 동고산성에 대한 학술발굴조사[3]를 통해 후백제의 고고학적 자료에 대한 이해와 함께 동고산성을 후백제 궁성으로 비정하기도 하였다.

이러한 고고학적 발굴성과를 통해 전주에서는 2015년에 '후백제연구회'가 창립되었다. 연구회에서는 학술발표회, 답사, 기초적인 자료집을 발간하였고, 후백제 관련 유력한 유적에 대한 학술발굴 조사계획을 세웠다.[4] 이를 통해 중요 유적(진안 도통리 요지, 완주 봉림사지, 장수 합미산성 등)[5]에 대한

---

2) 최인선, 「광양 마로산성 출토 막새기와」, 『전남의 기와』(제3회 한국기와학회 학술대회), 2006, 21-52쪽 ; 최인선, 「전남지방의 백제산성과 마로산성」, 『한국성곽학보』 10, 2006, 37-70쪽 ; 崔仁善, 「광양 마로산성 출토 막새기와에 대한 고찰」, 『문화사학』 33, 2010, 89-120쪽 ; 최권호, 「광양 마로산성에 대한 고고학적 연구」, 순천대학교 석사학위논문, 2009 ; 이동희, 「전남지역 후백제유적과 역사적 성격」, 『韓國上古史學報』 87, 2015, 39-76쪽.

3) 圓光大學校 馬韓·百濟文化研究所, 『益山 五金山城』, 1985 ; 圓光大學校 馬韓·百濟文化研究所, 『전주 동고산성(1·2차)』, 1997 ; 圓光大學校 馬韓·百濟文化研究所, 『益山 彌勒山城 東門址周邊』, 2001.

4) 차인국, 「후백제 고고학의 연구현황과 과제」, 『전북학연구』 4, 2021, 27쪽.

5) 국립전주박물관, 『전주 풍남동 후백제 도성 추정지』, 2017 ; 군산대학교 박물관, 「장수 합미산성 2차 발굴조사 약식보고서」, 2016 ; 군산대학교박

학술발굴조사가 이루어졌다.

이후 호남고고학회에서는 후백제 관련 고고학적 발굴성과를 바탕으로 2018년에 '고고학으로 후백제를 알리다'라는 주제로 국제학술대회를 개최하였다.[6] 학술대회에서는 후백제 관련 주요 고고학적 자료에 대한 심도 있는 논의와 함께 후백제 관련 고고학적 자료에 대한 개념을 정리하였다. 이러한 연구성과의 결과로 2019년 전주에서는 후백제학회가 창립되었다. 이듬해 2020년 국립전주박물관에서는 '견훤, 새로운 시대를 열다'라는 주제로 특별전을 개최하였다. 특별전과 함께 '후백제와 견훤'이라는 주제로 학술대회를 개최하여 후백제 관련 연구의 지향점과 더불어 고고학적 연구 방향을 제시하였고, 단행본으로 엮어 출판하였다.[7]

지금까지 후백제 연구는 전주를 중심으로 활발하게 이루어진 측면이 많으나, 후백제의 시작인 무진주, 즉 광주와 전남지역에서는 학술대회나 연구회 등이 한차례도 이루어지지 못하고 있듯이 연구자나 지역자치단체에서도 관심을 받지 못하고 있다.

따라서 본 글은 견훤이 후백제를 892년 무진주(광주)에서

물관, 「장수 침령산성 집수시설 발굴조사 약식보고서」, 2017 ; 군산대학교박물관, 『진안 도통리 중평 초기청자요지 Ⅲ』, 2019 ; 전북대학교박물관, 『완주 봉림사지 Ⅱ』, 2020 ; 전주문화유산연구원, 『전주 동고산성 서문지』, 2015.

6) 호남고고학회, 『고고학으로 후백제를 알리다』(제26회 호남고고학회 학술대회), 2018.

7) 전주시·장수군·국립전주박물관·군산대학교 가야문화연구소, 『후백제와 견훤』, 서경문화사, 2021.

건국하여 전주로 천도하는 900년까지 약 10년의 기간을 중심으로,[8] 무진주 중심지인 광주와 인근의 전남지역의 후백제 모습을 고고학적 자료를 통해 살펴보고자 한다. 고고학적 자료는 생활(건물지·주거지·도로), 분묘(석실(곽)묘·토광묘), 관방(산성·토성), 생산(토기·기와가마), 종교(사찰) 등의 성격으로 분류된다. 이에 광주지역은 무진주의 중심지와 인근지역으로, 전남지역은 서부(영산강·탐진강·서남해안)와 동부(섬진강 상류·하류)지역으로 구분하여 후백제 당시의 모습을 살펴보고자 한다. 따라서 이 글에서는 지역별로 후백제 관련 자료를 살펴보고 후백제의 고고학적 자료에 대해 명확하게 정의하고자 한다. 이를 통해 후백제시기 무진주(광주·전남)의 모습에 관해 검토하고자 한다.

Ⅱ. 유적 현황과 후백제 자료

1. 유적 현황〈표 1〉

1) 광주지역

광주지역은 무진주의 중심지로 관청시설이 있었던 중심지와 시가지, 그리고 무진주와 연관된 외곽지역으로 구분하여

8) 이 글은 고고학적 자료를 통해 후백제 도읍의 10년간을 중심으로 살펴보겠지만, 자료가 부족하고 시기를 구분하기 어려운 문제가 있어 936년 멸망할 때까지 전 시기에 걸친 모습을 기본적으로 검토하고자 한다.

검토하였다. 먼저 무진주의 관청시설은 광주 읍성 내의 관청시설과 읍성 밖 해자 건너편 지역에 해당한다. 여기서는 고려시기의 관청시설보다 이른 시기의 담장과 적심시설에서 명문기와('官'), 연화문 수막새, 당초문 암막새, 격자문·수지문 평기와 등이 확인되어[9] 통일신라시대의 무진주 관청시설로 추정할 수 있다. 또한 무진주 시가지에 해당하는 누문동유적과 금남로일대 우물지 등에서는 통일신라시대와 관련된 기와편이 확인되어 무진주와 관련된 생활유적으로 추정된다.

광주지역 중 무진주 치소의 외곽지역으로는 배후산성인 무진고성과 사찰인 원효사와 개선사지가 있으며, 생활유적으로는 광주천 주변의 동림동유적과 계림동 택지개발구역, 수촌천 주변의 덕남동 덕남유적과 노대동 신기유적이 해당된다. 무진고성은 8세기 말 이전에 축조되고 9세기 말에 수축되었다. 무진고성에서는 성벽, 문지, 건물지 등이 확인되며 서조문 수막새, 연화문 수막새, 명문기와('대관초大官草', '국성國城', '경京'), 인화문토기 등이 출토되었다. 원효사는 통일신라 말에 창건되었고 건물지에서는 금동불, 연화문 수막새 등이 출토되었다. 개선사지에서는 건물지, 담장, 축대, 우물 등에서 연화문 수막새(중판)가 출토되었다. 특히 유적 내에는 석등 1기가 있으며, 기단부에서는 석등기가 확인되었다.[10] 석등기를 통한 조성 연

9) 최영주, 「삼국·통일신라시기 광주 중심지 연구」, 『무등산, 광주사람을 품다』, 전남대학교출판문화원, 2022, 113·114쪽.

10) "경문대왕(景文大王)님과 문의황후(文懿皇后)님, 작은 황후님께서 등(燈) 두 심지를 원하셨다. 당나라 함통(咸通) 9년 무자(戊子)의 해 2월에, 저녁이면 달빛을 잇고자 전(前) 국자감경(國子監卿)인 사간(沙干) 김중용(金中

대는 통일신라시대 말인 경문왕 8년(868)경으로 조성되고 기문은 진성여왕 5년(891)에 이루어진 것으로 이해된다.[11] 이처럼 무진고성과 원효사, 개선사는 무진주와 관련된 배후산성과 종교시설로 밀접한 관계에 있었던 것으로 추정된다.

동림동유적에서는 수레바퀴자국이 마치 밭을 연상시키는 모습은 유적 내에서 확인된 대형건물지와 관련된 것으로, 물류의 창고와 연결된 마(우)차의 이동이 빈번하게 이루어졌다. 계림동 택지개발구역에서는 선조문·격자문 평기와편이 확인되었지만, 해당 시기의 유구는 발견되지 않았다. 덕남유적과 신기유적의 건물지에서 통일신라시대 기와편(연화문 수막새)과 주름무늬병·대호·편병 등이 확인되었다. 특히 덕남유적과 신기유적에서는 통일신라 말에 해당하는 자료가 확인되어 후백제 당대에도 사용되었을 것으로 추정된다.

광주의 인접지역은 무진주 치소에서 보면 서쪽에 해당하는 영산강과 황룡강 일대가 해당한다. 분묘유적으로는 광주 용두

庸)이 등유(燈油)와 양식(糧食)으로 운영하도록 조(租) 300석(碩)을 보내올리니, 승려 영판(靈判)이 석등(石燈)을 건립하였다. 용기(龍紀) 3년 신해(辛亥)의 해 10월 어느 날, 승려 입운(入雲)이 왕경(王京)으로 보내야 할 조 100석으로, 오호비소리(烏乎比所里)의 공서(公書)와 준휴(俊休) 두 사람에게서 그들 몫의 석보평(石保坪)에 있는 큰 생업(生業)인 물가의 논 4결(結)(5배미이며, 동쪽은 영행(令行)의 토지이고 북쪽도 같은 토지이다. 남쪽은 지택(池宅)의 토지이고 서쪽은 개울이다)과 물에서 멀리 떨어진 논 10결(세주: 8배미이며, 동쪽은 영행의 토지이고 서쪽과 북쪽도 같은 토지이다. 남쪽은 지택의 토지이다)을 상례(常例)대로 매입하였다"(변동명, 「三國·統一新羅時期의 無等山과 光州」, 『무등산, 광주사람을 품다』, 전남대학교출판문화원, 2022, 65쪽).

11) 변동명, 앞의 논문, 2022, 62-72쪽.

동유적, 산월동 뚝뫼유적, 하남동유적 등에서 석실묘와 토광묘가 확인되었다. 석실묘에서는 대부완·병·완·개 등이 출토되며 토광묘에서는 벼루가 출토되었다. 대체로 분묘유구는 9세기대 이전으로 편년된다.[12)]

생활유적으로는 광주 신창동유적, 오선동유적, 덕흥동유적, 평동유적, 연산동 산정유적, 삼거동유적 등에서 건물지, 수혈, 유물지, 도로유구, 경작유구 등이 확인되었다. 그중 연산동 산정유적에서는 건물지와 우물지, 도로유구 등에서 연화문 수막새, 선문 평기와가 출토되었다. 주변의 유적에서는 수레바퀴자국이 확인되어 마차 또는 우차를 통한 물류의 이동이 빈번하게 이루어져, 물류 이동의 중심지로서 역할을 하였고 후백제 시기에도 사용되었을 가능성이 있다. 이외에 신창동유적에서는 경작유구가 확인되어 농업 생산지의 모습을 엿볼 수 있다.

2) 전남지역

(1) 전남 서부지역

영산강유역의 상류는 담양·장성(영산강 본류), 화순(지석강) 지역이 해당한다. 생활유적으로는 담양 양각리 70-4번지유적, 객사리유적 등이 확인되었다. 양각리 70-4번지유적의 건물지, 집수정, 담장, 대형수혈 등에서 연화문 수막새, 당초문 암막새,

12) 통일신라시대 분묘유적의 현황과 편년은 다음의 글을 참고하여 정리하였다(신흥남, 「호남지역의 통일신라시대 무덤」, 『호남의 신라·통일신라』, 호남고고학회, 2021, 81-95쪽).

선문·수지문·격자문 평기와, 명문기와, 주름무늬병·편병·대부완, 중국제 청자(해무리굽) 등이 출토되었다. 유적에서는 통일신라시대 말의 기와편과 토기류, 후백제 관련 중국제 청자가 출토되어 당대의 생활 터전의 모습을 엿볼 수 있다. 이외에 객사리유적의 건물지에서도 평기와, 토기류 등이 출토되었다.

관방유적의 장성 진원성은 규모는 1,230m로 성벽과 문지 등이 확인되었다. 성 내부에서는 명문기와('관官', '성城'), 연화문 수막새, 내면 승석흔 평기와, 확쇠·꺽쇠 등이 출토되었다. 진원성은 백제 사비기에 축조되었고, 통일신라시대에 수축되어 후백제시기까지 이용한 것으로 보인다. 종교유적의 담양 읍내리사지 건물지에서는 명문기와('담주潭州') 등이 확인되어 사찰이지만 행정적인 기능이 있었던 것으로 추정된다. 화순 비봉산성은 규모가 926m 정도이며, 성벽, 문지, 치성, 건물지, 집수지 등에서 명문기와('관官'), 선문 평기와 등이 출토되었다. 화순 오성산성에서도 선문 평기와편이 확인되었다. 이들은 대체로 통일신라 말에서 후백제시기에 사용된 것으로 추정된다.

생산유적의 화순 내평리유적에서는 기와가마 4기가 확인되었고, 가마에서 선문·수지문 평기와, 토기류 등이 출토되어 통일신라 말에 운영된 것으로 추정된다.13) 이외에 종교유적으로는 화순 개천사, 쌍봉사, 운주사 등이 있다. 분묘유적으로는 담양 오산유적·대치리유적·오룡골유적, 장성 평산리유적·월정

13) 기와가마의 유적 현황과 편년은 다음의 글을 참고하여 정리하였다(이정민, 『전남지역 기와가마 연구』, 전남대학교 박사학위논문, 2018).

리유적Ⅱ 등이 해당하며 유적에서는 석실(곽)묘, 토광묘에서 대부완·병, 청동과대금구, 동곳, 관고리 등이 출토되었다. 유구는 대체로 9세기대 이전에 형성된 것으로 보인다.

영산강 중·하류역은 나주, 영암, 함평지역 등이 해당한다. 나주지역[14]의 생활유적으로는 나주 랑동유적과 학산리 문화유적이 있다. 랑동유적에서는 건물지에서 명문기와('…○대장○大匠…')가 출토되었고, 학산리 문화유적에서는 구상유구에서 대부완, 평기와 등이 출토되었다. 함평 용산리 수산유적에서는 주름무늬병이 출토되었다.

관방유적으로는 나주 회진토성, 회진리 잠애산성, 자미산성, 신촌리토성 등이 있다. 회진토성은 규모가 2,400m 정도이며, 성벽과 문지 등에서 명문 기와('회진현대성자개우會津縣大成子蓋雨'), 통일신라 토기편 등이 출토되어 통일신라시대 치소성으로서 역할을 하였고 후삼국시기에도 사용되었을 것으로 추정된다. 회진리 잠애산성은 규모가 630m 정도이며, 성벽 등에서 명문기와('개경원대장표開慶院大匠睠 명明', '일○日○…', '…○사○舍'), 복합문 기와편, 조질의 중국제 청자, 편병·주름무늬병·대호 등이 출토되었다. 잠애산성은 회진토성과 복암리유적 중간의 산 정상부에 위치하여 군사적 요충지로, 회진토성의 배후산성에 해당한다. 자미산성은 규모가 660m 정도이며, 성벽, 문지, 건물지, 수구 등에서 명문기와('신관초新官草', '반내부半乃夫'), 인

14) 나주지역은 고려의 왕건과 밀접한 관계를 맺으면서 후백제 견훤과는 적대관계 지역으로, 왕건과 견훤의 격전지에 해당한다. 이에 나주지역은 별도로 살펴볼 필요가 있다.

화문토기, 중국제 청자(해무리굽), 흑유편병 등이 출토되었다. 이외에 신촌리토성에서는 기와편과 자기류 등이 확인되었다. 나주지역은 견훤 세력과 왕건 세력의 격전지에 해당하기에 관련 성곽유적이 주로 확인되며 통일신라시대부터 후삼국시대까지 지속적으로 사용된 것으로 보인다.

생산유적으로는 나주 복암리 3호분 기와가마(1기), 복암리유적 기와가마(3기), 송월동유적 기와가마(6기), 운곡동유적 기와가마(3기), 월양리유적 기와가마(3기) 등이 있다. 기와가마는 현재 16기로 확인된 가마가 다른 지역에 비해 매우 많은 편이다. 가마에서는 연화문 수막새, 당초문 암막새, 선문·격자문·수지문 평기와, 토기류(편구병편·주름무늬병), 자기류 등이 출토되었다. 가마는 통일신라시대부터 운영되었고, 일부 가마유적은 고려시대까지 지속적으로 운영되었다. 그중 복암리일대 기와가마에서는 명문기와('회○會○', '회진현會津縣') 등이 출토되어 회진토성, 잠애산성과 연관된 기와 생산지에 해당한다. 영암 구림리요지에서는 토기가마 4기, 수혈 2기, 폐기장 등이 확인되었고, 가마에서 주름무늬병·편병·편구병·반구호 등이 출토되어 통일신라 말에서 후백제까지 운영된 것으로 추정된다.

이외에 종교유적으로는 나주 철천리 석조여래입상 관련 건물지, 불회사와 운흥사지, 영암 사지사지와 도갑사 등이 있다. 철천리 석조여래입상 관련 건물지에서는 쌍룡문·인동당초문 암막새, 연화문 수막새, 주름무늬병 등이 출토되어 통일신라 말에 운영된 것으로 추정된다. 영암 사지사지에서는 명문기와('대장○명大匠○明', '사자사師子寺')가 확인되어 사찰명을 알 수 있었다. 분묘유적으로는 함평 마산리 표산유적(2기), 사거리 명암유적(5기), 외치리 분산유적(1) 등에서 석실묘가 확인되었고, 석실에서 대부완·병·완·시루·뚜껑 등이 출토되어 9세기대 이전으로 편년된다.

탐진강유역은 장흥과 강진지역에 해당한다. 생활유적인 장흥 원도리유적에서는 우물, 수혈, 도로유구가 확인되었고, 기와편, 대부완, 뚜껑, 완, 시루 등이 출토되었다. 관방유적의 장흥 수인산성은 2중 구조로, 규모가 내성은 2,603m, 외성은 2,912m 정도이며, 성벽, 문지, 문루, 수구 등이 확인되었고, 격자문·수지문 평기와, 주름무늬병, 덧띠무늬병, 대부완 등이 출토되어 통일신라 말에서 후삼국시대까지 운영된 것으로 보인다. 생산유적의 강진 현산리 가마유적에서는 연화문 수막새, 선조문·수지문 평기와 등이 출토되어 통일신라 말에 운영된 것으로 보인다.

종교유적으로는 장흥 보림사·천관사, 강진 월남사지·무위사 등이 있다. 보림사는 구산선문 가지산파의 중심으로 쌍탑1금당의 가람배치를 보인다. 경내에는 삼층석탑, 철조비로자나불, 동부도·서부도, 보조선사 창성탑과 탑비 등이 있다. 3층석탑의 비문을 통해 경문왕 10년(870)에 건립된 것으로 보인다.[15] 천관사는 1탑1금당으로 추정되며, 주불전지, 탑지, 건물지 등에서 기와편 등이 출토되었다. 강진 월남사지는 쌍탑1금

15) "함통(咸通) 11년 경인(870, 景文王 10)에 탑을 세웠다. 대순(大順) 2년 신해(891, 眞聖女王 5) 11월 어느 날에 기록하다. 내궁에 사리 7매가 삼가 계시다"(변동명, 앞의 논문, 2022, 70쪽).

당으로 강당, 회랑 등이 확인된 통일신라시대의 전형적인 가람배치를 보인다. 경내에서는 사비기 백제기와(단판 연화문 수막새), 선조문·수지문·격자문 평기와, 연화문 수막새 등이 출토되어 백제 사비기에서 통일신라시대까지 운영된 것으로 보인다. 무위사는 도선국사가 중건한 것으로 알려져 있다.

서해안지역은 영광, 무안, 신안, 해남, 완도, 고흥지역에 해당한다. 생활유적으로는 무안 성동리 여트물유적Ⅱ, 무안 양장리 1117-2번지유적, 해남 안호리·석호리유적 등이 있다. 성동리 여트물유적Ⅱ와 안호리·석호리유적의 수혈에서 기와류, 토기류(호·편병·동이) 등이 출토되었고, 양장리 1117-2번지유적에서는 수레바퀴자국 4기가 확인되어 도로 흔적으로 추정된다.

관방유적으로는 무안 봉대산성, 신안 대성산성, 고흥 백치성·남양리산성 등이 있다. 봉대산성은 규모가 430m 정도이며, 성벽, 치성에서 명문기와('관官'), 평기와, 자배기·완·병 등이 출토되었다. 대성산성은 규모가 230m 정도로, 성벽, 문지, 치성, 건물지, 집수지에서 평기와, 호·고배 등이 출토되었다. 백치성은 규모가 444m 정도이며, 성벽, 문지, 집수지, 배수시설에서 확쇠·신쇠·띠쇠, 유공광구소호·고배·주름무늬병 등이 출토되었다. 남양리산성의 규모는 534m 정도이며, 성벽, 문지에서 명문기와('관官'), 내면 승석흔 평기와, 석환 등이 출토되었다. 성곽에서는 '관官'명 명문기와, 주름무늬병 등이 출토되어 통일신라 말에서 후삼국시기까지 사용된 것으로 추정된다.

생산유적으로는 영광 녹사리 89-35번지유적, 신안 압해도 학동유적, 해남 오시골요지 등이 있다. 영광 녹사리 89-35번지 유적에서는 기와가마 1기, 수혈 등에서 선문 평기와, 인화문 완, 토기류 등이 출토되었다. 신안 압해도 학동유적의 기와가마 2기에서 선문·격자문·수지문 평기와, 토기류 등이 출토되었다. 해남 오시골요지의 토기가마 2기에서 대호·반구병·병·발·대발·뚜껑, 기와편 등이 출토되었다. 기와가마와 토기가마는 대체로 통일신라 말에서 후삼국시기에 운영된 것으로 추정된다.

종교유적으로는 영광 불갑사, 신안 무심사지, 해남 대흥사 여의주봉 탑지, 완도 법화사지 등이 있다. 무심사지는 1탑1금당으로 건물지 4기, 할석유구, 수혈 등에서 광구병·병·대부완, 연화문 수막새, 평기와 등이 출토되었다. 대흥사 여의주봉 탑지에서는 선문 평기와편이 출토되었다. 불갑사는 건물지, 축대, 계단 등이 확인되며 8세기 후엽에 중창된 것으로 알려져 있다. 법화사지는 통일신라시대 장보고가 창건한 것으로 알려져 있으나 고려시대 관련 건물지와 유물만 확인되고 있다. 대체로 사찰은 통일신라시대에 창건되거나 중창되어 운영되다가 후삼국시기에서도 운영된 것으로 보인다.

(2) 전남 동부지역

섬진강의 상류지역은 곡성과 구례지역에 해당한다. 관방유적으로는 곡성 당동리산성·설산산성 등이 있다. 당동리산성은 규모가 650m 정도이며, 성벽, 문지, 건물지, 집수지에서 명문기와('○관○官', '주主'), 평기와 등이 출토되었다. 설산산성은 규모가 1,300m 정도이며, 성벽, 문지, 건물지 등에서 대부완·주름무늬병·편병 등이 출토되었다. 곡성지역 산성에서는 '관官'명 명문기와, 주름무늬병 등이 출토되어 통일신라 말에서 후삼국시기까지 운영된 것으로 추정된다.

종교유적으로는 곡성 태안사·당동리사지, 구례 화엄사 구층암 등이 있다. 태안사는 선문구산의 동리산파의 중심지로 통일신라에 창건되어 광자대사 윤다에 의해 중창된 것으로 알려져 있다. 특히 적인선사 부도 비문(861년)을 통해 통일신라 말에서 후삼국시기에 운영된 것으로 보인다. 당동리사지에서는 건물지에서 기와편이 출토되었고, 구례 화엄사 구층암에서는 담장, 방형유구, 석열 등에서 선문 평기와 등이 출토되었다. 사찰유적은 대체로 통일신라시대에 창건되어 후삼국시기까지 운영된 것으로 보인다. 분묘유적으로 구례 송정유적에서는 석곽(실)묘에서 병·대부완·뚜껑 등이 출토되었는데 9세기대 이전으로 편년된다.

섬진강의 하류는 순천, 광양, 여수지역에 해당한다. 관방유적으로는 순천 봉화산성·해룡산성·검단산성, 광양 마로산성 등이 있으며, 지표조사로 확인된 광양 중흥산성과 여수 호랑산성이 있다. 봉화산성은 규모가 1,200m 정도이며, 성벽, 건물지 등에서 명문기와('사평관沙平官', '회창오년會昌五年', '관官'), 인화문토기 등이 출토되었다. 해룡산성은 규모가 2,085m 정도이며, 성벽, 문지 등에서 명문기와('좌관초左官草', '우관右官', '官造官造'), 수지문·복합문·격자문·선문 평기와 등이 출토되었다. 봉화산성과 해룡산성은 '관官'명 명문기와, 평기와, 인화문토기 등이 출토되어 통일신라 말에서 후삼국시기까지 운영된 것으로 추정된다. 검단산성은 규모가 430m 정도이며, 성벽, 문지, 집수지, 건물지, 수구에서 직구호·개배·자배기·병·삼족기·인화문토기, 벼루, 내면 승석흔, 모골흔 평기와, 목기류 등이 출토되어 백제 사비기에서 통일시대까지 운영된 것으로 추정된다. 마로산성은 규모가 550m 정도이며, 성벽, 문지, 집수지, 건물지(Ⅰ-2호·4호, Ⅱ-1호·2호·3호), 치성 등에서 명문기와('마로관馬老官', '관연말官年末', '갑전관甲全官'), 연화문 수막새, 내면 승석흔 평기와, 호·완·병·인화문토기, 중국제 청자(해무리굽), 호등, 금동요대, 초두, 가위 등이 출토되었다. 마로산성은 백제 사비기에 조성되어 통일신라시대를 거쳐 후삼국시기까지 지속적으로 운영된 것으로 보인다. 성내에서는 대규모 건물이 급증하는 모습을 보이며, 청동장식구 등이 출토되는 모습은 후백제 관련 주요 유적으로서의 면모를 보여준다.

생산유적으로는 여수 월평유적·화장동유적·월하동 월성유적 등이 있다. 월평유적의 기와가마 1기에서 선문 평기와, 토기류 등이 출토되었고, 화장동유적의 기와가마 2기에서 선문·격자문 평기와, 토기류, 토기류 등이 출토되었다. 월하동 월성유적의 토기가마 3기, 기와가마 1기에서 완류·개류·덧띠무늬병·장경병·주름무늬병·대호, 화덕형토기, 선문 평기와 등이 출토되었다. 가마에서 기와류와 토기류가 함께 출토된 것으로 보아 대체로 통일신라 말에 운영된 것으로 추정된다.

종교유적으로는 순천 금둔사지·선암사, 광양 옥룡사지 등이 있다. 금둔사지의 건물지 10동에서 연화문 수막새, 인동당초문 암막새, 명문기와('관官'), 선문·수지문·격자문·복합문 평기와, 줄무늬병 등이 출토되었다. 경내에는 삼층석탑, 석불비상 등이 통일신라 말에 해당한다. 선암사는 도선국사가 창건한 것으로 알려져 있으며, 쌍탑1금당의 가람배치를 보인다. 옥룡사지는 탑비전지, 건물지, 연못지 등에서 연화문 수막새, 선문 평기와, 중국제 청자(해무리굽) 100여 편 등이 출토되었다. 옥룡사는 쌍탑1금당 추정되며 도선국사가 창건한 것으로 알려져 있다. 금둔사와 옥룡사는 통일신라 말에 창건되어 후백제 견훤의 후원[16]이 있었던 것으로 보인다.

분묘유적으로는 순천 덕암동유적, 순천 용당동유적, 광양 용강리유적 등이 있다. 덕암동유적의 석실(곽)묘 2기에서 요대금구, 대부완·뚜껑·병 등이 출토되었고, 골호가 확인되었다. 용당동유적의 석곽형 유구, 석열 등에서 호·대부완·뚜껑 등이 출토되었고, 용강리유적의 석실(곽)묘 10기에서 대금구, 대부완·뚜껑 등이 출토되었다. 대체로 분묘유적은 9세기대 이전으로 편년된다.

16) 이동희, 앞의 논문, 2015, 70쪽.

〈표 1〉 광주·전남지역 후백제 관련 유적 현황표(통일신라시대 유적 포함[17])

연번	유적명	유적 특징	지역	유구 성격	시대	참고문헌
1	광주 읍성	1구역: 담장 2기, 1호: '官'명 기와, 연화문 수막새, 2호: 수지문 암기와편, 3구역: 담장 2기, 적심, 담장: 격자문 평기와, 연화문 수막새, 당초문 암막새, 적심: 격자문·수지문 평기와편, 청자편 등, 5구역: 주거지 2기, 수혈, 주거지: 줄무늬발·종선문 수키와·점열문 병편 등	광주 (무진주 치소)	생활	통일신라~후삼국, 고려	전남문화재연구원, 『광주 읍성Ⅰ·Ⅱ』, 2008.
2	광주 누문동 유적	건물지: 당초문 암막새, 평기와, 연판문 전돌, 벼루, 단경호, 삼족기, 개배, 보주형꼭지, 대옹편 수습: 인화문토기, 벼루, 고배 등	광주 (무진주 시가지)	생활	통일신라	임영진·황호균·서현주, 「광주 누문동 통일신라 건물지 수습조사보고」, 『호남고고학보』 2, 1995.
3	광주 금남로 일대 우물지	우물 6기, 석축기단 2기 기와, 토기편		생활	통일신라	전남대학교박물관, 「광주 도시철도 T·K-1 공구 우물지」, 『나주 청동유적』, 2002.
4	광주 계림동 택지개발 구역(5-1)	선조문, 격자문 평기와편	광주 (무진주 외곽)	생활	통일신라	전남대학교박물관, 「광주 계림동 주택재개발 사업구역(5-1) 시굴조사」, 『나주 신촌리토성』, 2005.
5	광주 동림동 유적	수레바퀴자국(폭 120~140㎝)→도로유구		생활	통일신라	호남문화재연구원, 『광주 동림동유적Ⅰ·Ⅱ·Ⅲ·Ⅳ』, 2007.

17) 광주·전남지역의 통일신라시대 유적은 다음의 자료를 일부 참고하였다(호남고고학회, 『호남의 신라·통일신라』(제29회 호남고고학회 정기학술발표회), 2021.

연번	유적명	유적 특징	지역	유구 성격	시대	참고문헌
6	광주 무진고성	규모 3,500m, 성벽, 건물지, 문지, 수구-연화문 수막새, 서조문수막새, 귀면문암막새, 명문기와('大官草', '國城', '京'), 인화문토기, 8세기 말 이전에 축조, 9세기 말경 수축-배후산성		관방	통일신라~후삼국, 고려	전남대학교박물관, 『무진고성 Ⅰ·Ⅱ』, 1989·1990.
7	광주 원효사	통일신라 말 창건 건물지-금동불, 연화문 수막새	광주 (무진주 외곽)	종교	통일신라	국립광주박물관, 『원효사』, 1983.
8	담양 개선사지	건물지-연화문 수막새(중판), 담장, 축대, 우물 석등기-경문왕 8년(868) 조성, 기문은 진성여왕 5년(891)		종교	통일신라~후삼국	대한문화재연구원, 『담양 개선사지 석등 시굴조사 보고서』, 2020.
9	광주 덕남동 덕남유적	건물지 2기: 연화문 수막새, 대호·주름무늬병, 구상유구		생활	통일신라 말	전남문화재연구원, 『광주 덕남동 덕남유적』, 2010.
10	광주 노대동 신기유적	건물지 1기: 주름무늬병, 편병, 수지문 평기와		생활	통일신라 말	전남문화재연구원, 『광주 노대동 신기유적 Ⅱ』, 2010.
11	광주 신창동 유적	도로(수레바퀴자국), 수혈, 경작유구-토기류, 호, 자배기		생활	통일신라~후삼국	대한문화재연구원, 『광주 신창동유적 Ⅳ』, 2021.
12	광주 용두동 유적	석실분 4기: 6·22·29·39호-대부완, 개		분묘	통일신라	전남대학교박물관, 『광주 용두동유적』, 2010.
13	광주 산월동 뚝뫼유적	석곽묘 1기-대부완, 병, 완	광주 인접	분묘	통일신라	조선대학교박물관, 『광주 산월·뚝뫼·포산 유적』, 1995.
14	광주 오선동 유적	수레바퀴자국: 도로유구		생활	통일신라	대한문화재연구원, 『광주 오선동유적』, 2018.
15	광주 하남동 유적	토광묘 1기, 벼루 석실묘 3기-대부완, 뚜껑, 병		분묘	통일신라	호남문화재연구원, 『광주 하남동유적 Ⅰ·Ⅱ·Ⅲ』, 2008.

연번	유적명	유적 특징	지역	유구 성격	시대	참고문헌
16	광주 덕흥동 유적	수혈, 구-토기류 수레바퀴자국	광주 인접	생활	통일 신라	나라문화연구원, 『광주 덕흥동유적』, 2008.
17	광주 평동유적	수레바퀴자국(폭 160~220㎝)		생활	통일 신라	호남문화재연구원, 『광주 평동유적Ⅰ』, 2012.
18	광주 연산동 산정유적 2구역	수레바퀴자국; 도로 유구		생활	통일 신라	대한문화재연구원, 『광주 연산동유적 Ⅰ·Ⅱ』, 2020.
19	광주 연산동 산정유적 3구역	건물지 2기-연화문 수막새·선문 수키와, 선문 암키와 등 우물지 1기-연화문 수막새 등, 수레바퀴자국(폭 150㎝)		생활	통일 신라	전남문화재연구원, 『광주 연산동 산정유적 3구역』, 2020.
20	광주 삼거동 유적	수레바퀴자국(폭 120㎝)		생활	통일 신라	경남문화재연구원, 『광주 삼거동유적』, 2018.
21	담양 오산유적	석실묘 2기-뚜껑	전남 서부	분묘	통일 신라	호남문화재연구원, 『담양 오산유적』, 2005.
22	담양 대치리 유적	석실묘 1기		분묘	통일 신라	호남문화재연구원, 『담양 대치리유적』, 2004.
23	담양 읍내리 사지	건물지-명문기와('潭州')		종교	통일 신라	호남문화재연구원, 『담양 읍내리유적』, 2002.
24	담양 양각리 70-4번지 유적	건물지, 집수정, 담장, 대형수혈-선문·수지문·격자문 평기와, 연화문 수막새, 당초문 암막새, 명문기와, 주름무늬병, 편병, 대부완, 중국제 청자(해무리굽)		생활	통일 신라 말~후삼국	영해문화유산연구원, 『담양 양각리 70-4번지유적』, 2022.
25	담양 오룡골 유적	석곽묘-관고리, 동곳		분묘	통일 신라	호남문화재연구원, 『담양 오룡골유적』, 2021.

연번	유적명	유적 특징	지역	유구 성격	시대	참고문헌
26	담양 객사리 유적	건물지, 석열, 구-평기와, 토기류	전남 서부	생활	통일 신라~후삼국	호남문화재연구원, 『담양 객사리유적』, 2017.
27	장성 진원성	규모 1,230m, 성벽, 문지-명문기와('官', '城'), 연화문수막새, 내면 승석흔 평기와, 확쇠, 꺾쇠		관방	백제 사비기~후삼국	전남문화재연구원, 『長城 珍原城』, 2018. 부경문물연구원, 『長城 珍原城』, 2020.
28	장성 평산리 유적	석실묘 2기-청동과대금구편		분묘	통일 신라	충청문화재연구원, 『장성 평산리유적·장성 행정리Ⅰ·Ⅱ 유적·장성 평산리 유적』(2020).
29	장성 월정리 유적Ⅱ	토광묘 2기-대부완, 병		분묘	통일 신라	호남문화재연구원, 『장성 월정리유적Ⅱ』, 2006.
30	화순 비봉산성	규모 926m, 성벽, 문지, 치성, 건물지, 집수지-명문기와('官'), 평기와		관방	통일 신라~후삼국	전남대학교박물관, 『화순 쌍산의소와 5대 산성』, 1988. 동북아지석묘연구소, 『화순 비봉산성』, 2016.
31	화순 오성산성	규모 500m, 성벽-선문 평기와		관방	통일 신라~후삼국	전남대학교박물관, 『화순 쌍산의소와 5대 산성』, 1988.
32	화순 내평리유적기와가마	기와가마 4기-선문·수지문 평기와, 토기류		생산	통일 신라 말	동북아지석묘연구소, 『화순 내평리 유적Ⅱ·Ⅲ, 화순 광사리유적』, 2013.
33	화순 개천사	도의선사 828년 창건		종교	통일 신라	호남문화재연구원, 『화순 개천사』, 2002.
34	화순 쌍봉사	839년 창건, 철감선사 도윤		종교	통일 신라	목포대학교박물관, 『쌍봉사』, 1996. 영해문화유산연구원, 『화순 쌍봉사 극락전 앞 건물지』, 2014.
35	화순 운주사	도선국사 창건설		종교	통일 신라~고려	전남대학교박물관, 『화순 운주사Ⅰ~Ⅳ』, 1984·1988·1990·1994.

연번	유적명	유적 특징	지역	유구 성격	시대	참고문헌
36	나주 회진토성	규모 2,400m, 성벽, 문지-'會津縣大成子蓋雨' 명문 기와, 통일신라 토기편	전남 서부	관방	통일 신라~ 후삼국	국립나주문화재연구소, 『나주 회진성 발굴조사보고서』, 2010.
37	나주 회진리 잠애산성	규모 630m, 성벽-명문기와('開慶院大匠目表明', '日○…', '…○舍',), 조질청자(중국제), 편병, 주름무늬병, 도기편, 복합문 기와편, 대호		관방	후삼국 ~고려	나라문화재연구원, 『나주 회진리 잠애산성』, 2020.
38	나주 자미산성	규모 660m, 성벽, 문지, 건물지, 수구-명문기와('新官草', '半乃夫'), 인화문토기, 중국제 청자(해무리굽), 흑유편병		관방	통일 신라~ 후삼국	목포대학교박물관, 『자미산성』, 2000. 동신대학교문화박물관, 「나주 자미산성 성벽 및 건물지 시굴조사」, 2013.
39	나주 신촌리 토성	성벽-기와편, 자기류		관방	통일 신라~ 고려	전남대학교박물관, 『나주 신촌리토성』, 2005.
40	나주 랑동유적	건물지-명문기와('…○大匠…')		생활	통일 신라	전남문화재연구원, 『나주 랑동유적』, 2006.
41	나주 복암리 3호분 가마	기와가마 1기(소성실, 연소실, 화구, 요전부, 폐기장)-'會○'명 암키와, 주름무늬병		생산	통일 신라 말	국립문화재연구소·전남대학교박물관, 『나주 복암리 3호분』, 2001.
42	나주 복암리 유적 기와가마	기와가마 3기(1·4·5호)-복합문·수지문·격자문 평기와, '會津縣'명 기와		생산	통일 신라 말	전남문화재연구원, 『나주 복암리유적·회진리 백하유적(A구간)』, 2013.
43	나주 송월동 유적기와 가마	기와가마 6기(1·2·3·5·8호, 통일신라가마)-연화문수막새, 당초문암막새, 선문·격자문·수지문 평기와, 토기류, 자기류		생산	통일 신라 말	목포대학교박물관, 『나주 송월동유적 Ⅱ』, 2010.
44	나주 운곡동 유적기와 가마	기와가마 3기(4·5·6호)-선문·격자문·수지문·능형문 평기와, 토기류		생산	통일 신라 말	마한문화연구원, 『나주 운곡동유적 Ⅰ』, 2008.

연번	유적명	유적 특징	지역	유구 성격	시대	참고문헌
45	나주 월양리 유적기와 가마	기와가마 3기(1·1-1·2호)-선문·격자문·수지문 평기와, 토기류(편구병편)	전남 서부	생산	통일 신라 말	마한문화연구원, 『나주 월양리유적』, 2014.
46	나주 학산리 문화유적	구상유구-대부완, 수키와		생활	통일 신라	동북아지석묘연구소, 『나주 학산리 문화유적』, 2021.
47	나주 철천리 석조여래 입상 관련 건물지	건물지-쌍룡문·인동당초문 암막새, 연화문 수막새, 평기와, 특수기와, 주름무늬병		종교	통일 신라 말	영해문화유산연구원, 『나주 철천리 석조여래입상 관련 건물지』, 2021.
48	나주 불회사	통일신라시대 중창설		종교	통일 신라	영해문화유산연구원, 『나주 불회사 극락전 건립부지 내 발굴조사 약보고서』, 2012.
49	나주 운흥사지	통일신라시대 개창설		종교	통일 신라	호남문화재연구원, 『나주 덕룡산 운흥사지』, 2001.
50	영암 구림리 토기요지	토기가마 4기, 수혈 2기, 폐기장-주름무늬병, 편병, 반구호, 편구병		생산	통일 신라~ 후삼국	이화여자대학교박물관, 『영암 구림리 도기요지-1차·2차 발굴조사 보고서』, 1988·2001. 민족문화유산연구원, 『영암 구림리 요장-3·4차 발굴조사 보고서』, 2019.
51	영암 도갑사	도선국사 창건설 건물지-기와편		종교	통일 신라	목포대학교박물관, 『영암 도갑사』, 2001.
52	영암 사지사지	명문기와('大匠○明', '師子寺')-기와편		종교	통일 신라	순천대학교박물관, 『영암 천왕사 Ⅰ·Ⅱ』, 2005.
53	함평 용산리 수산유적	주름무늬병		생활	통일 신라 말	영해문화유산연구원, 『함평 용산리 수산유적』, 2015.
54	함평 마산리 표산유적	석실묘 2기-대부완, 병, 뚜껑		분묘	통일 신라	영해문화유산연구원, 『함평 마산리 표산유적』, 2018.

연번	유적명	유적 특징	지역	유구 성격	시대	참고문헌
55	함평 사거리 명암유적	석실묘 5기-대부완, 완, 뚜껑, 수혈	전남 서부	분묘	통일 신라	동국문화재연구원, 『함평 사거리 명암유적』, 2021.
56	함평 외치리 분산유적	횡구식석실묘 1기-완, 시루		분묘	통일 신라	호남문화재연구원, 『함평 외치리 분산유적』, 2018.
57	장흥 원도리 유적	우물 1기, 수혈 3기, 도로유구 1기-기와, 대부완, 뚜껑, 완, 시루, 호, 동이		생활	통일 신라	한백문화재연구원, 『장흥 원도리유적』, 2021.
58	장흥 수인산성	2중구조-내성: 2,603m, 외성: 2,912m, 성벽, 문지, 문루, 수구-주름무늬병, 덧띠무늬병, 대부완, 격자문·수지문 평기와		관방	통일 신라~ 후삼국	나라문화연구원, 『장흥 수인산성』, 2021.
59	장흥 보림사	삼층석탑, 철조비로자나불, 동부도·서부도, 보조선사 창성탑, 탑비, 구산선문 가지산파의 중심, 쌍탑1금당, 석탑비문-건립은 경문왕 10년(870), 기문은 진성여왕 5년(891)		종교	통일 신라~ 후삼국	순천대학교박물관, 『보림사 대적광전과 철불』, 1998.
60	장흥 천관사	주불전지, 탑지, 건물지 2동-기와편 1탑1금당 추정		종교	통일 신라	불교문화재연구소, 『장흥 천관사』, 2013. 민족문화유산연구원, 『장흥 천관사 발굴조사』, 2017.
61	강진 현산리 기와가마	기와가마 1기-연화문 수막새, 선조문, 수지문 평기와		생산	통일 신라 말	남도문화재연구원, 『강진 현산리 가마』, 2006.
62	강진 무위사	875년 도선국사 중건-갈옥사로 개칭		종교	통일 신라	민족문화유산연구원, 『강진 무위사 비로전지』, 2020.
63	강진 월남사지	쌍탑1금당-강당, 회랑-통일신라시대 전형적인 구조, 사비기 백제기와(단판 연화문 수막새), 선조문·수지문·격자문 평기와, 연화문 수막새		종교	백제 사비기 ~통일 신라	민족문화유산연구원, 『월남사지Ⅱ·Ⅲ·Ⅳ』, 2017·2021.

연번	유적명	유적 특징	지역	유구 성격	시대	참고문헌
64	영광 녹사리 89-35 번지유적 기와가마	기와가마 1기, 수혈-인화문 완, 선문 평기와, 토기류	전남 서부	생산	통일 신라	한국문화재재단, 『영광 녹사리 89-35 번지유적』, 2019.
65	영광 불갑사	785년 원성왕대 중창 건물지, 축대, 계단		종교	통일 신라	전남문화재연구원, 『영광 불갑사』, 2013. 전남문화재연구원, 『영광 불갑사 오진암지』, 2019.
66	무안 봉대산성	규모 430m, 성벽, 치성-명문기와('官'), 평기와, 자배기, 완, 병		관방	통일 신라 말	목포대학교박물관, 『무안 봉대산성』, 2007. 목포대학교박물관, 『무안 봉대산성Ⅱ』, 2017.
67	무안 성동리 여트물 유적Ⅱ	수혈-기와류, 토기류		생활	통일 신라	대한문화재연구원, 『무안 성동리 여트물유적Ⅱ』, 2020.
68	무안 양장리 1117-2 번지유적	수레바퀴자국 4기-토기, 평기와		생활	통일 신라	한국문화재재단, 『무안 양장리 1117-2 번지유적』, 2021.
69	신안 대성산성	규모 230m, 성벽, 문지, 치성, 건물지, 집수지-호, 평기와, 고배		관방	통일 신라	전라남도문화재단 전남문화재연구소, 『신안 대성산성』, 2015.
70	신안 압해도 학동유적 기와가마	기와가마 2기-선문·격자문·수지문 평기와, 토기류		생산	통일 신라	목포대학교박물관, 『신안 압해도 학동유적』, 2014.
71	신안 무심사지	건물지 4기, 할석유구, 수혈-광구병, 병, 대부완, 연화문 수막새, 평기와, 1탑1금당		종교	통일 신라 말	전라남도문화재단 전남문화재연구소, 『신안 흑산도 무심사지 Ⅰ·Ⅱ』, 2017·2018.
72	해남 안호리·석호리 유적	수혈, 구-호, 편병, 동이		생활	통일 신라	대한문화재연구원, 『해남 안호리·석호리유적』, 2019.

연번	유적명	유적 특징	지역	유구 성격	시대	참고문헌
73	해남 오시골 요지	도기가마 2기-대호, 반구병, 병, 발, 대발, 뚜껑, 기와	전남 서부	생산	통일 신라 말	호남문화재연구원, 『해남 백야리요지-부록 오시골요지』, 2004.
74	해남 대흥사 여의주봉 탑지	통일신라 말 창건설 탑지-선문 평기와편		종교	통일 신라	불교문화재연구소, 『해남 대흥사-여의주봉 탑지유적 발굴조사-』, 2015.
75	완도 법화사지	통일신라 말 장보고 창건설		종교	통일 신라	국립문화재연구소, 『완도 법화사지』, 1992. 동서종합문화재연구원, 『완도 법화사지』, 2020.
76	고흥 백치성	규모 444m, 성벽, 문지, 집수지, 배수시설-확쇠, 신쇠, 띠쇠, 유공광구소호, 고배, 주름무늬병		관방	삼국~통일 신라 말	전라남도문화재단 전남문화재연구소, 『고흥 백치성 Ⅰ』, 2019.
77	고흥 남양리 산성	규모 534m, 성벽, 문지-명문기와('官'), 내면 승석흔 평기와, 석환		관방	삼국~통일 신라 말	順天大學校博物館, 『고흥 남양리 산성』, 2021.
78	곡성 당동리 산성	규모 650m, 성벽, 문지, 건물지, 집수지-명문기와('○官', '主'), 평기와	전남 동부	관방	삼국~통일 신라 말	전남문화재연구원, 『谷城 堂洞里山城』, 2006.
79	곡성 설산산성	규모 1,300m, 성벽, 문지, 건물지-대부완, 주름무늬병, 편병		관방	통일 신라 말	호남문화재연구원, 『곡성지역 산성의 연구와 활용방안』, 2017.
80	곡성 태안사	통일신라 창건설, 광자대사 윤다 중창, 선문구산의 동리산파의 중심 적인선사 부도 비문(861년)		종교	통일 신라 말~후삼국	동서종합문화재연구원, 『곡성 태안사 적인선사탑 정비사업부지내 문화재 시·발굴조사 약보고서』, 2020.
81	곡성 당동리 사지	건물지-기와편		종교	통일 신라	국립광주박물관, 『곡성 당동리사지』, 2006.

연번	유적명	유적 특징	지역	유구 성격	시대	참고문헌
82	구례 송정유적	석곽(실)묘 1기-병, 대부완, 뚜껑	전남 동부	분묘	통일 신라	호남문화재연구원, 『구례 송정유적·순천 건천유적·광양 복성리유적·광양 동주유적』, 2018.
83	구례 화엄사 구층암	담장, 방형유구, 석열-선문 평기와	전남 동부	종교	통일 신라	불교문화재연구소, 『구례 화엄사 구층암』, 2017.
84	순천 봉화산성	규모 1,200m, 성벽, 건물지-명문기와('沙平官', '會昌五年', '官'), 인화문 토기	전남 동부	관방	통일 신라 말~ 후삼국	順天大學校博物館, 『순천 봉화산성과 봉수대 시굴조사』, 2018.
85	순천 검단산성	규모 430m, 성벽, 문지, 집수지, 건물지, 수구-직구호, 개배, 자배기, 병, 삼족기, 벼루, 인화문 토기, 내면 승석흔, 모골흔 평기와, 목기류	전남 동부	관방	삼국~ 통일 신라	順天大學校博物館, 『順天 劍丹山城과 倭城』, 1997. 順天大學校博物館, 『順天 劍丹山城 Ⅰ』, 2004.
86	순천 해룡산성	규모 2,085m, 성벽, 문지-수지문·복합문·격자문·선문 평기와, 명문기와('左官草', '右官', '官造')	전남 동부	관방	통일 신라~ 후삼국	順天大學校博物館, 『順天 海龍山城』, 2002.
87	순천 덕암동 유적	석곽(실)묘 2기-요대금구, 대부완, 뚜껑, 병, 골호	전남 동부	분묘	통일 신라	마한문화연구원, 『순천 덕암동유적 Ⅰ』, 2008.
88	순천 금둔사지	건물지 10동-연화문 수막새, 인동당초문 암막새, 명문기와('官'명), 선문·수지문·격자문·복합문 평기와, 줄무늬병 삼층석탑, 석불비상	전남 동부	종교	통일 신라~ 후삼국	順天大學校博物館, 『順天 金芚寺址』, 2004.
89	순천 선암사	도선국사 창건설 쌍탑1금당	전남 동부	종교	통일 신라	전남대학교박물관, 『선암사 대웅전·판전 범종루 시굴조사 및 복원 기본계획』, 2005.
90	순천 용당동 유적	수혈, 석곽형 유구, 석열-호, 대부완, 뚜껑	전남 동부	분묘	통일 신라	영해문화유산연구원, 『순천 용당동 유적』, 2018.

연번	유적명	유적 특징	지역	유구 성격	시대	참고문헌
91	광양 마로산성	규모 550m, 성벽, 문지, 집수지, 건물지(Ⅰ-2호·4호, Ⅱ-1호·2호·3호), 치성-명문기와('馬老官', '官年末', '甲全官'), 연화문수막새, 내면 승석흔 평기와, 호, 완, 병, 인화문토기, 호등, 초두, 가위, 중국제 완(해무리굽)	전남 동부	관방	삼국~통일 신라·후삼국	順天大學校博物館, 『光陽 馬老山城 Ⅰ~Ⅴ』, 2005·2009·2011·2012.
92	광양 중흥산성	규모 4,000m, 이중성, 성벽, 문지, 집수지, 건물지-선문·격자문·수지문 평기와		관방	삼국~통일 신라	順天大學校博物館, 『光陽市의 山城』, 1998.
93	광양 용강리 유적	석곽(실)묘 10기-대금구, 대부완, 뚜껑		분묘	통일 신라	순천대학교박물관, 『광양 용강리유적 Ⅰ』, 2002.
94	광양 옥룡사지	탑비전지, 건물지, 연못지-연화문 수막새, 선문 평기와, 월주요산 청자(100편)-쌍탑1금당 추정, 도선국사 창건		종교 사찰	통일 신라~후삼국	順天大學校博物館, 『光陽 玉龍寺址 Ⅰ~Ⅴ』, 1995·2006·2007·2009.
95	여수 호랑산성	규모 454m, 성벽, 문지-선문·격자문·무문 평기와, 대호편		관방	통일 신라	順天大學校博物館, 『麗水의 城址』, 1998.
96	여수 월평유적 기와가마	기와가마 1기-선문 평기와, 토기류		생산	통일 신라 말	호남문화재연구원, 『여수 월평유적』, 2010.
97	여수 화장동 유적 기와가마	기와가마 2기-선문·격자문 평기와, 토기류, 토기류		생산	통일 신라	순천대학교박물관, 『여수 화장동유적 Ⅰ』, 2001.
98	여수 월하동 월성유적 가마	토기가마 3기, 기와가마 1기-완류, 개류, 덧띠무늬병, 장경병, 주름무늬병, 대호, 화덕형토기, 선문 평기와		생산	통일 신라 말	동서종합문화재연구원, 『여수 월하동 월성유적』, 2019.

2. 후백제의 고고학적 자료

본 절에서는 앞에서 살펴본 유적 현황을 통해 후백제로 볼 수 있는 고고학적 자료에 대해 검토하고자 한다. 후백제의 고고학적 자료는 광양 마로산성과 옥룡사지의 발굴성과를 통해 다양한 종류의 연화문 수막새와 당초파문 수막새 등의 기와를 후백제의 유물로 보았다.[18] 이후 광양 마로산성에서는 통일신라 말의 토기류(줄무늬병·덧줄무늬병·편병), 중국제 자기류, 철제 초두, 자물쇠와 함께 다양한 막새가 확인되는 양상은 후백제와 관련된 유물로 추정하였다.[19] 고고학적 자료가 축적된 이후 전남지역 후백제 유적에 대한 전반적인 검토를 통해 '官' 명문기와, 연화문 수막새, 당초문 암막새, 평기와(격자문·선문·수지문), 토기류, 중국제 청자(해무리굽) 등을 후백제의 유물로 특정하였다.[20]

지금까지의 연구 성과를 바탕으로 전북지역 후백제의 산성에서 출토된 유물을 검토하면서 후백제 관련 유물을 특정하기도 하였다. 그는 백제지명 명문기와('관官'), 평기와 제작기법, 독창적인 문양의 수막새, 초기 청자의 특징 등을 후백제 유물로 보았다.[21] 후백제학회 창립 이후 학술대회를 통해 현재까지의 후백제 고고학의 연구현황과 과제에 대해서 전북지역을

18) 최인선, 앞의 논문, 2006, 38-43쪽 ; 崔仁善, 앞의 논문, 2010, 108-117쪽.
19) 최권호, 앞의 논문, 2009.
20) 이동희, 앞의 논문, 2015, 65-70쪽.
21) 조명일, 「후백제 산성 출토유물 검토」, 『고고학으로 후백제를 알리다』, 호남고고학회, 2018, 137-143쪽.

중심으로 정리하였다. 그는 후백제 관련 유물로 특정된 자료 중에서도 '전주성全州城' 명문기와, 쌍무사 암막새, 쌍봉황문 암막새, '왕王', '국國', '성城' 등의 명문기와, 특정 시기의 제작기법을 사용한 평기와 등이 후백제 유물로 특정할 수 있다고 보았다.[22]

이러한 연구 성과를 바탕으로 필자가 후백제 초기 도읍인 무진주와 관련된 유물의 특징에 대해서 다시 검토하고자 한다.

1) '관官'자 명문기와

'관官'자 명문기와는 현재 12개소에서 출토되었다. 출토지는 광주 무진주 관청시설, 광주 무진고성, 장성 진원성, 화순 비봉산성, 나주 자미산성, 무안 봉대산성, 고흥 남양리산성, 곡성 당동리산성, 순천 봉화산성·해룡산성, 광양 마로산성, 이외에 순천 금둔사지에 해당한다. 대체로 성곽에서 출토되는 이 유물의 양상으로 보면 관청의 성격을 가진 건물지나 그러한 역할을 하였던 것으로 이해된다.

22) 차인국, 앞의 논문, 2021, 45-49쪽.

1 2 3 4 5

그림 1. '官'자 명문기와(1·2. 광양 마로산성, 3. 순천 해룡산성, 4. 나주 자미산성, 5. 장성 진원성)

'관官'자 명문기와는 대체로 '마로관馬老官' 명문와처럼 '고지명+관官'의 형태로 확인되는 경향이 높은 편으로, 통일신라시대 후반에 등장한 것으로 이해된다. 이는 각 지역의 호족 세력이 자신들의 세력권 경계를 의식하여 표현한 것으로 보인다.[23] 따라서 후백제지역에서 출토된 '관官'자 명문기와는 견

23) 車順喆, 「「官」子銘 銘文瓦의 使用處 檢討」, 『慶州文化研究』 5, 2002,

훤과 관련되거나 견훤 이전 지역의 유력세력들에 의해 만들어진 것으로, 후백제 무진주시기 표상적인 유물에 해당한다고 생각된다. 대표적인 것이 광양 마로산성의 '마로관馬老官' 명문와, 순천 해룡산성의 '관조官造', '좌관左官', '우관右官' 등의 명문와를 들 수 있으며, 이는 전남 동부지역의 김총이나 박영규 등의 호족 세력과 연관된 것으로 이해된다.[24)]

2) 통일신라 말~후백제 관련 기와류

통일신라 말에서 후백제에 사용된 기와류는 수막새의 문양이 독창적인 면(원문·능형문·서조문)을 보이거나, 연화문 수막새와 당초문 암막새, 격자문·선문·수지문·복합문 등의 평기와 특징을 나타낸다. 이러한 기와류는 건물지, 성곽, 사찰, 기와가마 등에서 확인되고 있다. 먼저 수막새 문양이 독창적인 형태를 보이는 것은 광주 무진고성, 광양 마로산성 등에서 출토되었다. 무진고성에서는 서조문 수막새와 귀면문 암막새 등이 출토되며, 마로산성에서는 능형문, 원문, 운문, 당초파문, 연화파문, 연화문[25)] 등 다양한 형태의 문양을 가진 수막새가 31종 250여 점이 출토되었다.

124-129쪽.

24) 필자는 '官'자명 명문기와가 기본적으로 관청 시설과 관련된 것으로 보고 있으며, 해당 유적에서 출토된 자료(통일신라 말 토기류와 기와류, 중국제 청자 등)를 중시하여 후백제와 관련된 것으로 이해하고자 한다.

25) 통일신라시대의 전형적인 중판 연화문과는 다른 매우 독특한 형태를 보인다(최인선, 「전남지역 후백제 문화유산의 역사성」, 『고고학으로 후백제를 알리다』, 호남고고학회, 2018, 157-165쪽).

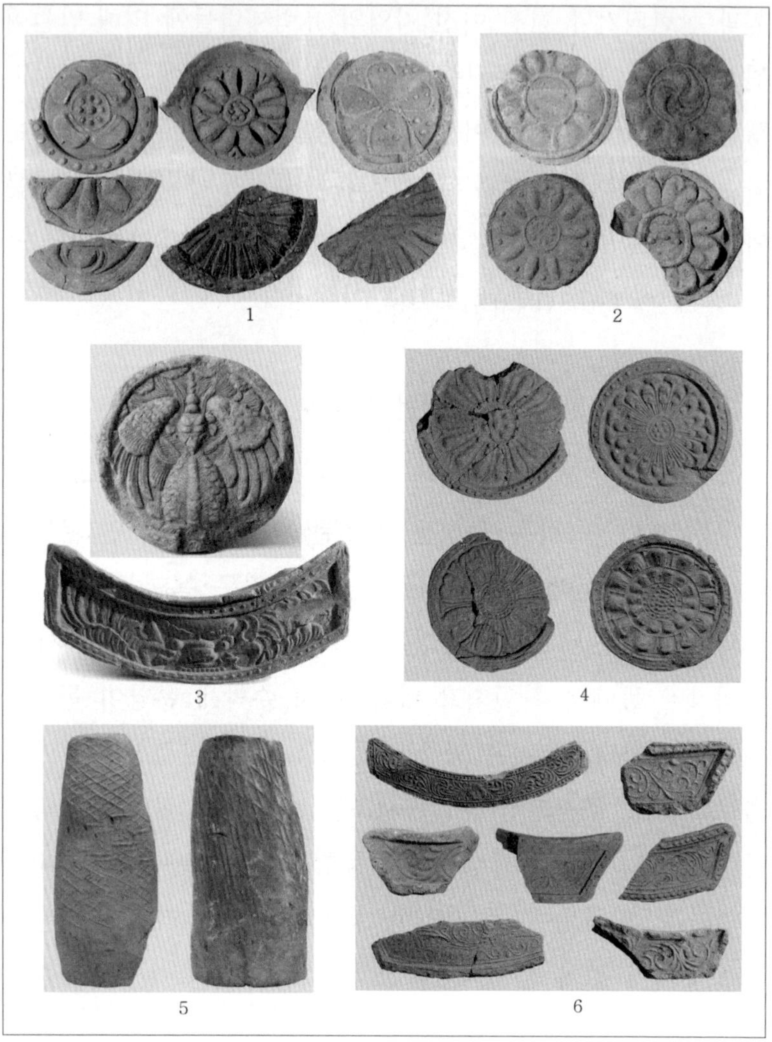

그림 2. 통일신라 말~후백제 기와류(1·2. 광양 마로산성, 3. 광주 무진고성, 4·6, 광주 읍성, 5. 담양 양각리 70-4번지유적)

통일신라 말에서 후백제시기의 일반적인 기와류는 연화문 수막새와 당초문 암막새가 대부분 세트로 확인되며, 평기와는 격자문·선문·수지문·복합문 등의 문양으로 확인되는 특징을 보인다. 이러한 기와류는 건물의 지붕 재료로 사용되기에 소비지인 건물이 있었던 곳과 생산지인 가마에서 출토되고 있다. 그중 평기와는 문양뿐만 아니라 제작기법에서도 이전 시기와 다른 특징을 보인다. 평기와 제작기법은 장판 타날판을 사용하여 문양을 타날하였다. 기와 분할을 위한 와도질의 방향이 양쪽에서 다른 경우로, 한쪽은 내측에서 외측으로 긋고, 다른 쪽은 외측에서 내측으로 긋는 형태로 확인되고 있다. 이러한 특징으로 제작기법이 확인된 평기와는 대체로 9세기~10세기 경[26]에 제작된 것으로 보인다.

3) 통일신라 말 토기류

통일신라 말의 대표적인 토기류는 주름무늬병, 점열문병, 편병, 반구병, 대호(구연부 파상문) 등이 해당하며 후백제까지 사용된 것으로 추정된다. 이러한 토기류는 실생활에 사용된 것으로 생활유적의 건물지와 주거지, 성곽의 건물지, 사찰 등에서 출토되었다. 또한 토기 전용의 가마에서 토기류를 생산하였고, 일부에서는 기와가마에서 기와와 함께 생산되었다.

---

26) 차인국, 「전북지역 통일신라~고려시대 평기와 연구」, 『야외고고학』 20, 2014, 66쪽.

그림 3. 통일신라 말 토기류(1~4. 광양 마로산성, 5. 담양 양각리 70-4번지유적, 6~8. 여수 월하동 월성유적 가마)

생산지의 대표적인 유적으로는 영암 구림리요지, 해남 요시골요지, 여수 월하동 월성유적 등이 해당한다. 토기가마의 수가 많지 않아 지역별로 기와가마에서 함께 생산되었을 것으로 추정된다.

4) 중국제 자기류

후백제 관련 유물로 표상되는 대표적인 것은 중국제 자기류가 있다. 대체로 청자 완의 형태로 출토되는 경우가 많은 편이다. 현재까지 확인된 곳은 담양 양각리 70-4번지유적, 나주 자미산성, 나주 회진리 잠애산성, 광양 마로산성과 옥룡사지 등이 해당한다. 청자 완은 중국식 해무리굽으로, 내저 원각이 없는 형태를 보인다.

대체로 견훤의 방수군 근무처로 추정된 순천만과 광양만 일대의 광양 마로산성과 옥룡사지에서 다수의 중국제 자기가 출토되었다. 마로산성에서는 월주요산 청자완, 형요산 백자완, 장사요산 황유주자편 등이 출토되었으며 9세기 중엽~10세기 전엽에 해당한다.[27] 옥룡사지에서는 월주요산 청자 100여 편이 다량 출토되었다. 마로산성과 옥룡사지에서 중국제 자기류가 다른 지역에 비해 대량으로 출토된 것은 통일신라 말부터 후백제에 이르는 시기까지 대對중국 교역의 중심지로서 역할을 하는 한편 후백제의 주요한 후원 세력으로서 역할을 하였기 때문이다.

나주 자미산성에서는 중국식 해무리굽 청자편이 수습되었고, 성벽에서 주름무늬병·점열문병·편병, 대호 등 통일신라 말의 토기류가 주로 출토되어 통일신라 말에 축조되어 후백제 시기까지 운영된 것으로 이해된다. 담양 양각리 70-4번지유적에서는 내저원각이 없는 중국식 해무리굽과 내저 원각이 있는 한국식 해무리굽이 함께 출토되었다. 그 수량은 많지 않지만 담양지역의 개선사지 석등, 객사리유적 등과 함께 통일신라 말에서 후백제에 이르는 시기 무진주와 관련하여 주목된다.

27) 윤용이, 「광양 마로산성 출토 자기의 검토」, 『한국성곽학보』 10, 2006, 71-80쪽.

그림 4. 중국제 자기류(1. 광양 마로산성, 2. 담양 양각리 70-4번지유적, 3. 광양 옥룡사지)

이상으로 살펴본 자료를 통해 전남지역에서 후백제와 관련된 것은 '관官'자 명문기와, 통일신라 말~후백제 관련 기와류, 통일신라 말 토기류, 중국제 자기류 등이 해당한다. '관官'자 명문기와는 대체로 성곽의 건물지 등에서 확인되는데 관청시설과 관련된 것으로 추정된다. 통일신라 말~후백제 관련 기와류는 지역적 특색을 보이는 독창적인 수막새의 문양과 연화문 수막새, 당초문 암막새가 세트로 확인되며, 다양한 문양과 특정 시기의 제작기법 등을 통해 후백제와 관련된 것으로 추정해 볼 수 있다. 통일신라 말 토기류는 주름무늬병·점열문병·편병·반구병, 대호 등이 성곽이나 사찰의 건물지와 주거지 등에서 확인된다. 앞에서 언급한 기와류와 토기류는 지역별로 생산과 공급 체계가 갖추어져 있었던 것으로 추정된다. 중국제 자기류는 전남 동부의 광양만 일대의 마로산성과 옥룡사지에서 집중되어 확인되는데 이는 후백제가 대對중국 교역과의 교섭에서 중심지 역할을 담당하였음을 알 수 있다.

Ⅲ. 견훤 도읍기 무진주

1. 광주지역의 양상

통일신라시대 무진주의 중심지는 현 광주광역시 금남로 일대로 광주천을 따라 형성되었다. 현재 파악된 무진주의 범위는 나성을 기준으로 동쪽은 동계천, 서쪽은 광주천으로 구분되며, 남쪽은 학동, 북쪽은 누문동의 경계로 설정된다. 무진주의 1방은 155m~160m 정도로, 장축(남북)은 지형에 따라 13방~14방, 약 2,400m 정도이며, 단축(동서)은 지형에 따라 4방~5방으로, 약 700m~1,000m 정도이다. 무진주 나성은 장방형의 형태로 전체 약 6,500m 정도로 추정된다.[28)]

후백제시기 무진주는 현재까지 확인된 고고학적 자료를 통

28) 최영주, 앞의 논문, 2022, 142-145쪽.

해 보면, 통일신라시기 무진주를 그대로 이용했을 것으로 보인다. 현 광주 읍성의 하층에서 통일신라시기 건물지와 담장, 관련 유물(연화문 수막새·당초문 암막새, 토기류 등)이 출토되었다. 이를 통해 현 아시아문화전당(구 전남도청)의 소재지에 해당한 곳은 고려시기 광주 읍성의 관청시설이 있었고, 그 이전에는 통일신라시기 관청시설이 성벽 동쪽 밖에까지 이어져 확인된 것으로 보인다〈그림 5〉. 따라서 통일신라 말의 혼란기에 견훤이 봉기하여 후백제를 건국한 시기의 무진주 모습은 통일신라 말의 무진주 모습과 별반 다르지 않았을 것으로 추정된다.

배후산성으로 알려진 무진고성은 9세기 말에 수축된 것으로, 서조문 수막새와 '관官'자 명문기와 등의 관련 유물 등은 후백제로 표상되는 자료에 해당한다. 인근의 원효사와 개선사지에서도 건물지와 연화문 수막새 등의 자료가 확인되었다. 그중 개선사지의 석등은 경문왕 8년(868)에 조성되고 기문은 진성여왕 5년(891)에 행해졌다. 이 석등은 장흥 보림사 석탑(870년)과 함께 비슷한 시기 무진주 일대에 경문왕가와의 깊은 인연을 통해 조성되고 유지·운영[29]되었다. 이러한 비문을 통해 통일신라 말의 전남지역을 포함한 무진주의 시대적인 상황과 무진주 토착인의 입장 등을 이해할 수 있다.

인근의 광주천 일대를 비롯하여 영산강과 황룡강 일대에서

---

29) 담양 개선사지 석등기의 여러 쟁점에 대한 해석 부분은 다음의 논문(변동명, 앞의 논문, 2022, 62-94쪽)을 참고하길 바란다.

는 통일신라 말의 건물지, 우물 등의 생활유적과 함께 해당 시기의 유물(연화문 수막새, 선문·격자문 평기와, 주름무늬병 등)이 출토되었다. 또한 수레바퀴자국 등이 확인되어 마(우)차를 이용한 물류 시설과 도로가 발달하였다. 이처럼 무진주 주변에는 무진주 도심을 보조하기 위한 시스템이 갖추어져 있었고 후백제시기까지 사용된 것으로 보인다.

이상의 앞에서 살펴본 후백제 관련 유적과 유물을 통해 통일신라 말에서 후백제시기까지의 역사적인 모습과 성격에 대해 살펴보았다.

후백제시기 무진주 치소의 모습은 앞에서 살펴본 것처럼, 통일신라시기 무진주 치소의 모습과 별반 다르지 않아 보인다. 무진주 나성은 장방형으로 전체 약 6,500m 정도로 추정되는데, 동쪽과 서쪽은 동계천과 광주천의 자연 하천으로 구분되며, 남쪽과 북쪽은 현 학동과 누문동의 경계에 해당한다. 통일신라시기 무진주는 방리제[30]가 시행된 것으로 보인다. 무진주의 중심 관청시설은 광주 읍성 내의 동서쪽에 치우친 건물지군과 성벽의 건물지와 담장시설을 통해 고려시기 관청시설보다는 넓게 자리 잡은 것으로 추정된다. 현재는 아시아문화전당이 있으며 그 이전에는 전남도청에 있었던 곳으로, 통일신라시기 이후부터 현재에 이르는 시기까지 관청시설의 공간은 크게 변동되지 않는 양상을 보인다.

---

30) 무진주의 방리제는 장축(남북)은 약 2,400m 정도로 13방~14방이며, 단축(동서)은 약 700m~1,000m 정도로 4방~5방이며, 1방은 155m~160m 정도이다(최영주, 앞의 논문, 2022, 142쪽).

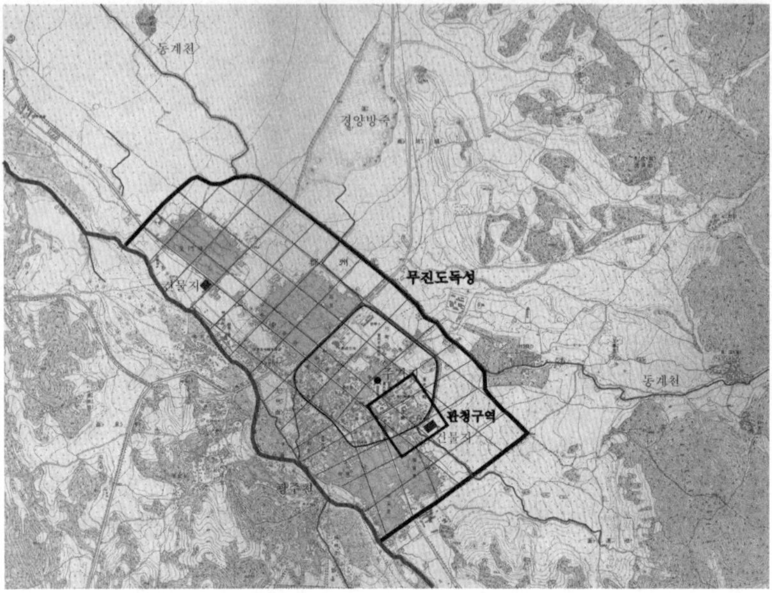

그림 5. 후백제 무진주 치소의 모습(최영주 2022 재편집)

무등산 기슭에 자리한 무진고성은 9세기 말엽에 들어 대대적인 수축이 이루어졌는데, 이는 광주 지역사회의 시대적인 불안한 상황과 토착 세력의 존재를 보여준다. 또한 무등산 인근의 개선사지 석등기를 통한 시대적인 상황과 토착 세력의 선택이 새로운 시대를 준비하는 모습을 알 수 있다.

개선사지의 석등(868년)과 기문(891년)이 조성된 시기는 신라의 통치가 무너져 분립적 경향이 만연하여 중앙의 통제가 거의 미치지 않았는데, 무진주의 치소인 광주 일원에서도 유사한 상황이 전개되었다. 이렇게 이반된 민심을 포섭 회유하고자 하는 노력의 일환으로 석등과 명문이 새겨진 것으로 이해된다.[31] 석등기는 신라 중앙의 의지보다는 무진주 치소인 광주지역의 정세가 반영된 것이다. 석등기는 당시 무진주가 다른 지방처럼 반중앙적, 반신라적인 상황 속에서 신라 중앙과의 관계를 중요시하는 세력에 의해 조성된 것으로 보인다. 이는 무진주 즉 광주 일대의 토착 세력이 요동치는 시대적 상황 속에서 새로운 길을 모색하기 위한 선택의 모습이라 생각되며, 실제 견훤이 무진주를 기반으로 892년 후백제를 세우는 등의 저간의 사정(토착 세력의 동조, 즉 새로운 선택)이 반영된 것으로 생각된다.

2. 전남지역의 양상

1) 전남 서부지역

전남 서부지역의 생활유적으로는 담양 양각리 70-4번지유적이 주목된다. 유적에서는 통일신라 말에서 후백제시기에 해당한 유구와 유물이 확인되어 인근의 객사리유적과 함께 무진주 주변의 배후지의 생활상을 이해하는 데 매우 중요하다. 그중에서는 출토량이 많지 않은 중국제 자기류 등이 확인되어 후백제 관련 중요한 시설로 추정된다.

무진주(광주)를 방어하기 위한 군사적 요충시설로는 장성 진원성과 화순 비봉산성·오성산성 등을 들 수 있다. 장성 진원성은 백제 사비기에 축조되고 통일신라시대에 수축되어 후백제시기까지 사용된 것으로 보인다. 진원성은 현재 장성읍쪽

---

31) 변동명, 앞의 논문, 2022, 89-91쪽.

으로 가는 길목으로, 전통 시기에도 북쪽으로 이어지는 길목에 자리한 군사적 요충지에 해당한다. 화순 비봉산성과 오성산성은 통일신라 말에서 후백제시기에 사용된 것으로 추정된다. 화순 비봉산성은 국도 29번을 따라 보성쪽으로 가는 주요 길목에 자리하고 있다. 오성산성은 국도 15번을 따라 주암호를 지나 순천지역으로 가는 길목에 자리한다. 양 산성은 무진주로 향하는 주요 길목이면서 보성과 순천지역으로 가는 주요 길목으로 전략적 요충지이다. 영산강 상류는 무진주의 북쪽과 동쪽지역을 감싸고 있는 외곽지로, 이에 무진주를 방어하는데 중요한 전략적 요충지와 함께 배후지에 해당한다. 장흥 수인산성은 탐진강유역의 거점 방어성으로, 장흥이나 강진지역의 해안선이나 탐진강을 따라 나주지역으로 가는 길목으로 전략적 요충지이다.

서남해안지역의 연안항로 상에 관방시설이 주로 확인되는데, 무안 봉대산성, 신안 대성산성, 고흥 백치성과 남양리산성이 해당한다. 성내에서는 모두 '관官'자 명문기와가 출토되어 후백제와 관련된 산성으로 이해되며 통일신라 말부터 축조되어 후백제시기까지 사용된 것으로 보인다. 특히 서남해 연안지역의 산성은 영산강 본류를 포함한 주변지역과 교역 등의 해상활동에서 매우 중요한 곳에 해당한다. 이는 930년경 백제가 다시 서남해의 해상권을 장악한 모습[32]과도 어느 정도는

32) 변동명, 「後百濟의 海上活動과 對外關係」, 『한국고대사탐구』 19, 2015, 28-32쪽.

일치한다고 생각된다.

영산강 중류의 나주지역은 무진주의 남쪽지역으로 영산강을 통한 문물교류가 활발하였고 물류의 집산지로 중요한 곳에 해당한다. 또한 나주지역은 왕건에게 일찍 귀부하여 무진주의 견훤 세력과는 적대적인 관계를 보인다. 이에 관방시설이 발달한 것으로 추정된다. 통일신라 말에서 후삼국시대의 나주지역의 치소는 복암리일대의 회진토성으로 추정된다. 영산강에 인접한 잠애산성은 회진토성의 배후산성이면서 전략적 요충지에 해당한다. 한편 삼포천 인근의 반남면에 위치한 자미산성은 통일신라 말에 축조되었고 후백제시기까지 사용된 것으로, 삼국시대 고분군과의 관련성보다는 이후의 전략적 요충지로써 사용된 것으로 이해된다.

특히 나주지역은 왕건 세력과 견훤 세력이 자주 충돌한 것으로 알려진 곳으로, 이에 양 세력이 충돌한 곳을 나주읍성과 금성산성으로 보는 견해[33]가 있다. 하지만 나주 읍성지역은 읍성을 비롯한 읍성 내 시설과 백성들이 생활했던 공간은 비로소 고려시대에 들어서 조성되었다. 금성산성은 발굴조사가 이루어지지 않아 명확하지는 않지만, 나주읍성 지역과 관련된 것으로 역시나 고려시대와 관련된 것으로, 후삼국시기의 주무대로 보기에는 어렵다. 이에 오히려 통일신라시대 치소성인 회진토성이 나주지역의 중심 세력이 세거했던 곳으로 생각되며, 남쪽으로 인접해 있는 영산강변의 잠애산성이 배후산성으

33) 이동희, 앞의 논문, 2015, 70-72쪽.

로서 왕건 세력과 견훤 세력이 충돌한 곳으로 보는 것이 더 합리적이라 생각된다.

자미산성은 후백제 관련 명문기와('신관초新官草', '반내부半乃夫'), 중국제 청자편(해무리굽), 통일신라 말의 토기류(주름무늬병·점열문병·편병·대호) 등이 출토되어 후백제와 관련된 산성으로 보고 나주지역에서의 견훤 세력이 주둔했던 거점지로 보는 견해가 있다. 견훤이 901년 나주 주변지역을 약탈한 기사를 통해 중심지역이 아닌 주변지역(자미산성)에 거점을 마련[34)]한 것으로 보았다. 이러한 견해는 문헌 기록과 출토유물을 통해 그 가능성은 충분하다고 생각된다. 그러나 자미산성의 지리적 위치를 감안해 보면, 나주지역 즉 왕건 세력[35)] 입장에서는 매우 허점을 드러내는 곳이다. 이곳은 영산강 하류인

---

34) 이동희, 앞의 논문, 2015, 71·72쪽.

35) 시기적으로는 왕건이 903년에 나주지역으로 진출하였다. 901년 견훤의 나주 주변지역 공략 기사와는 시기가 약간 차이가 있지만, 901년경에는 나주지역이 견훤 세력에서 이탈하는 모습과 곧이어 903년에 왕건이 나주지역으로 진출한 것을 같은 맥락에서 이해할 필요가 있다. 본래 나주지역은 삼국시대 이후 중심지이었다가 통일신라시대에 무진주 즉 광주로 중심지를 옮겨가면서 나주지역 토착 세력의 상실감은 컸을 것이다. 이에 무진주 출신 견훤이 등장하여 무진주를 도읍으로 후백제를 건국하는 것이 달갑지 않았지만, 당시에는 견훤에게 귀부했을 것이다. 이후 후백제가 900년 전주로 천도하면서 나주지역은 견훤 세력에 반기를 들었고 이에 대한 응징이 901년에 일어난 사건이었다. 이후 왕건이 견훤을 견제하기 위해 나주지역 진출을 꾀하였고, 이에 나주지역 토착 세력은 왕건에게 귀부해, 이후 고려시대에 주치소로서 재차 지역의 중심지로 자리매김하게 되었다. 이는 광주와 나주지역 토착 세력의 갈등 관계는 지역의 중심지를 어디에 둘 것인가에 대한 것으로, 고대로부터 고려 후기까지 이어진 모습을 확인해 볼 수 있으며, 이는 후삼국시기의 무진주 견훤 세력과 나주 왕건 세력과도 관련된다(변동명, 「武珍州의 성립과 車得·安吉 설화」, 『역사학연구』 48, 2012, 59-61쪽).

삼포천 일대로 당시에는 남해만을 이루는 지역으로, 영산강을 통한 교역 등의 해상활동에 매우 중요하였다. 또한 나주 중심지인 회진토성의 바로 남쪽에 위치하여, 회진토성(치소성)이 공략받기 쉬운 곳에 견훤 세력의 전초기지를 두는 것은 매우 위협적이었다고 생각된다. 그렇기에 문헌 기록과 출토유물처럼 후백제 관련 자료가 확인되는 모습은 견훤 세력에 의한 일시적 거점 확보가 있었지만, 지속적인 거점 확보라고 보기에는 어렵다. 한편으로는 930년경의 나주지역을 포함한 서남해 해상권을 장악한 모습[36]이 표출된 것이 아닌지 추정해 본다.

기와와 토기가마는 나주 인근지역에 집중되어 확인되는데 현재까지 확인된 가마의 수량을 통해서 보면, 그 집중분포 양상은 매우 두드러진다. 특히 기와가마가 20여기로 기와의 최대생산지에 해당한다. 이는 통일신라시대 나주지역의 치소성인 회진토성과 관련된 것으로 이해하는 것이 바람직하다. 가마는 인근의 산성, 사찰(철천리 석조여래입상 관련 건물지, 불회사, 운흥사지) 등에도 기와를 공급한 것으로 보인다. 한편 무진주 중심지역에서는 나주지역에서 확인된 기와가마는 보이지 않고 있지만, 앞으로 발견될 가능성이 있다고 생각된다. 이는 무진주 관청시설, 무진고성, 생활유적의 건물지에서 다양한 기와류가 출토되고 있어 무진주 주변지역에 기와를 생산하는 가마가 존재했을 것으로 추정된다. 이외에도 서남해안지역의 산성, 생활유적, 사찰 등에 보급한 기와를 생산한 가마가 관련

36) 변동명, 앞의 논문, 2015, 28-32쪽.

지역에서 확인되고 있어 기와의 생산과 보급은 대체로 지역단위로 생산-유통체계가 마련되어 있었던 것으로 생각된다.

장흥 보림사는 구산선문 가지산파의 중심지로서 경내에는 삼층석탑, 철조비로자나불, 동·서부도, 보조선사 창성탑과 탑비 등이 확인된다. 삼층석탑의 비문을 통해 경문왕 10년(870)에 건립되고 진성여왕 5년(891)에 기문되었다. 삼층석탑의 비문은 담양 개선사지 석등 비문과 달리 신라 중앙과 직접적인 연계가 잘 이루어진 모습은, 무진주 중심지역과 주변지역에서 당대의 시대적 상황과 토착 세력들의 동향이 조금 다른 면을 보여주고 있다. 이는 무진주를 포함한 전남지역 전체가 반중앙적이며, 분립적인 모습은 보이지 않는 것으로, 작은 지역 내에서도 시대적 당면 상황을 달리 인식하고 대처하고자 하는 지역 토착 세력의 경향을 이해할 수 있다. 한편 완도 법화사는 통일신라 말 장보고가 창건한 사찰로 알려져 있으며, 신안 무심사는 중국과의 교역에서 중요한 흑산도에 자리하고 있다. 모두 통일신라 말에 창건되어 해상교역의 거점지역과 교역로상에 위치한 주요 사찰로서 후백제시기까지 사용된 것으로 보인다. 이는 후백제가 중국 오월과 통교하는데 필요한 해상활동의 역량 등과도 연관된 것으로 이해된다.

2) 전남 동부지역

섬진강 상류지역은 섬진강을 따라 무진주로 가는 길목으로 관방관련 시설과 사찰유적 등이 있다. 곡성 당동리산성·설산산성 등의 산성에서는 '관官'자 명문기와, 주름무늬병 등이 출토되어 통일신라 말에서 후삼국시기까지 운영된 것으로 추정된다. 당동리산성은 보성강변에 위치하여 주암호 등의 내륙지역을 따라 화순으로, 삼기천을 따라 담양으로, 섬진강을 따라 구례로 가는 길목에 위치한 군사적 요충지이다. 설산산성은 섬진강변에 위치하며 담양으로 가는 길목으로 전략적 요충지이다. 산성 인근에는 곡성 당동리사지, 태안사가 자리한다. 그 중 태안사는 선문구산의 동리산파의 중심지로 통일신라시대에 창건되어 광자대사 윤다에 의해 중창되었다. 특히 적인선사부도 비문(861년)을 통해 통일신라 말에서 후삼국시기에 운영된 것으로 보인다.

섬진강의 하류지역은 견훤과 매우 밀접한 곳으로 최대 후원세력 지역이자 견훤의 방수군 근무처로 알려진 곳이다. 이와 관련된 관방유적과 사찰유적 등이 다수 확인된다. 대표적인 관방유적으로는 광양 마로산성, 순천 봉화산성·해룡산성 등이 있다. 해룡산성은 순천 호족인 박영규 세력의 거점지역으로, 출토된 명문기와 중 '좌관초左官草', '우관右官', '관조官造' 등은 박영규 세력의 통치조직의 면모[37]를 보여주고 있다. 또한 봉화산성의 명문기와 중 '사평관沙平官', '회창오년會昌五年', '관官' 등의 자료를 보면 통일신라 말부터 주요 관청시설 등이 자리하고 있었고 후백제시기까지 운영된 것으로 보인다.

광양 마로산성의 명문기와 중 '마로관馬老官', '관연말官年末', '갑전관甲全官' 등의 자료와 함께 중국제 자기류, 대규모의 건물

37) 변동명, 「해룡산성과 순천」, 『전남사학』 19, 2002, 104-109쪽.

이 급증하는 모습은 봉화산성과 해룡산성을 포함한 광양만 일대를 다스리고 관리하던 치소성으로서 역할을 하였다. 현재까지 출토된 자료로 보아 견훤의 방수군 근무처에 해당한 곳으로 여겨진다.

이렇듯 현재까지 확인된 산성의 연구 성과를 통해 살펴보면, 광양 마로산성이 통일신라 말 서남해지역 중 섬진강 하류를 지키는 방수군이 있었던 곳으로 광양만 일대를 관리하는 치소성으로서 후삼국시기까지도 그러한 역할을 하였던 것으로 보인다. 봉화산성은 순천만 일대의 관청시설로 추정되며 마로산성과의 관계는 명확하지는 않지만, 현재까지 출토된 자료를 통해 보면 마로산성을 보조하는 역할을 했을 가능성이 있다고 생각된다.

인근 순천만의 해룡산성은 박영규 호족의 거점성으로 보인다. 박영규는 순천지역의 군장으로 불리는 호족 세력으로서 나중에 견훤의 후견 세력으로 역할을 하였고, 후백제의 핵심 세력으로 고려시대 초기까지 그 영향력이 상당하였고 후대에는 지역의 산신으로 추앙받았다. 박영규와 함께 후대에 여수지역의 성황신으로 추앙된 김총은 해양 세력 출신 호족이다. 김총은 견훤의 휘하로 방수군에서 함께 근무하였고 이를 계기로 견훤의 호위를 맡은 최측근이 되었다. 김총은 여수지역을 기반(호랑산성)으로 견훤을 박영규처럼 적극적으로 지원한 것으로 보인다.[38)]

---

38) '김총은 지역 유력자 출신으로서의 남다른 연고에다, 군사적인 능력, 충성

마로산성 인근의 백운산 자락의 옥룡사지에서는 중국 월주요계 청자(해무리굽) 100여 편이 출토되어 후삼국시기 얼마나 번창하였는지를 알 수 있었는데, 이는 견훤의 후원이 있어서 가능하였을 것으로 보인다. 이후 옥룡사는 구산선문 동리산문의 선종 사찰로서 후백제의 정신적인 지주 역할을 하였던 것으로 보인다. 이외 순천 금둔사는 벌교만을 조망하는 곳에 자리하는데 경내에는 삼층석탑, 석불비상 등과 함께 '관官'자 명문기와가 출토되어 통일신라 말에서 후백제시기까지 주요한 사찰로서의 역할을 하였다.

그림 6. 벌교만·순천만·광양만 일대 모습

심을 높게 평가받아 후백제를 창업한 견훤의 인가별감을 맡게 되었다'(변동명, 「여수호족 김총과 그의 성황신 추앙」, 『여수해양사론』, 전남대학교 출판부, 2010, 50-65쪽).

이렇듯 벌교만, 순천만, 광양만 일대는 전남 서남해지역과 경남 남해안지역을 연결하는 교두보 지역으로서 매우 중요한 전략적 요충지에 해당한다. 이러한 해상교역의 무대를 바탕으로 순천의 박영규, 여수의 김총과 같은 호족 세력이 등장하였고, 이후 견훤의 핵심 세력으로 성장하였다. 한편으로는 해상교역과 교섭 관계의 중요한 항만으로서의 역할을 통해 중국제 자기류 등의 수입과 당으로 유학간 스님들의 귀국지로서 역할[39]을 하였고 이를 통해 선종 사찰의 중심지로 자리 잡게 되는 이유이기도 하였다. 이에 왕건은 전남 서남해지역을 장악한 이후에도 광양만 일대를 장악하기 위해 여수 돌산도와 경남 남해안 일대를 공략하기도 하였다. 이는 후백제가 바다를 통해 신라 경주 방면으로 가는 것과 일본과의 교섭에 나서는 것을 저지하려는 목적이었다.[40] 이는 후백제가 바다를 통해 다른 정치세력과의 교류와 교섭 활동을 활발히 하였는데, 광양만 일대가 후백제 전반기에 중요한 항구로서 역할을 하였다 〈그림 6〉.

한편 여수지역에서는 기와가마와 토기가마가 집중되어 확인되는데 순천과 여수지역의 주요 산성과 사찰 등에 공급한 기와와 토기를 제작하였다. 이는 전남 서부지역처럼 지역 중심의 생산과 유통 관계가 이루어져 있는 모습을 알 수 있다.

---

39) 대경국사(大鏡大師) 여엄(麗嚴)은 909년에 무주(武州)의 승평(昇平)을 통해 귀국하였다(변동명, 앞의 논문, 2015, 9쪽).

40) 변동명, 앞의 논문, 2015, 27쪽.

Ⅳ. 맺음말

본 글은 광주·전남지역 후백제와 관련된 고고학적 자료를 중심으로 후백제 무진주의 모습을 검토하였다.

먼저 전남지역에서 후백제와 관련된 자료는 '관官'자 명문기와, 통일신라 말~후백제 관련된 기와류, 통일신라 말 토기류, 중국제 자기류 등이 해당한다. '관官'자 명문기와는 성곽에서 확인되며 주요 관청시설과 관련된다. 통일신라 말~후백제 관련 기와류는 독창적인 수막새의 문양과 연화문 수막새, 당초문 암막새가 세트를 이룬다. 또한 특정 시기의 문양과 제작기법 등을 통해 후백제와 관련된 것으로 추정된다. 통일신라 말 토기류는 주름무늬병·점열문병·편병·반구병, 대호 등으로 주로 성곽이나 사찰의 건물지와 주거지 등에서 확인된다. 기와류와 토기류는 지역별로 생산과 공급 체계가 갖추어져 있었다. 중국제 자기류는 전남 동부의 광양만 일대의 마로산성과 옥룡사지에서 집중적으로 확인되는데 이는 후백제가 대對중국 교역과 교섭에서 중심지 역할을 담당하였다.

후백제시기 광주지역의 무진주 치소의 모습은 통일신라시기 무진주 치소의 모습과 별반 다르지 않다. 무진주 나성은 장방형으로 전체 약 6,500m 정도로, 동쪽과 서쪽은 동계천과 광주천의 자연 하천으로 구분되며, 남쪽과 북쪽은 현 학동과 누문동의 경계에 해당한다. 통일신라시기 무진주는 방리제가 시행되었으며, 무진주의 중심 관청시설은 출토된 건물지의 양상을 통해 고려시기 관청시설보다는 동쪽으로 넓게 자리 잡았다.

무진고성은 9세기 말엽에 대대적으로 수축한 모습은 광주 지역사회의 시대적인 불안한 상황과 토착 세력의 존재를 보여준다. 또한 무등산 인근의 개선사지 석등기를 통한 시대적인 상황과 토착 세력의 선택이 새로운 시대를 준비하는 모습임을 알 수 있었다. 개선사지의 석등기는 당시 무진주가 반중앙적, 반신라적인 상황 속에서 신라 중앙과의 관계를 중요시하는 세력에 의해 조성된 것으로 보인다. 이는 무진주 즉 광주일대의 토착 세력이 요동치는 시대적 상황 속에서 새로운 길을 모색하기 위한 선택의 모습이며, 실제 견훤이 무진주를 기반으로 892년 후백제를 세우는 등의 저간의 사정(토착 세력의 동조, 즉 새로운 선택)이 반영된 것이다.

인근의 광주천, 영산강, 황룡강 일대에는 통일신라 말의 건물지와 기와류, 토기류 그리고 수레바퀴자국 등을 살펴보면, 무진주 주변에는 통일신라시기 무진주 도심을 보조하기 위한 시스템이 갖추어져 있었고 이는 후백제시기까지 사용되었다.

전남 서부지역의 후백제시기의 모습은 다음과 같다. 담양 양각리 70-4번지유적과 객사리유적을 통해 무진주(광주) 배후지의 생활상과 함께 중국제 자기류 등이 확인되어 후백제 관련 중요한 시설로 추정된다. 무진주를 방어하기 위한 산성은 영산강 상류에서 자리하는데 무진주의 북쪽과 동쪽을 감싸고 있다. 이는 무진주를 방어하는데 중요한 전략적 요충지와 함께 배후지에 해당한다. 또한 서남해안지역의 연안항로 상의 산성은 영산강 본류를 포함한 주변지역과 교역 등의 해상활동에서 매우 중요한 곳에 해당한다.

영산강 중류의 나주지역은 왕건에게 귀부하여 무진주의 견훤과는 적대적인 관계를 보인다. 통일신라 말에서 후삼국시대의 나주지역의 치소는 회진토성이며, 인접한 잠애산성은 회진토성의 배후산성이면서 전략적 요충지로 왕건 세력과 견훤 세력이 충돌한 곳이다. 삼포천 인근의 반남면에 위치한 자미산성은 통일신라 말에 축조되어 후백제시기까지 사용된 것으로 전략적 요충지에 해당한다. 자미산성은 나주지역에서 견훤 세력이 일시적으로 거점 확보한 곳이다.

기와와 토기기마는 나주 인근지역에 집중되어 확인되었다. 이는 통일신라시대 나주지역의 치소성인 회진토성과 인근의 산성, 사찰 등에 기와를 공급한 것으로 보인다. 서남해안 지역의 산성, 생활유적, 사찰 등에 보급한 기와를 생산한 가마가 관련 지역에서 확인된다. 이는 기와의 생산과 보급은 대체로 지역단위로 생산-유통체계가 마련되었음을 알 수 있었다.

장흥 보림사 삼층석탑의 비문은 담양 개선사지 석등 비문과 달리 신라 중앙과 직접적인 연계가 잘 이루어진 모습이다. 이는 작은 지역 내에서도 시대적 당면 상황을 달리 인식하고 대처하는 지역 토착 세력의 경향을 이해할 수 있다. 이외에도 통일신라 말에 창건되어 해상교역의 거점지역과 교역로 상의 주요 사찰은 후백제가 중국 오월과의 통교하는데 필요한 해상활동의 역량 등과도 관련된 것으로 이해된다.

전남 동부지역의 후백제시기의 모습은 다음과 같다. 섬진강 상류 지역은 섬진강을 따라 무진주로 가는 길목으로 산성과 사찰 등이 확인되었다. 그중 산성은 전략적 요충지에서 확인되며, 산성 인근에는 사찰이 함께 확인되어 지역적 중심지 역할을 수반하였다. 그중 태안사는 선문구산의 동리산파의 중심지로서 운영되었다.

섬진강 하류 지역은 견훤의 최대 후원 세력의 지역이자 방수군의 근무처로 알려져 있다. 광양 마로산성은 통일신라 말 서남해지역 중 광양만 일대를 지키는 방수군이 있었던 곳으로, 광양만 일대를 관리하는 치소성으로서 후삼국시기까지도 그러한 역할을 하였다. 봉화산성은 순천만 일대의 관청시설로 추정되며 마로산성을 보조하는 역할을 했을 것으로 추정된다. 해룡산성은 순천 호족인 박영규 세력의 거점지역에 해당한다. 박영규는 순천지역의 군장으로 불리는 호족세력으로서 나중에 견훤의 후견 세력으로 역할을 하였고, 후백제의 핵심 세력으로서 고려시대 초기까지 그 영향력이 상당하였고 후대에 지역의 산신으로 추앙받았다. 또한 여수지역의 성황신으로 추앙된 김총은 해양 세력 출신 호족이다. 김총은 견훤의 휘하로 방수군에서 함께 근무하였고 이를 계기로 견훤의 호위를 맡은 최측근이 되었다. 이외에 백운산 자락의 옥룡사지가 번창했는데 이는 견훤의 후원이 있었고, 구산선문 동리산문의 선종 사찰로서 후백제의 정신적인 지주 역할을 하였다. 벌교만을 조망하는 곳에 자리한 금둔사는 통일신라 말에서 후백제시기까지 주요한 사찰로서 역할을 하였다.

이렇듯 광양만 일대는 전남 서남해지역과 경남 남해안지역을 연결하는 교두보 지역으로서 중요한 전략적 요충지에 해당한다. 이러한 해상교역의 무대를 바탕으로 순천의 박영규, 여수의 김총과 같은 호족 세력이 등장하였고, 후대에 견훤의 핵심 세력으로 성장하였다. 또한 해상교역과 교섭의 중요한 항만으로 중국제 자기류의 수입과 대당 유학 스님들의 귀국지로 이후 선종 사찰의 중심지로서 자리 잡게 되었다.

이상으로 후백제 관련 고고학적 자료를 통해 견훤 도읍기 무진주와 전남지역의 모습을 간략하게 검토하였다. 견훤 도읍기 무진주와 전남지역은 매우 짧은 기간이고 이후 중심지에서 벗어난 지역이지만, 후백제 초기의 중심지이면서 최대 후원세력의 거점지역으로서 관련된 자료는 매우 중요하다. 본 글에서 다룬 당대 자료가 매우 부족하였지만, 이러한 연구를 바탕으로 후백제와 관련된 당대의 모습과 자료를 정리하는데 의의를 두고자 한다. 또한 이러한 연구가 밑거름되어 '나말여초기'라는 시대구분보다는 '후삼국'시대로 구분하여 하나의 시대구분으로 자리매김하였으면 한다.

참고문헌

〈논문〉

변동명, 「해룡산성과 순천」, 『전남사학』 19, 2002, 99-119쪽.

변동명, 「여수호족 김총과 그의 성황신 추앙」, 『여수해양사론』, 전남대학교출판부, 2010, 47-83쪽.

변동명, 「武珍州의 성립과 車得·安吉 설화」, 『역사학연구』 48, 2012, 37-71쪽.

변동명, 「後百濟의 海上活動과 對外關係」, 『한국고대사탐구』 19, 2015, 1-41쪽.

변동명, 「三國·統一新羅時期의 無等山과 光州」, 『무등산, 광주사람을 품다』, 전남대학교출판문화원, 2022, 7-103쪽.

신호철, 「후백제사 연구의 성과와 과제」, 『대외관계로 본 후백제』, 공감인, 2015, 7-31쪽.

신흥남, 「호남지역의 통일신라시대 무덤」, 『호남의 신라·통일신라』, 호남고고학회, 2021, 81-95쪽.

윤용이, 「광양 마로산성 출토 자기의 검토」, 『한국성곽학보』 10, 2006, 71-80쪽.

이동희, 「전남지역 후백제유적과 역사적 성격」, 『韓國上古史學報』 87, 2015, 39-76쪽.

이정민, 『전남지역 기와가마 연구』, 전남대학교 박사학위논문, 2018.

조명일, 「후백제 산성 출토유물 검토」, 『고고학으로 후백제를 알리다』, 호남고고학회, 2018, 123-145쪽.

진정환, 「후백제 불교미술품과 고고자료의 검토」, 『호남고고학보』 61, 2019, 108-130쪽.

車順喆, 「官子銘 銘文瓦의 使用處 檢討」, 『慶州文化研究』 5, 2002, 90-130쪽.

차인국, 「전북지역 통일신라~고려시대 평기와 연구」, 『야외고고학』 20, 2014, 39-72쪽.

차인국, 「후백제 고고학의 연구현황과 과제」, 『전북학연구』 4, 2021, 25-55쪽.

최권호, 「광양 마로산성에 대한 고고학적 연구」, 순천대학교 석사학위논문, 2009.

최영주, 「삼국·통일신라시기 광주 중심지 연구」, 『무등산, 광주사람을 품다』, 전남대학교출판문화원, 2022, 105-153쪽.

최인선, 「광양 마로산성 출토 막새기와」, 『전남의 기와』(제3회 한국기와학회 학술대회), 2006, 21-52쪽.

최인선, 「전남지방의 백제산성과 마로산성」, 『한국성곽학보』 10, 2006, 37-70쪽.

崔仁善, 「광양 마로산성 출토 막새기와에 대한 고찰」, 『문화사학』 33, 2010, 89-120쪽.

최인선, 「전남지역 후백제 문화유산의 역사성」, 『고고학으로 후백제를 알리다』, 호남고고학회, 2018, 149-176쪽.

호남고고학회, 『고고학으로 후백제를 알리다』(제26회 호남고고학회 학술대회), 2018.

호남고고학회, 『호남의 신라·통일신라』(제29회 호남고고학회 정기학술발표회), 2021.

전주시·장수군·국립전주박물관·군산대학교 가야문화연구소, 『후백제와 견훤』, 서경문화사, 2021.

〈보고서〉

군산대학교박물관, 「장수 합미산성 2차 발굴조사 약식보고서」, 2016.

군산대학교박물관, 「장수 침령산성 집수시설 발굴조사 약식보고서」, 2017.

군산대학교박물관, 『진안 도통리 중평 초기청자요지 Ⅲ』, 2019.

圓光大學校 馬韓·百濟文化硏究所, 『益山 五金山城』, 1985.

圓光大學校 馬韓·百濟文化硏究所, 『전주 동고산성(1·2차)』, 1997.

圓光大學校 馬韓·百濟文化硏究所, 『益山 彌勒山城 東門址周邊』, 2001.

전북대학교박물관, 『완주 봉림사지 Ⅱ』, 2020.

전주문화유산연구원, 『전주 동고산성 서문지』, 2015.

〈표 1〉 광주·전남지역 후백제 관련 유적의 참고문헌 참조

견훤설화의 구비전승과 로컬리티

이옥희

Ⅰ. 견훤설화의 로컬리티에 주목하는 이유

최근 들어 문화연구와 사회이론에서 로컬, 로컬문화, 그리고 로컬리티가 중요한 쟁점으로 등장하고 있다. 그 이유는 계급, 인종, 민족, 젠더, 섹슈얼리티와 같은 문화적 키워드와 마찬가지로 로컬리티 또한 우리 사회 내부의 변동과 긴밀히 연관되어 있기 때문이다. 이 글에서는 '견훤설화'를 로컬리티[1) 차원

1) '로컬리티'는 로컬(local)과 아이덴티티(identity)의 합성어로서, 용어의 근거는 김용규의 논지를 수용하였음을 밝혀둔다. "로컬과 로컬리티를 지역과 지역성으로 옮길 경우 우리말 지역성이 갖는 의미가 너무 다양하고 국민국가를 넘어서는 영역 또한 지역으로 불리기 때문이다. 반면 로컬적인 것과 로컬리티를 지방적인 것과 지방성으로 옮길 경우 지방과 지방성이 이미 중심과 대립적인 이데올로기적 가치를 함축하게 되기 때문에 로컬 현실에 대한 사실적인 분석 개념으로 사용하는데 한계가 있다. 로컬과 로컬리티가 지역성이나 지방성과 중첩되는 부분이 있음을 간과하지 않으면서 용어들 간의 긴장을 사고할 필요가 있다."(김용규, 「로컬리티의 문화정치학과 비판적 트랜스로컬 연구」, 『혼종문화론-지구화 시대의 문화연구와 로컬의 문화적 상상력』, 소명출판, 2013, 159쪽.)

에서 접근해보고자 한다. 견훤설화는 지역에 따라 전승되는 양상이 상당히 다른데, 설화의 서사구조와 화소 분석을 통해 왜 그러한지에 대한 답을 찾아보는 시도라고 할 수 있다.

이러한 문제의식은 '견훤설화'의 전승이 로컬과 로컬에 거주하는 사람들의 상황과 요구, 지역 사회의 변동과 깊은 관련을 맺고 있다는 관점에 바탕을 두고 있다. 이와 관련하여 "지역의 역사 전설들이 독자성과 변이를 보이는 이유는 그것이 지역사의 맥락에서 형성되고 전승되었기 때문이다."[2]라고 언급한 천혜숙의 논지와 "각 지역의 구전설화는 사회적·역사적 변화와 맞물린 대응력을 보여주고 있어, 고전문학의 지역성을 살필 수 있는 최적의 자료로 판단된다"[3]는 신해진의 논지와 맥락이 닿아 있다.

'설화'는 사람들 사이에서 전승되어 온 일정한 줄거리를 가진 허구적인 이야기를 뜻하며 하위 갈래로, 신화, 전설, 민담을 포함한다. '설화'라는 말은 학술적인 용어이고 언어생활에서는 흔히 '이야기'라는 말로 발화된다. 구비문학 현장조사를 가면 쉽게 들을 수 있는 언술 중에 '이야기는 거짓말, 노래는 참말'이라는 말이 있다. 노래는 구연자의 삶의 모습과 희로애락의 감정을 진솔하게 표현하는 언어예술인데 비해, 이야기는 주로 허구적인 대상과 현실에서는 일어나기 어려운 사건들이 전개

2) 천혜숙, 「견훤 출생담의 신화학적 검토 : 출생지 또는 출계 문제를 중심으로」, 『구비문학연구』, 한국구비문학회, 2019, 173쪽.

3) 신해진, 「고전문학과 지역성-구전 견훤설화의 설화의식을 중심으로」, 『어문론총』 41, 한국문학언어학회, 2004, 337쪽.

되는 언어예술이라는 점을 강조하는 언술이라고 할 수 있다.

'견훤'은 실존했던 역사 인물로서, 『삼국사기』 「본기」, 「열전」과 『삼국유사』 「기이 후백제 견훤」을 통해 그의 출신, 성장, 건국, 위업, 항복, 죽음에 관한 사실적인 기록들을 확인할 수 있다. 그런데 역사서인 『삼국사기』와 『삼국유사』에도 견훤에 관한 믿기 어려운 사실들이 기록되어 있다. 즉 『삼국유사』에 기록된 "처녀가 지렁이와 관계한 후 견훤을 낳았다"는 것과 『삼국사기』와 『삼국유사』에 기록된 "견훤이 태어나 젖먹이로 강보에 싸여 숲속에 놓여있을 때 호랑이가 와서 젖을 먹였다"는 대목이다. 이 부분은 '역사' 보다는 '이야기', 즉 '설화'의 차원에서 접근할 수 있는 서사이다.

사람들의 입을 통해서 전승되는 '견훤' 이야기는 믿기 어려운 '설화적 사실'에 많은 비중을 두고 있으며, 문헌에 기록된 역사적 사실을 언급하기보다는 문헌에 언급되지 않은 허구적 사건들을 강조하고 있다. 그리고 그 이야기는 지역에 따라서 상당한 차이를 보인다. 이 차이는 과거에 머물지 않고 현재에까지 영향을 미치고 있다. 본고에서는 이러한 변화와 지역사회의 현실대응 양상을 '견훤설화의 로컬리티'로 이해하고자 한다.

Ⅱ. 선행연구의 성과와 과제

그동안 견훤설화에 대해서는 많은 연구가 이루어졌고, 본고의 문제의식과 맥락을 같이하는 논문들도 다수 있다. 라인정은 「견훤설화의 구비전승상의 변이와 특성」[4]에서 견훤설화가 전승되고 있는 지역의 역사적 상황과 자신들의 이해관계에 부흥하면서 변이되고 있다고 하였다. 그 결과 안동지역 사람들의 견훤이나 후백제에 대한 부정적인 인식을 엿볼 수 있으며 논산지역 전승자들로부터는 역사적 사실의 거부 의식이 드러나고 있음을 제시했다.

서해숙은 「견훤설화의 전승양상과 역사인식」[5]에서 전라도 지역에서는 주로 이물교구異物交媾에 의한 신이한 탄생에 이어 호랑이가 아이에게 젖을 주고 이 아이가 훗날 장성하여 왕이 된다는 유형이 전승되고, 안동지역에서는 지렁이 자손인 견훤이 소금물에 죽고 마는 유형의 설화가 전승되며 오히려 견훤보다 삼태사묘와 차전놀이가 역사적 산물로 남아 있다는 점에서 전승집단의 역사 인식을 살필 수 있다고 하였다.

신해진은 「고전문학과 지역성-구전 견훤설화의 설화의식을 중심으로」[6]에서 충청도 지역의 구전설화는 현실계에 의해 이계의 미물을 철저히 퇴치시켜야 한다는 민담적 성격을 수용하는 형태라고 하였고, 전라도 지역의 설화는 견훤에 대한 부정적 통념을 극복하는 방향으로 설화의식이 표명되어 있다고 하였다. 경상도 지역의 구전설화는 철저히 견훤에 대한 부정적 통념을 강화하여 수용하는 방식으로 표명되어 있다고 하였다.

4) 라인정, 「견훤설화의 구비전승상의 변이와 특성」, 『한국언어문학』 45, 한국언어문학회, 2000, 49-69쪽.

5) 서해숙, 「견훤설화의 전승양상과 역사인식」, 『후백제 견훤정권과 전주』, 주류성, 2001.

6) 신해진, 앞의 논문, 2004, 335-369쪽.

김월덕은 「전북지역 구비설화의 문화지형도」[7]에서 옛 후백제 지역은 견훤설화의 중심부로서 견훤 왕의 신이한 탄생과 성장에 초점을 두고 권위와 위상의 신성성을 드러내는 데 집중한 반면, 그 주변부에서는 견훤의 죽음에 집중하였다고 하였다. 그런데 견훤 전승의 중심부에서도 왕권의 신성성이 약화되거나 훼손되어 전해지는 까닭은 후백제의 짧은 역사와 견훤의 비극적 최후를 의식하고 이를 완전히 부정하는 대신 견훤의 신성성을 불완전한 것으로 조율하여 표현했기 때문이라고 하였다.

천혜숙은 「청도지역의 견훤전승과 사실 또는 형상의 역사」[8]에서 청도지역의 견훤전승에서는 후백제 왕 견훤이 점차 망각되고 지렁이 또는 '지룡'으로 바뀌는 현상이 나타나며, 지룡은 신이한 능력으로 거사 도모를 위해 산성을 쌓았지만 그 정체가 노출되어 실패하는 존재로 이야기된다고 하였다. 때로 지룡의 실패가 죽음으로 끝나지 않고 이주나 잠행으로 유보되는 변이도 확인되는데, 이는 민중의 정신세계가 자주 패배한 영웅의 재귀나 귀환을 기대하는 것과 무관하지 않다고 하였다.

또한 「견훤 출생담의 신화학적 검토-출생지 또는 출계 문제를 중심으로」[9]를 통해 견훤 출생담의 쟁점들에 관해서는 사료 기록 뿐 아니라 전설 자료들을 적극적으로 활용하고 나아

7) 김월덕, 「전북지역 구비설화의 문화지형도」, 『실천민속학연구』 26, 실천민속학회, 2015.

8) 천혜숙, 「청도지역의 견훤전승과 사실 또는 형상의 역사」, 『실천민속연구』 33집, 실천민속학회 2019, 369-417쪽.

9) 천혜숙, 앞의 논문, 2019, 173-215쪽.

가 신화학 또는 민속학의 관점에서 재검토할 필요가 있다고 하였다. 우선 견훤의 출생지로 거명된 문경과 광주지역의 전설들을 비교해 보면 그 물량과 다양성의 면에서 문경이 광주를 압도한다는 점에서 견훤은 문경 가은읍 출신이거나 적어도 성장기를 이곳에서 보냈을 가능성이 높다고 보았다. 그렇다고 해서 광주 출생설에 대해서는 오류라거나 잘못된 전승이라고 볼 수 없는 이유는 광주는 후백제 건국이라는 혁명적 신화가 이루어진 지역이므로, 그 지역을 기반으로 혁명영웅신화가 만들어지는 것이 당연하기 때문이라고 하였다. 한편 견훤 출생담들이 대부분 야래자 유형이고 견훤의 어머니가 편모로 나타나는 이유에 대해 아자개를 견훤의 '의부義父'로 상정하면 상당부분 의혹을 해소할 수 있다고 하였다.

이러한 선행연구를 통해 견훤설화의 지역적 차이와 설화적 의미가 심도깊게 다루어졌지만 후속연구를 통해 더 확장된 논의를 펼쳐나가야 할 것이다. 예컨대 선행연구에서는 견훤설화의 화소 중 '이류교구異類交媾와 야래자夜來者 결합', '호래유지虎來乳之'와 '소금물로 인한 죽음'을 위주로 논의가 전개되었는데, 그 외에도 '오누이 힘내기', '용마 죽이기' 등의 화소도 중요하게 다루어질 필요가 있다고 본다. 또한 광주는 『삼국유사』에 기록된 견훤의 출신지이자, 견훤이 처음으로 왕이 된 곳으로서, 견훤에게 있어 매우 중요한 지역임에도, 예상 밖으로 '견훤설화'의 전승이 희미하고 서사 또한 단조로운 이유에 대해서도 해석이 필요하다.[10] 이와 연계하여 현재적 시점에서 각 지역의 견훤 대응양상을 로컬리티의 차원에서 살펴보고자 한다.

본고에서 분석 대상으로 삼은 견훤설화 텍스트 목록은 아래와 같다.

〈표 1〉 견훤설화 텍스트 목록

연번	제목	조사지역	출전
1	양어치 지명유래	강원도 원주시 귀래면	한국구비문학대계 사이트[11]
2	본촌마을 지렁이 전설	광주광역시 북구 본촌동	향토사료조사 광주광역시 구전설화[12]
3	견훤과 생룡마을	광주광역시 북구 생룡동	한국구비문학대계 사이트
4	견훤과 파군다리	전남 무안군 일로읍	한국구비문학대계 사이트
5	견훤과 지렁이	전남 함평군 신광면	한국구비문학대계 6-2[13]
6	견훤이는 천상에서 귀양온 지네아들	전북 남원군 대강면	한국구비문학대계 5-1[14]
7	견훤은 지렁이 소생	전북 옥구군 대야면	한국구비문학대계 5-4[15]

10) 광주지역에서 견훤설화가 수록된 자료는 『무등산』(광주직할시, 1988), 『광주의 전설』(광주시립민속박물관, 1990)과 『향토사료조사 광주광역시 구전설화』(전국문화원연합회, 2005)이다. 『무등산』에 수록된 설화는 『삼국유사』의 견훤 출생 서사를 스토리텔링한 것이고, 『광주의 전설』에 수록된 설화는 『무등산』에 수록된 자료를 재수록한 것이다. 『향토사료조사 광주광역시 구전설화』는 북구 본촌동에서 신현영 제보자로부터 채록한 설화로 구비설화에 해당한다. 이 외에 〈한국구비문학대계 사이트〉에 광주 북구 생룡마을에서 채록한 설화가 아카이빙되어 있다.

11) 한국구비문학대계 사이트(https://gubi.aks.ac.kr/web/) ; 견훤을 검색어로 하여 서치함.

12) 『향토사료 조사 광주광역시 구전설화』, 전국문화원연합회 광주광역시지회, 2005, 252-253쪽.

13) 『한국구비문학대계 6-2 전라남도 함평군』, 한국정신문화연구원, 1981.

14) 『한국구비문학대계 5-1 전라북도 남원군편』, 한국정신문화연구원, 1980.

15) 『한국구비문학대계 5-4 전라북도 군산시, 옥구군편』, 한국정신문화연구원, 1984.

연번	제목	조사지역	출전
8	견훤은 우물 속의 지렁이	전북 전주시 완산구	우리전주 전주설화[16)]
9	견훤의 탄생	전북 정읍시 영원면	한국구비문학대계 5-6[17)]
10	견훤 전설	경북 상주시 화서면	한국구비문학대계 7-8[18)]
11	지렁이의 아들 견훤	경북 상주시 화서면	한국구비문학대계 7-8
12	지렁이 자손 견훤	경북 안동시 예안면	한국구비문학대계 7-9[19)]
13	지렁이 장군 견훤을 물리친 삼태사	경북 안동시 북후면	안동시사[20)]
14	견훤을 물리친 삼태사	경북 안동시 옥정동	한국구비문학대계 7-9
15	견훤을 막은 삼태사	경북 안동시 북후면	한국구비문학대계 7-9
16	견훤을 치는데 공을 세운 안구와 천리마	경북 안동시 옥정동	한국구비문학대계 7-9
17	견훤과 삼태사	경북 문경시 영순면	한국구비문학대계 사이트
18	지렁이의 아들 견훤	경북 문경시 가은읍	한국구비문학대계 사이트
19	견훤의 실수	경북 문경시 농암면	한국구비문학대계 사이트
20	견훤의 실수, 아차	경북 문경시 가은읍	한국구비문학대계 사이트
21	대율, 옥녀산발형 등의 지명 유래	경북 군위군 부계면	한국구비문학대계 7-12[21)]
22	견훤산성	대전광역시	한국구전설화집 12[22)]

16) 『우리 전주 전주설화』, 전라문화연구소, 2000.
17) 『한국구비문학대계 5-6 전라북도 정주시·정읍군편』, 한국정신문화연구원, 1987.
18) 『한국구비문학대계 7-8 경상북도 상주군편』, 한국정신문화연구원, 1983.
19) 『한국구비문학대계 7-9 경상북도 안동시편』, 한국정신문화연구원, 1982.
20) 『안동시사』, 안동시사편찬위원회, 1999.
21) 『한국구비문학대계 7-12 경상북도 군위군편』, 한국정신문화연구원, 1984.
22) 『한국구전설화집 12 대전편 2』, 민속원, 2005.

연번	제목	조사지역	출전
23	견훤의 무덤	충남 논산시 연무읍	한국구전설화집 14[23]
24	염바다들 유래	충북 중원군 상모면	한국구비문학대계 3-1[24]
25	어림동 유래	충북 영동군 상촌면	한국구비문학대계 3-1
26	계족산 유래	충북 충주시 안림동	한국구비문학대계 3-1
27	견씨의 유래	충북 영동군 상촌면	한국구비문학대계 3-4[25]

Ⅲ. 서사구조와 화소에 반영된 로컬리티

1. 견훤설화의 서사구조와 로컬리티

역사서에 기록된 견훤 서사는 '출신-성장-건국-위업-항복-죽음'으로 구조화되어 있으며, 그 중에서도 탄생과 건국, 항복의 비중이 크다. 구비전승되는 견훤설화의 서사는 '출생-성장-위업-실패-죽음'으로 구조화되어 있으며 그 중에서도 출생과 죽음에 관한 서사가 압도적인 비중을 차지하고 있음이 확인된다. 견훤설화의 서사구조와 전승되는 지역을 제시하면 다음과 같다.

23) 『한국구전설화집 14 충남편 2』, 민속원, 2005.
24) 『한국구비문학대계 3-1 충청북도 충주시·중원군편』, 한국정신문화연구원, 1980.
25) 『한국구비문학대계 3-1 충청북도 영동군편』, 한국정신문화연구원, 1984.

1) 출생

a(견훤의 어머니)

a-1 부잣(장자, 대가)집 딸이 있다. (충북 중원, 전북 남원)

a-2 과부(과수댁)가 살고 있었다. (전북 옥구)

a-3 광주 부잣집 딸이 있었다. (전북 정읍, 광주광역시 북구)

a-4 처녀가 있다. (경북 문경, 경북 상주)

b(야래자)

b-1 밤에 초립동이 찾아와서 자고 갔다. (경북 상주, 경북 문경, 충북 중원)

b-2 밤에 자주빛 옷을 입은 이가 와서 자고 갔다. (광주광역시 북구)

b-3 밤에 몸이 찬 짐승이 와서 자고 갔다. (충북 충주)

b-4 밤에 남진일색(뛰어난 용모의 사내)가 자고 갔다. (전북 옥구)

b-5 밤에 정체를 알 수 없는 사나이가 와서 자고 갔다. (전북 정읍, 경북 상주)

b-6 밤에 보라색 옷을 입은 남자와 동침했다. (전북 남원)

c(야래자의 죽음 원인)

c-1 부모가 야래자의 옷에 실을 맨 바늘을 꽂게 한다. (전북 정읍, 광주광역시 북구)

c-2 여자가 스스로 야래자의 옷에 실을 맨 바늘을 꽂는다. (전북 옥구, 경북 문경)

c-3 실이 연못으로 들어가 있자 소금을 풀었다. (충북 충주)

d(야래자의 정체)

d-1 실을 따라가 보니 지렁이가 죽어 있었다. (광주광역시 북구, 경북 안동, 경북 문경, 경북 상주, 전북 옥구, 전북 정읍)

d-2 실을 따라가 보니 지네가 죽어 있었다. (전북 남원)

d-3 실을 따라가 보니 금돼지가 죽어 있었다. (전북 정읍)

d-4 실이 연못으로 들어가자 소금을 풀었더니 지렁이가 나타나 죽었다. (충북 충주)

d-5 발각된 야래자는 자신이 천상에서 내려온 존재임을 밝힌다. (전북 정읍, 전북 남원)

e(견훤의 출생)

e-1 야래자에 의해 임신한 여인이 아들을 낳았다. (광주광역시 북구, 전북 옥구, 전북 정읍)

e-2 야래자에 의해 임신한 여인이 남매를 낳았다. (경북 상주, 대전광역시)

f(견훤의 성씨)

f-1 야래자에 의해 임신한 여인이 아들을 낳자, 원님이 서쪽 돌담에 사는 아비에게서 낳았다 하여 西와 土와 瓦를 넣어 '甄'이라는 성을 지어주었다. (충북 영동)

2) 성장

g(호랑이가 젖을 먹고 자란 견훤)

g-1 아이가 어렸을 때 밭에 두었더니 호랑이 와서 아이에게 젖을 먹였다. (광주광역시 북구, 전북 정읍)

h(견훤의 신체)

h-1 아이가 기골이 장대하고 힘이 셌다. (광주광역시 북구, 전북 정읍)

i(견훤의 실수)

i-1 견훤이 누이와 내기를 해, 내기에 진 누이를 죽인다. (경북 상주, 대전광역시)

i-2 외조부로 인해 자신의 아비가 죽게 된 것을 안 견훤이 외조부를 죽인다. (경북 상주)

i-3 견훤에게 용마가 있었는데, 화살보다 늦게 도착했다 하여 죽인 곳을 아차바위라 부른다. (경북 문경)

3) 위업

j(왕이 된 견훤)

j-1 남산에 성을 쌓고 스스로 지리왕이라 했다. (충북 충주)

j-2 천안산성에 도읍터를 닦고 스스로 백제대왕이라 했다. (경북 상주)

j-3 견훤이 후백제왕이 되었다. (광주광역시 북구, 전북 옥구, 전북 정읍)

j-4 지렁이가 왕이 되었다. (전남 함평)

j-5 견훤이 성을 쌓고 집을 짓고 임금노릇 했다. (전북 전주)

k(전투를 한 견훤)

k-1 견훤이 백제왕이 되어 신라를 공격했다. (충북 충주)

k-2 견훤이 백제왕이 되어 안동을 공격했다. (충북 충주, 경북 안동)

4) 실패

l(패전)

l-1 견훤이 몽탄에서 왕건에게 패해 군대를 파산한 곳이 파군교다. (전남 무안)

l-2 견훤이 닭이 울기 전 떠나려 했지만 일찍 닭이 울어 발각되어 패전했다. (경북 상주)

l-3 안동의 삼태사가 견훤을 격퇴시켰다. (경북 안동)

l-4 안구라는 노인이 견훤의 군사들에게 술을 먹여 싸움을 못하게 해 견훤군대가 졌다. (경북 안동)

m (투항)

m-1 견훤의 아들들이 견훤을 계룡산에 유폐시키자 견훤이 고려로 투항하여 자식을 완도로 귀양보냈다. (경북 상주)

5) 죽음

n (죽음)

n-1 지리왕이 염바다에 들어가면 힘이 세지자 소금을 풀었더니 죽었다. (충북 충주)

n-2 고려군이 가수내에 소금을 푸니 견훤이 죽었다. (경북 안동)

n-3 삼태사가 물에 소금물을 푸니 견훤이 죽었다. (경북 문경)

n-4 사람들이 닭에게 지리왕 지렁이를 먹이니 지렁이가 다시 나오지 않아 계족산이라 했다. (충북 충주)

n-5 견훤이 들어간 샘에 소금을 부어 견훤이 죽었다. (전북 전주)

n-6 닭틀이 형국에 지네인 견훤이 들어오니 닭이 쪼아먹어서 견훤이 죽었다. (충남 논산)

〈표 2〉 견훤 설화 서사 단락과 전승지역

구분	서사 단락	전승 지역
출생	견훤의 어머니	광주 북구, 경북 문경, 경북 상주, 전북 남원, 전북 옥구, 전북 정읍, 충북 중원
	야래자	광주 북구, 경북 상주, 경북 문경, 전북 옥구, 전북 정읍, 전북 남원, 충북 중원, 충북 충주
	야래자의 죽음 원인	광주 북구, 전북 정읍, 전북 옥구, 경북 문경, 충북 충주
	야래자의 정체	광주 북구, 경북 안동, 경북 문경, 경북 상주, 전북 옥구, 전북 정읍, 전북 남원, 충북 충주
	견훤의 출생	광주 북구, 경북 상주, 대전, 전북 옥구, 전북 정읍
	견훤의 성씨	충북 영동
성장	호젖 먹은 견훤	광주 북구, 전북 정읍
	견훤의 신체	광주 북구, 전북 정읍
	견훤의 실수	경북 상주, 경북 문경, 대전
위업	왕이 된 견훤	광주 북구, 경북 상주, 전남 함평, 전북 옥구, 전북 정읍, 전북 전주, 충북 충주
	전투를 한 견훤	강원 원주, 경북 안동, 충북 충주
실패	패전	경북 안동, 경북 상주, 전남 무안
	투항	경북 상주
죽음	죽음	경북 안동, 경북 문경, 전북 완산, 충남 논산, 충북 충주

견훤설화는 '출생-성장-위업-실패-죽음'의 서사단락 중에서 '출생'에 관한 서사가 가장 활발하게 전승되고 있음을 알 수 있다. 반면에 실패에 관한 서사는 약화되어 있다. 견훤설화의 서사구조를 정리한 결과 강원도의 경우에는 '위업'에 관한

서사만 전승되고 있음을 알 수 있다. 광주광역시와 전남지역은 '출생-성장-위업-실패'에 관한 서사가 전승되고 있어 '죽음'이 빠져 있다. 전라북도 지역과 충청도 지역은 '탄생-성장-위업-죽음'에 관한 서사가 전승되고 있어 '실패'에 관한 서사가 빠져 있다. 경상북도 지역은 '탄생-성장-위업-실패-죽음'에 관한 다섯가지 서사단락이 모두 전승되고 있다.

이를 통해 해당 지역이 어떤 서사에 초점을 두고 있는지를 짐작해 볼 수 있다. '탄생'의 서사에서 광주와 전라북도에서는 견훤의 어머니를 '광주' 출신으로 이야기하는 경우가 많은데 비해, 경상북도에서는 견훤 유적이 많이 남아있는 문경 출신으로 이야기하는 경우가 많다. 특히 '성장', '위업', '실패'에 관한 서사단락은 견훤설화를 로컬리티와 연관 지을 수 있는 대목이다. '성장' 서사를 다룰 때 광주와 전북 정읍은 견훤이 호랑이 젖을 먹고 자랐다는 것과 기골이 장대하고 지기志氣가 컸다는 것을 강조한 데 비해 경상북도와 대전에서는 견훤이 자신의 누이와 외조부, 용마를 죽이는 서사를 강조하고 있다. 이는 용맹하고 뛰어난 장수로서의 견훤의 면모를 강조할 것인지, 성급하고 인간성이 결여된 견훤의 면모를 강조할 것인지에 따른 서사 선택이라고 할 수 있다.

'위업' 서사는 광주와 전라북도 지역에서는 후백제 왕이 된 견훤에 주목하고 있고, 충청도와 경상북도에서는 신라, 특히 안동지역을 공격한 견훤에 주목하고 있다. '실패' 서사는 경상북도 지역과 전남 무안 몽탄에서만 전승되고 있다. 무안 몽탄은 왕건의 기반 지역이었던 나주와 영산강을 통해 인접하고 있는 지역이므로 견훤의 실패 서사가 전승된 것으로 이해된다. 특히 안동지역에서는 견훤군을 패전으로 이끈 안동 출신 삼태사의 역할과 공로를 차전놀이의 유래와 결부짓고, 견훤 군대에게 술을 먹여 싸움에 지게 한 안구노인에 대한 서사를 강조하고 있다. 이러한 서사를 통해 견훤과의 전투를 승리로 이끌어낸 것에 대한 자부심을 표현한 안동지역의 로컬리티를 확인할 수 있다.

2. 견훤설화의 화소와 로컬리티

1) 이류교구異類交媾와 야래자夜來者 화소

견훤설화에서 견훤의 어머니는 과년한 처녀 혹은 과부로 표현된다. 견훤의 아버지는 초립동, 자색 옷을 입은 남성으로 묘사되기도 하지만, 대체로 지렁이, 지네, 돼지, 몸이 찬 짐승 등 즉 인간과는 다른 이류異類로 이야기된다. 견훤설화는 인간과 인간이 아닌 존재의 성적 결합 또는 혼인을 다룬다는 점에서 '이류교구' 또는 '이류교혼異類交婚' 화소가 사용되고 있다.

이류교구란 인간이 인간 외의 존재와 결혼하는 것을 일컬으며 신과 인간 또는 인간과 동식물, 무생물까지의 관계를 포함시킨다. 한국의 이류교구담異類交媾談에서는 교혼 대상으로 동물, 식물, 혼령, 정령 등이 등장한다. 그중에서 동물이 가장 높은 비율을 차지하며 지렁이, 수달피, 거북, 자라, 뱀, 용, 어룡, 조개, 지네, 돼지, 개구리, 잉어[26] 새, 여우[27] 용[28] 등이 교혼의 대상으로 등장한다.

이류교구異類交媾화소는 신화적 성격을 지닌 자료의 경우 신성혼이나 신성 존재의 출생담에서 활용된다. 견훤탄생담뿐만 아니라, 성씨시조담[29], 역사인물담[30], 지명유래담 등에 활용된다. 이류교구의 결과 영웅이 탄생하여 건국이나 성씨의 시조 등의 위업을 이루는 것은 신성혼의 결과 시조출생이라는 신화적 탄생 문법이 작동하는 것이다. 이류교구 후 교혼 대상의 정체에 대한 의문과 확인의 과정이 부각되면서 이물이 퇴치되는 것은 신성성이 약화된 것이라고 할 수 있다. 견훤설화의 경우 이류교구의 결과 영웅이 탄생하여 후백제 건국이라는 위업을 달성하고, 견씨의 시조가 되는 등 신화적 성격이 강하지만 동시에 교혼 대상에 대한 정체 확인이 중요한 서사를 차지하고 역사적으로 패배한 사실이 뒷받침되어 신화적 상징이 완화된다는 측면[31]에서 전설적 성격을 띤다고 하겠다.

견훤설화에서 견훤의 아버지는 이류이면서 밤에만 찾아오는 야래자夜來者이다. '야래자'의 존재와 정체는 견훤의 위치를 자리매김하는데 큰 비중을 차지한다는 점에서 '야래자' 화소는 매우 중요하다. '야래자' 화소를 포함한 설화의 핵심은 '정체불

---

26) 지영하, 「이류교혼설화의 화소가 지닌 상징-야래자설화를 중심으로」, 『어문학보』 제12집 강원대학교 국어교육과, 1989, 240-241쪽.

27) 김정신, 「이류고혼설화 연구-인수혼 모티브를 중심으로」, 이화여자대학교 석사학위논문, 1994.

28) 서동설화, 작제건 설화가 이에 해당함.

29) 평강채씨 시조담이 이에 해당함(서해숙, 『한국의 성씨시조신화 연구』, 전남대학교 박사학위논문, 2002).

30) 강감찬이 이에 해당함.

31) 서해숙, 앞의 논문, 2001.

명의 야래자가 밤에 여성(처녀)의 방에 들어가 관계하여 임신을 시키고 가족(부모 혹은 그녀 자신)들의 추궁과 교시를 통해 그녀가 야래자의 정체를 확인하며, 그녀가 낳은 2세가 훗날 뛰어난 인물이 된다'는 것이다.[32)]

야래자 설화에 대해서는 손진태를 필두로 전파경로, 생성배경, 일본 설화와의 비교 등이 지속적으로 논의되었다.[33)] 견훤설화의 야래자 화소는 백제의 신화적 문법을 따르는 것으로 해석되고 있다.[34)] 백제가요인 서동요의 배경설화에서 서동의 어머니는 연못의 용과 결합하여 서동을 낳았으며, 밤마다 몰래 선화공주방을 찾아가 결합하는 노래를 퍼뜨려 선화공주와 혼인에 성공한다. 서동의 아버지가 연못의 용이라는 점에서 수부지모水父地母의 신화 문법을 담고 있으며 밤마다 몰래 여성의 방을 찾아간다는 점에서 야래자형 설화의 성격을 띠고 있다는 점을 근거로 삼는다.

견훤설화에서 이류와 야래자의 정체와 신분, 이류와 야래자의 최후에 대해서는 전승지와 전승자에 따라 여러 변이가 나타난다. 이러한 변이 속에 견훤설화를 전승하는 지역민들의

---

32) 이지영, 「〈야래자설화〉의 신화적 성격과 전승에 관한 연구」, 『고전문학연구』 제20집, 한국고전문학회, 2001, 43-44쪽.

33) 손진태, 『한국설화의 연구』, 을유문화사, 1947 ; 소재영, 『한국설화문학연구』, 숭실대 출판부, 1984 ; 노성환·노현송·최광우, 「한일야래자설화의 일연구」, 『울산대 연구논문집』 15-2, 1984.

34) 서대석, 「백제신화 연구」, 『백제논총』, 백제문화개발연구원, 1985 ; 나경수, 「마한의 성립과 건국신화」, 『남도민속학의 진전 -동은 지춘상박사 정년기념논총』, 태학사, 1998 ; 한미옥, 『백제 건국신화의 계통과 전승 연구』, 전남대학교 박사학위논문, 2003 ; 신해진, 앞의 논문, 2004, 335-369쪽.

의식이 반영되어 있다고 본다.

야래자에 대한 표현 중 '초립동이'는 경상북도 상주와 문경, 충청북도 중원에서 발견된다. 초립동이는 초립동草笠童, 즉 풀로 된 갓을 쓰고 다니는 사내아이를 뜻한다. 흔히 어린 나이에 결혼한 사내아이를 일컫는 말로 성숙하지 않은 존재임을 함의한다. '정체를 알 수 없는 사나이'라는 표현은 전북 정읍과 경북 상주 설화에서 확인된다. 신비로운 존재이거나, 신뢰할 수 없는 존재임을 함의하는 표현이다. '자주빛(보라색) 옷을 입은 남자'라는 표현은 광주와 전북 남원에서 확인된다. 자주색은 붉은 색과 유사한 색으로 '왕'을 상징하는 의미를 담고 있다. '남진일색(뛰어난 용모의 사내)'라는 표현은 전북 옥구에서 확인된다. 모든 사람이 선호하는 매력적인 사람이라는 뜻을 담고 있다. '몸이 찬 짐승'이라는 표현은 충북 충주에서 확인된다. 앞에서 언급한 야래자가 다 사람을 일컫는데 비해 동물로 표현되고 있다는 차이점이 있다.

견훤설화에서 야래자의 정체를 '지렁이'로 표현한 지역은 광주 북구, 경북 안동, 문경, 상주, 충북 충주이다. 야래자 지렁이는 『삼국유사』의 문헌설화를 통해서 공고화되었다고 할 수 있다. 이류교구에 대한 여러 선행 연구들에서 '지렁이'는 '용'의 변질이며, 후백제의 멸망으로 인한 신성성의 훼손임을 밝힌 바 있다. 야래자로부터 견훤의 출계가 시작되므로 야래자의 위상을 떨어뜨리는 것은 견훤의 위상을 떨어뜨리는 아주 손쉬운 방법이라고 할 수 있다. 견훤이 지닌 출생상의 근본적 취약점은 불가항력적으로 실패할 수밖에 없다는 당연함으로 귀결되기 때문이다. 반면에 건국에 성공한 세력들은 늘 출계 위상 높이기를 진행했다. 고대의 건국신화들이 그러하며 고려 왕건의 6대조 세계를 정리한 「고려세계」, 조선 이성계의 6대조를 기리는 「용비어천가」에서 확인되는 바이다.

구비전승되는 설화에서 야래자의 정체는 '지렁이'로 획일화되지 않고 '지네, 금돼지, 천상에서 내려온 존재'로 다양하게 나타난다. '지네'로 표현한 지역은 전북 남원이고, '금돼지'로 표현한 지역은 전북 정읍이다. '천상에서 내려온 존재'로 표현한 지역은 전북 정읍과 전북 남원이다. 이들 지역에서는 야래자의 정체를 지렁이에서 탈피시키려고 했음을 알 수 있다.

결론적으로 이류와 야래자의 존재와 정체에 관해 견훤설화는 비교적 선명한 대조를 보인다. 신라에 속해있던 지역인 충청북도 충주, 중원과 경상북도 지역에서는 야래자를 '초립동이', '몸이 찬 짐승', '지렁이'로 표현함으로써 견훤의 출계를 하찮고 미미한 집안으로 상정했다. 이를 통해 그 출계에서 나온 견훤의 위상 또한 격하시켜 이해했음이 드러난다. 반면에 견훤이 후백제를 세운 무진주(광주) 지역과 후백제의 수도였던 전주 인근의 지역에서는 야래자를 천상 혹은 왕과 연관 짓고, 지네와 금돼지로 표현함으로써 출계의 품위를 높이고 있다. 이를 통해 그 출계에서 나온 견훤의 위상 또한 높이려는 의도를 갖고 있다는 점에서 로컬리티를 갖는다.

2) 호래유지虎來乳之 화소

견훤의 어머니가 밭일을 할 때 숲에 뉘어놓은 아기 견훤에게 호랑이가 다가와 젖을 먹였다는 이야기는 『삼국사기』 열전과 『삼국유사』에도 등장하며, 구비전승되는 설화에서도 발견된다. 다음은 1984년 8월 27일에 정읍군 영원면 운학리 태동마을에서 박경철(남, 75) 제보자가 구연한 견훤설화이다.

> "…한번이는 칠월인디 밭을 미니라고 밭이서 인자 밭을 미는디 품을 팔로와서 밭을 미는디 어린애기를 데리고 와서 엇다 헐 수 없은게 설폭(소나무) 밑이다 이렇게 뉘워 놓고 밭을 민다 그말여. 밭을 민게 호랭이가 와서 기어와서 엎졌어. 그런게 아무개 애기는 호랭이가 물어간다고 그리서 쫓아 소리를 지르고 쫓아가본게 호랭이가 들어가는게 아니라 호랭이는 이렇게 엎졌는디 그 애기가 호랭이 젖을 먹어. 젖을 멕이고 있어. 호랭이 젖을 멕이고, 호랭이 젖을 멕이고 있는디 기양 막 지리 시게 쫓인게로. 호랭이는 젖을 빼고는 엉금엉금 기어가. 기어가는디 애기는 빵긋빵긋 웃어. 호랭이 것을 먹고. 아 그러더니 그러다가 젖을 빼가지고 호랭이는 산으로 올라가고 애기는 그대로 컸다 그말여. 그리서 견훤(이가 힘이 장사고 천하장사거든. 그리가지고 나중으는 후백제 왕이 되았어.[35]"

이 구비설화는 문헌설화와 달리 견훤의 어머니가 호랑이를 보고 기겁하는 모습, 엎드려서 젖을 먹이다가 소리치는 소리

---

35) 『한국구비문학대계 5-6 전라북도 정읍시편』, 한국정신문화연구원, 1984.

에 산으로 올라가는 호랑이의 모습, 호랑이젖을 먹고 흡족한 견훤의 모습이 생동감 있게 묘사되고 있다. 그런데 호랑이가 아이에게 젖을 먹였다는 화소는 사실 흔치 않다. 현재까지 우리나라에서는 '견훤'의 사례가 유일하며, 중국의 경우 '투누오도'라는 인물에 관한 사례가 있다.

> "춘추 시대 초楚나라 사람. 대부大夫를 지냈다. 자는 자문子文이다. 태어난 뒤 버려져서 호랑이의 젖을 먹고 자랐기 때문에 이름을 누오도라 했다. 세 번 벼슬했지만 기뻐하는 기색이 없었고, 세 번 벼슬에서 쫓겨났어도 성을 내는 기색이 없었기 때문에 공자孔子가 충성스럽다고 칭송했다.[36]"

견훤과 투누오도는 시대와 나라, 신분이 다르지만 과부 어머니의 존재, 호랑이젖을 먹고 자라 큰 인물이 되었다는 점에서 유사성을 인정할 수 있다. 우연한 일치일 수도 있고, 중국의 제도와 문물에 대한 이해를 갖고 있었던 당시 엘리트들이 의도적으로 연결 지은 것일 수도 있다.

우리나라의 역사에서 호랑이와 결부 지을 수 있는 인물은 『고려사』에 등장하는 '호경'이다. 고려 태조왕건의 5대조로 나타나며 호랑이의 수호를 받는 인물로 그려진다.

---

36) 『중국역대인명대사전』(https://terms.naver.com/entry.naver?docId=1709927&cid=62063&categoryId=62063).

"김관의金寬毅의 『편년통록編年通錄』에 이르기를, "이름이 호경虎景이라는 사람이 있어 스스로 성골장군聖骨將軍이라고 불렀다. 백두산白頭山에서부터 두루 돌아다니다가 부소산扶蘇山의 왼쪽 골짜기에 이르러 장가를 들고 살림을 차렸는데 집은 부유하였으나 자식이 없었다. 활을 잘 쏘아 사냥을 일삼았는데 하루는 같은 마을 사람 아홉 명과 평나산平那山에서 매를 잡았다. 마침 날이 저물어 바위굴에서 하룻밤을 묵으려 하는데 호랑이 한마리가 있어 굴 입구에서 크게 울부짖었다. 열 사람이 서로에게 말하기를, '범이 우리 무리를 잡아먹으려 하니 시험 삼아 관冠을 던져 〈호랑이가〉 잡는 것의 임자가 맞서기로 하자.'라고 하고, 드디어 모두 던지자 호랑이가 호경의 관을 움켜잡았다. 호경이 나가 호랑이와 싸우려고 하였는데, 호랑이는 갑자기 보이지 않고 굴이 무너져 아홉 명은 모두 빠져 나오지 못하였다. 호경이 돌아가 평나군平那郡에 알리고, 되돌아와 아홉 명의 장사를 지내려고 먼저 산신에게 제를 올렸는데 그 신이 나타나서 말하기를, '나는 과부로서 이 산을 다스린다. 다행히 성골장군을 만나, 부부가 되어서 함께 신정神政을 다스리고자 하니 이 산의 대왕으로 봉하기를 청한다.'라고 하고, 말을 마치자 호경과 함께 사라져 보이지 않았다. 평나군의 백성들은 그 때문에 호경을 봉하여 대왕으로 삼고 사당을 세워 제사를 지냈으며, 아홉 사람이 함께 죽었다 하여 산 이름을 고쳐 구룡산九龍山이라 하였다."[37]

---

37) 「고려세계」, 『고려사』(한국사데이터베이스 사이트 https://db.history.go.kr/).

견훤과 대척점에 있는 왕건의 5대조 호경이 호랑이로 화신化身한 산신의 수호를 받았다고 기록한 자료이다. 기록에서 보이듯 호랑이는 민간신앙에서 산신으로 숭배되기도 한다. 민간에서는 호랑이를 신성시하여 산왕山王, 산군山君, 산령山靈, 산까시, 산지킴, 산주인, 산영 감 등으로 부르면서 '호랑이'나 '범'이라고 직접 동물 이름 부르기를 꺼린다. 이것은 호랑이가 산신의 화신이어서 '호랑이'라고 부르면 산신이 노한다고 생각하기 때문이다. 산신이 호랑이로 상징되는 것은 호랑이가 한국의 산짐승 가운데 가장 용맹스럽고 크고 무서운 동물로 깊은 산중에 살기 때문에 산신의 사자使者 또는 화신으로 여긴 데에서 기인한다.[38]

호래유지는 『삼국사기』와 『삼국유사』에 모두 기록된 화소이자 견훤이 비범한 인물임을 간접적으로 드러내는 화소이다. 『삼국유사』를 통해 '지렁이'의 자손으로 평가절하된 견훤의 위상을 높이는 효과를 이끌어낸다. 이 화소는 견훤이 기골이 장대하고 힘이 셌으며 지기가 높았다는 서사와 자연스럽게 연결된다는 점에서 견훤에게 매우 긍정적으로 작용한다. 그런데 구비전승되는 설화에서 이 화소가 발견되는 지역은 광주광역시와 전라북도 지역에 한정되며 그 외의 지역에서는 예외없이 생략된다. 견훤의 패배, 고려 건국의 당위성을 강조해야 하는 지역에서 이 화소는 오히려 방해가 될 뿐이다. 따라서 호래유

---

38) 김명자, 「산신당」, 『한국민속신앙사전』
(https://folkency.nfm.go.kr/kr/topic/detail/2264).

지 화소는 견훤설화를 전승하는 지역의 로컬리티를 확인할 수 있는 좋은 소재이다.

3) 오누이 힘내기 화소

경북 상주와 충남 대전지역에서 전승되는 견훤설화에는 견훤의 성장 과정에서 누이와 힘내기를 하는 화소가 포함되어 있다.

> 우리 마을 근처에 견훤산성이라 카는 산성이 있입니다. 이 산성에 대해서 이런 이바구가 있입니다. 옛날 이 산성이 있는 아래쪽에 마실이 있는디 그 마실에 어떤 집에 누이하고 남자 동생하고 남매가 살어있입니다. 이 남매는 재주도 있고 기운도 셌입니다. 둘이는 하리는 내기로 했입니다. 동생은 말 타고 서울 갔다 오기로 하고 누이는 앞산에 산성을 쌓기로 해서 지는 사람은 죽기로 했입니다. 그리서 아덜은 말을 타고 서울 가고 누이는 돌과 흙을 날러서 산에다가 성을 쌓고 있었입니다. 그런디 누이가 성을 다 쌓고 성문을 닮게 됐는디 아덜은 아지 오지 안했다. 이것을 본 어무이는 아덜을 직이서는 않대겠다 생각하고 누이를 불렀다. "야야 성 쌓이라고 심이 들겠다. 내가 콩을 볶아왔이이 이거로 묵어감서 성을 쌓라"캤다. 그래도 딸은 성문을 달고 묵겠다 카는 거로 어무이는 어서 묵고 성문을 달아라 캤다. 딸은 어무이 말에 몬 전디예 콩을 묵고 있었다. 묵고 있는 동안에 동생은 서울서 왔다. 이렇게 해서 누이는 성문을 몬 달어서 져서 죽었다. 이 산성은 견훤산성이라 부르고 지금도 남어 있다.[39]

'오누이 힘내기' 설화는 전국적으로 전승되는 광포 설화이며, 전승주체와 전승환경에 따라 다양한 변이를 보인다. 힘이 장사인 오빠와 누이가 목숨을 걸고 힘내기를 하는 내용을 다루므로 이 화소가 포함된 설화를 '오누이 힘내기' 설화로 부른다. '오누이 힘내기' 설화는 '홀어머니와 오누이, 오누이의 힘내기 시합, 홀어머니의 방해로 인한 누이의 패배와 죽음, 증거물로써 성(탑)'이 핵심 화소로 기본 서사를 구성한다.[40)]

'오누이 힘내기' 설화는 대개 반체제적이며 비극적 역사인물과 접속하는 경우가 많은데, 충청남도 부여에서는 이몽학李夢鶴, 전라북도 김제에서는 정여립鄭汝立, 광주에서는 김덕령金德鈴, 제주도에서는 오찰방吳察訪 등으로 나타난다. '오누이 힘내기' 설화는 역사적 인물과 결착할 경우, 시합의 결과에 따른 '패배자 누이의 처벌'이 부각되면서 역사적 인물의 결핍과 비극적 결말을 예고하며 '패배자 누이의 처벌'에 대한 윤리적 논쟁을 낳기도 한다.[41)]

견훤설화에서 오누이 힘내기 화소는 성을 쌓는 주체가 누이라는 점과 내기에서 진 누이가 스스로 죽거나 견훤이 죽인 것으로 나타나기 때문에 견훤에게는 여러모로 불리한 화소이다. 그런데 이 화소가 전하는 지역은 충남 대전과 경북 상주지역이고, 광주와 전라북도에서는 발견되지 않고 있다는 점에서

---

39) 박종익 저, 『한국구전설화 12 대전편』, 민속원, 2005, 31쪽.

40) 이지영, 「오뉘힘내기 설화의 신화적 성격 연구」, 『한국고전여성문학연구』 제7집, 한국고전여성문학회, 2003, 327쪽.

41) 한정훈, 「정여립의 이야기 구성과 분기된 지역의 인물상」, 『한국문학연구』 68권, 동국대학교 한국문학연구소, 2022, 196쪽.

견훤설화의 로컬리티를 확인할 수 있다.

4) 용마 죽이기 화소

경상북도 문경에서 전승되는 견훤설화에는 '용마 죽이기' 화소가 포함되어 있다. 견훤이 왕이 되기 전 문경 궁기리에서 지낼 때 용마를 얻게 되었다. 견훤은 용마가 얼마나 빠른지 시험을 하려고 농암 산기슭에 올라가서 말을 가은쪽으로 달리며 한 마을로 활을 쏘았다. 견훤이 용마를 달려 그 마을에 도착했는데 화살이 보이지 않았다. 용마를 탓하고 있는데 그제야 화살이 날라와 용마의 목에 꽂혀 용마는 죽고 말았다. 견훤은 아차하면서 후회했는데, 그로 인해 그 마을이 아차마을이 되었다.'라는 내용의 설화이다.

용마 죽이기 화소는 장수가 자신이 타고 다니는 명마의 능력을 시험하려다가 부주의나 실수로 죽인 다음에 말무덤을 만든다는 내용으로 이루어져 있다. 전국적으로 분포된 이 화소는 일반적으로 무명의 장수와 결부되지만 지역에 따라 실존인물인 흑치상지黑齒常之, 견훤, 최영, 이성계를 비롯하여 많은 유명한 장군들과도 결착되었다. 그리고 의병장인 곽재우, 김덕령이나 왕에게 반역하였던 정여립, 이몽학, 이괄과 같은 장수들의 수련기 과정에서 나타난다.

견훤설화에서 용마 죽이기 화소는 아차동, 아차산, 말무덤이라는 증거물을 통해 역사성을 확보하는 계기로 작용한다. 용마의 뛰어남을 알아보지 못한 견훤의 미숙한 판단력, 멀리 내다보지 못하는 견훤의 성급함을 보여주는 화소로서 그의 인생이 결국은 불운하게 종말을 맺을 것이라는 암시적인 의미로 전승되고 있다고 할 수 있다. '용마 죽이기'가 비극적 결말을 맞는 역사인물과 결착하는 화소라는 점에서 후백제 멸망이라는 견훤의 최후에 당위성을 부여하는 계기로 작용한다. 이 화소가 다른 지역에서는 발견되지 않고 경북 문경 지역에서만 나타난다는 점도 견훤설화의 로컬리티와 관련성이 있다고 하겠다.

Ⅳ. 견훤 대응양상과 로컬리티

견훤설화의 구비전승은 관련 증거물의 유무와 관련이 깊다. 설화는 유적, 유물 등의 증거물이 인멸된 지역에서는 구비전승이 그리 활발하지 않기 때문이다.[42] 견훤설화가 전승되는 지역의 증거물 양상을 살피고 현재적 시점에서 각 지역의 견훤 대응양상을 살펴봄으로써 견훤과 연계된 로컬리티를 파악할 수 있을 것이다.

1. 경상북도 지역의 견훤 구비전승과 지역적 대응

견훤과 관련된 증거물이 가장 많은 지역은 경상북도 문경이

42) 라인정, 앞의 논문, 2000, 63쪽.

다. 문경시 가은읍 갈전리에는 견훤왕 탄생 설화가 깃든 금하굴, 생가터(추정)가 있고, 농암면 궁기리에는 궁궐터 등이 있으며, 농암면 연천리에는 용마에 관한 말바위 등 관련 유적이 산재해 있다. 그런데 이러한 유적은 대부분 문헌에 근거하는 것이 아니라 구비전승되는 설화에 근거하는 점이라는 점에 주목할 필요가 있다. 증거물이 견훤설화의 전승 계기로 작동하고 견훤설화를 통해 역사성이 강화되는 결과를 낳고 있는 것이다.

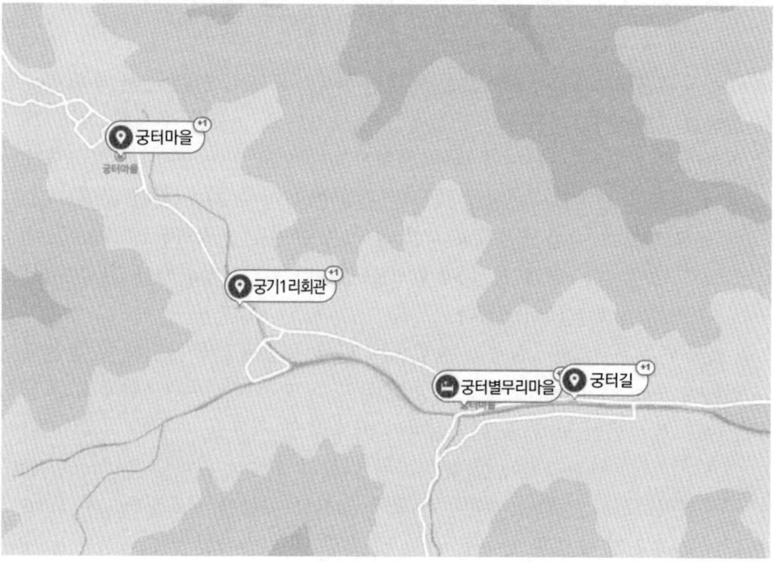

〈문경시 농암면 궁기리 지도〉

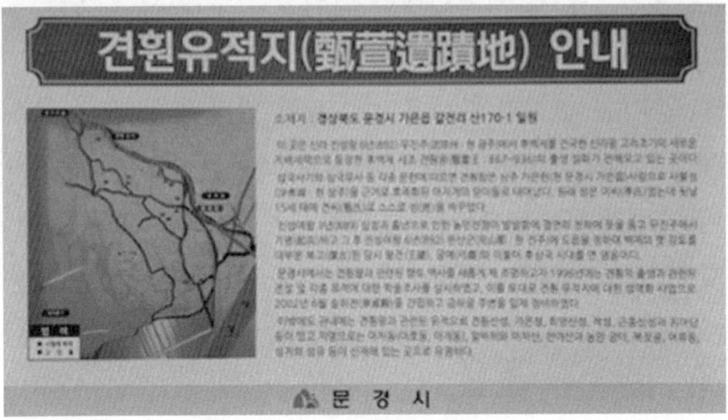

견훤유적지(甄萱遺蹟地) 안내

소재지 : 경상북도 문경시 가은읍 갈전리 산 170-1 일원

이곳은 신라 진성왕 6년(682)가 무진주(武珍州 : 현 광주)에서 후백제를 건국한 신라말 고려초기의 새로운 지배세력으로 등장한 후백제 시조 견훤왕(甄萱王 : 867~936)의 출생 설화가 전해오고 있는 곳이다. 삼국사기와 삼국유사 등 각종 문헌에 따르면 견훤왕은 상주 가은현(현 문경시 가은읍) 사람으로 사불성(沙弗城 : 현 상주)을 근거로 호족화된 아자개의 맏아들로 태어났다. 원래 성은 이씨(李氏)였는데 뒷날 15세 때에 견씨(甄氏)로 스스로 성(姓)을 바꾸었다.

진성여왕 3년(899) 실정과 흉년으로 인한 농민전쟁이 발발함에 결연히 천하에 뜻을 두고 무진주에서 기병(起兵)하고 그 후 진성여왕 6년(892) 완산군(完山君 : 현전주)에 도읍을 정하여 백제의 옛 강토를 대부분 복고(復古)한 당시 당시 왕건(王建), 궁예(弓裔)와 더불어 후삼국 시대를 연 영웅이다.

문경시에서는 견훤왕과 관련된 향토 역사를 새롭게 재조명하고자 1996년에는 견훤의 출생과 관련된 전설 및 각종 유적에 대한 학술조사를 실시하였고, 이를 토대로 견훤 유적지에 대한 성역화 사업으로 2002년 6월 숭위전(崇偉展)을 건립하고 금하굴 주변을 일제 정비하였다.

이밖에도 관내에는 견훤왕과 관련된 유적으로 견훤산성, 가은성, 희양산성, 작성, 근풍산성과 치마단 등이 있고 지명으로는 아차동(아호동, 아개동), 말바위와 아차산, 천마산과 농암 궁터, 북짓골, 어류동, 성저와 성유 등이 산재해 있는 곳으로 유명하다. -문경시-

경상북도 문경시에서는 견훤유적지를 조성하여 지역의 역사문화자원으로 활용하고 있다. 2021년 1월 문경시는 후백제 초대왕 견훤의 출생지를 스토리텔링하고 역사유적지 개발 사업을 본격적으로 추진하겠다는 정책을 발표했다.[43] 문경시에서 진행한 '견훤대왕 역사유적지 개발 종합정비용역'결과에 따르면 견훤왕 유적지 정비사업은 출생과 관련이 있는 문경 가은읍 갈전리 아차마을 중심의 아차마을권, 희양산성과 근암산성 등 전장유적권, 말바위와 견훤산성 등 궁기말바위권의 3권역으로 나눠 추진된다. 출생지인 아차마을권에는 후백제 민속촌과 테마영상 전시관, 둘레길 등을 조성한다. 궁기말바위권엔 견훤왕의 전설과 활약상이 남아있는 궁터와 견훤산성 등을 무대로 말바위와 궁궐을 재현한다. 전장유적권에는 견훤왕의 활동과 관련된 유적을 복원하고, 그의 활약상을 스토리텔링해 견훤과 태조 왕건의 격전장을 재조명할 계획이다. 지역에 산재한 견훤의 유적지를 정비하고, 역사를 재조명해 새로운 관광자원으로 조성한다는 계획이다.

경북 상주지역에는 견훤산성과 견훤사당이 있으며 문화재로 지정되어 있다. 견훤산성甄萱山城은 경북 상주시 화북면 장암리 산42번지에 위치하고 있으며 1984년 12월 29일에 경상북도 기념물로 지정되었다. 상주尙州 견훤사당甄萱祠堂은 경상북도 상주시 화서면 하송리 315-11번지에 소재하고 있으며 2013년 3월 18일 경상북도 민속문화재로 지정되었다.

---

43) 『한국일보』 2021년 1월 27일자 기사.

〈문경시 견훤대왕역사유적 성역화지구 종합정비계획조감도〉

〈상주 견훤산성〉

〈상주 견훤사당〉

경상북도 문경과 상주 지역에서는 관련 유적을 정비하거나 문화재로 지정하고, 사당에서 제사를 지내왔지만 견훤을 지역의 자랑스러운 인물로 추앙했다고 보기는 어렵다. 단적으로 이 지역의 도로명 등 공식적인 지명이나 상호명에서 견훤이라는 명칭을 찾아보기 어렵다. 경상북도 문경과 상주에서 전승되는 견훤설화의 양이 상당하지만 대부분 견훤의 부정적인 측면이 강조되었던 것에서 확인되듯 이 지역에서는 견훤을 기리지만 어쩌면 패배한 후백제의 왕에 방점이 찍혀 있었다고 할 수 있다. 하지만 최근 문경시에서 발표한 계획을 통해 과거의 인식에 균열이 일어나고 있음을 알 수 있다. 현대를 살아가는 문경과 상주지역 사람들에게 견훤은 지역을 부각시킬 개성적 인물이자 경상도와 전라도를 매개해 줄 역사자원으로 재인식되고 있는 것으로 판단된다.

경상북도 안동지역의 견훤설화 증거물로는 '안동차전놀이'와 '안묘당', '가수내' 지명 등이 있다. 차전놀이의 유래는 한결같이 고려 태조 10년(927년) 12월에서 이듬해 1월까지 고창성(지금의 안동시)에서 벌어진 고창 전투를 배경으로 하고 있다. 당시 후백제의 견훤군과 고려의 왕건군은 고창성 일대에서 대격돌을 벌였는데, 이때 고창성의 지배적 호족들인 김선평金宣平, 권행權行, 장길張吉 등 세 사람은 주민들을 이끌고 왕건군에 가담해서 큰 공을 세웠다. 왕건은 이를 기려 세 사람의 호족을 태사에 봉하고 "동쪽을 편안하게 했다."라고 하여 고창군을 안동부로 승격시켰다. 이후 안동 사람들은 이 승리를 기념하기 위하여 차전놀이를 전승해 왔다는 것이다.

안동시 옥정동에는 안묘당이 있는데 견훤 군대를 물리치는 데 공을 세운 안구와 천리마를 기리는 사당이며 관련 설화가 그 근거가 되고 있다. 가수내는 경상북도 안동시 와룡면 이상리에서 발원하여 남류하다가 서지리 가수내마을을 지나 낙동강으로 흘러드는 하천이다. 삼태사가 견훤과 전투할시 냇물을 막고 소금을 풀어두어 승리할 수 있다는 설화가 전하고 있다.

2. 충청도 지역의 견훤 구비전승과 지역적 대응

충청도 지역의 견훤설화 증거물로는 전견훤묘傳甄萱墓와 계족산, 닭다리펀디기 등의 지명이 있다. 전견훤묘는 충남 논산시 연무읍 금곡리 산18-3번지에 위치하고 있으며 1981년 12월 21일에 충청남도 기념물로 지정되었다.

〈충청남도 기념물로 지정된 전견훤묘〉

견훤의 무덤이 있는 충남 논산에서는 견훤이 후백제의 수도였던 완산을 그리워해 익산 금마산이 보이는 곳에 무덤을 쓰게 했다는 설화가 전하고 있다. 이러한 설화는 전견훤묘에 대한 근거 자료가 되어주었다. 충청지역의 견훤설화는 대체로 경상북도 지역의 견훤설화와 유사하면서도 견훤을 지렁이가 아닌 지네로 표현하거나 견훤의 죽음이 지리적 여건으로 인한 불가피한 결과였다고 이야기한다는 점에서 차이를 보인다. 이와 관련하여 라인정은 충남 논산시 연무읍의 지명인 '닭다리 펀디기'와 연관하여 논의를 펼칠 바 있다.[44]

문화재 명칭은 '전견훤묘'이지만 충남시에서는 견훤왕릉이라는 용어를 사용하고 있어 견훤에 대한 존중을 담고 있다. 2023년 1월 1일에 해맞이 행사를 개최하는데 관내 10곳 중에서 견훤왕릉을 포함하고 있어, 지역을 대표하는 명소로 여기고 있음을 알 수 있다.

3. 전라북도 지역의 견훤 구비전승과 지역적 대응

후백제의 수도였던 전라북도 지역은 견훤과 관련된 유물 유적이 많이 남아있다. 송화섭(후백제 학회장)에 의하면 전주와 완주, 진안, 장수 등 도내 12개 시군 85곳에서 후백제의 유적이 확인됐다고 한다.[45] 몇 년 전부터 전라북도 전주지역에서는 후백제의 수도였다는 점을 들어 견훤에 관한 위상을 높이기 위해 노력해왔다. 2017년 10월 30일 전주 덕진공원에서는 온고을 문화재 지킴이(회장 강회경)가 주최하고 후백제 선양회가 주관한 '제1회 후백제 견훤대왕 숭모제'가 열렸다.[46] 온고을 문화재 지킴이 회원과 시민, 전주시 관계자 등 80여 명이 참석한 가운데 추모 의식이 진행되었다. 회장의 발언을 통해 그 취지를 확인할 수 있다.

---

44) 라인정, 앞의 논문, 2000, 49-69쪽.
45) 『전라일보』 2022년 12월 29일 기사 참조.
46) 『전북일보』 2017년 10월 31일 기사 참조.

"후삼국 중 가장 강력한 국가인 후백제를 전주에 세운 사람이 견훤입니다. 그러나 전주에서 견훤대왕에 대한 관심은 매우 부족합니다. 문경, 상주는 견훤의 활동지나 설화지라는 이유로 그를 기리는 추모제가 열리고 있습니다. 후백제 왕도인 전주에서도 더이상 지체해서는 안 됩니다."

문경과 상주 지역에서 진행되고 있는 견훤 기리기에 비해 움직임이 적은 전주지역의 대응을 성찰하며, 관심을 촉구하는 내용이다.

2022년 6월 17일에는 전주역사박물관에서 김승수 전주시장과 김남규 전주시의회 의장, 역사·전통문화 전문가 등이 참석한 가운데 후백제 견훤대왕 표준영정 제작을 위한 학술 세미나가 개최되었다.[47] 전주시는 후백제학회와 후백제문화권 지방정부협의회 소속 시·군, 후백제선양회 후백제시민연대와 함께 표준영정제작과 관련된 자문위원회를 구성해 제작하고, 문화체육관광부에 표준영정제작에 대한 심의를 동시에 진행한다고 밝혔다.

이러한 전주시의 노력에 힘입어서인지 2022년 12월 후백제를 역사문화권에 포함시키는 '역사문화권 정비법' 개정안이 국회를 통과했다. 후백제 유적 발굴은 오는 2024년부터 정부 지원을 받아 본격적으로 추진될 계획이다.

후백제의 수도였던 전주와 인근 지역인 정읍, 남원 등에서는 견훤설화가 활발히 전승되었으며, 다른 지역에 비해 견훤

47) 『전북일보』 2022년 6월 19일 기사 참조.

에 대한 긍정적인 측면들이 강조되고 있었음을 확인할 수 있었다. 지역민들의 이러한 의식은 견훤에 대한 현재적 대응양상에서도 확인되는 바이다. 전주지역에는 실제로 견훤로 등 견훤 관련 지명들이 많이 쓰이고 있어 '견훤'에 대한 지역민들의 긍정적인 의식을 확인할 수 있다.

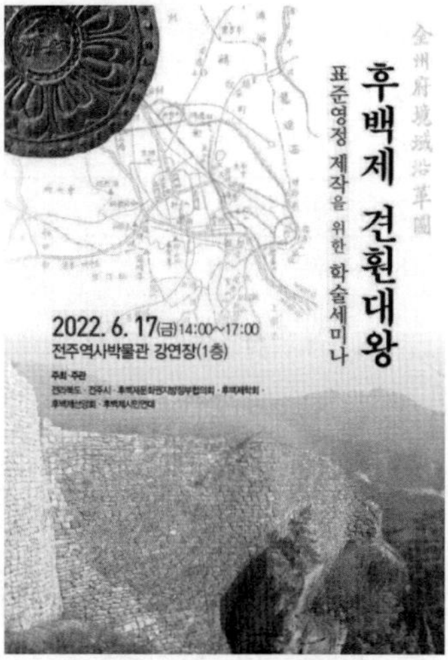

〈학술대회 발표자료집〉

〈표 3〉 지도에 표기된 '견훤' 관련 지명

연번	지명	주소
1	견훤로	강원도 원주시 문막읍
2	견훤유적지	경북 문경시 가은읍 갈전리 1037-15
3	궁터길	경북 문경시 농암면 궁기리
4	궁기보건진료소	경북 문경시 농암면 궁터길 162
5	궁터마을 체험마을	경북 문경시 농암면 궁터길 179-8
6	궁터별무리마을	경북 문경시 농암면 궁터길 181 궁터별무리마을
7	궁기1리회관	경북 문경시 농암면 궁터길 247
8	견훤펜션	경북 상주시 화북면 문장로 1899-10(장암리 307)
9	견훤산성	경북 상주시 화북면 장암리 산42
10	상주견훤사당	경북 상주시 화서면 하송리 315-11
11	견훤빌딩	전북 전주시 덕진구 견훤로 256(인후동 1가)
12	다야모바일 전주견훤점	전북 전주시 덕진구 견훤로 288 1층
13	견훤궁빌라	전북 전주시 덕진구 견훤왕궁로 134
14	GS25전주견훤로점	전북 전주시 덕진구 팽나무6길 13(인후동 1가)

연번	지명	주소
15	견훤왕궁터	전북 전주시 완산구 교동 산9-1
16	견훤왕궁1길	전북 전주시 완산구 중노송동
17	견훤왕궁로	전북 전주시 완산구
18	견훤왕궁2길	전북 전주시 완산구
19	견훤왕릉	충남 논산시 연무읍 금곡리 산18-3

4. 광주·전남 지역의 견훤 구비전승과 지역적 대응

광주광역시의 견훤설화 증거물은 생룡마을이라는 지명이다.48) 광주광역시에서는 북구 생룡마을에 '후백제를 세운 견훤 이야기'라는 안내판을 세우고 생룡마을에서 후백제를 세운 견훤 이야기가 전해지고 있다고 기록하였다. 2018년 1월에 『한국구비문학대계 증보사업』의 연구원으로 구비 조사에 참여하여 마을에서 관련 설화를 채록한 바 있다.

〈생룡마을에 세워진 안내판〉

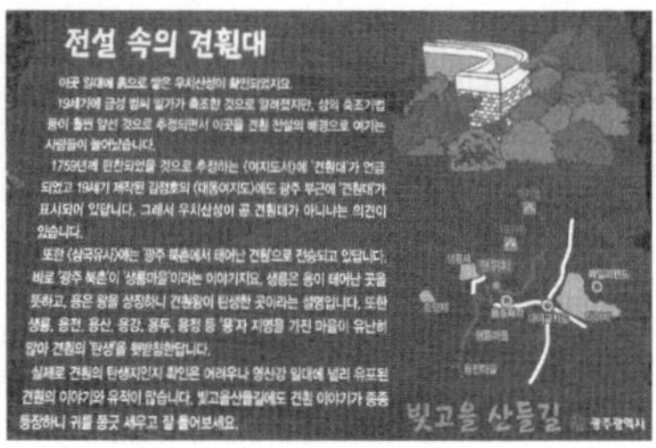

〈생룡마을에 세워진 안내판〉

48) 생룡마을 일대에는 용(龍)자가 들어가 있는 땅이름이 아홉(생룡·복룡·오룡·신룡·청용·용산·용전·용두·용강)이나 있다. 생룡곁 용전(龍田)에는 옛날 구룡이 살았다는 구전도 있다. 이곳 월출동에는 궁암(宮岩·弓岩)이라 부르는 바위가 있으며 둔전(屯田)이라는 땅이름도 있다(김정호, 「김정호의 역사산책 8.진훤대와 방목평」, 『무등일보』 2013년 8월 22일자 기사).

"우리 말 듣기는, 광주 읍지도 나오고 긌는디 여그, 견훤이 여그서 탄생한 지地라고 그런 자리여. 근디 견훤이 상, 태어난 디가 상주라고 글드만. 경상남도 상주! 거그서 거그서 태어나, 견훤이 태어났닥 허고. 우리 부락에도 태어났다고 허자, 광주 읍지에는 광주서 20리 가믄은 우리 부락이 생룡동인디, 용이 났단 말은 임금이 났단 말 아니요? 그래서 '생룡동'이라 이름이 지어졌는디. 그래가지고 인자 생룡동이 했는디, 또 다른 책에 보믄은 경상남도 상주 가은현 거그 가믄은 거그서 견훤이 태어났다고, 거그서 여~ 뭣이 전설은 이애기가 있다요. 거그도."[49]

생룡마을에서 전하는 견훤 관련 구술은 설화적 서사라고 보기 어려울 정도로 단편적이다. 『광주광역시 구전설화』에 수록된 설화는 설화적 서사를 갖고 있지만 관련 증거물은 제시되고 있지 않다. 이처럼 광주지역에서 견훤 관련 구비전승은 매우 약화되어 있는 형편이다.

이 지역의 견훤 관련 유물 유적으로는 무진고성과 원효사 개선사 석등이 있다.[50] 그 외에 『대동지지』(1862년), 김정호의 『동여도』에 소개된 '견훤대'와 「조선지지자료」(1919)에 소개된 '방목평'이 있지만 이에 대해서는 아직 위치를 정확하게 확정하지 못하고 있는 상황이다.

---

49) 2018년 1월 30일 생룡마을에서 범희인 제보자가 구연한 설화임. 한국구비문학대계 사이트에 수록되어 있음. 조사자의 질문 등은 생략함.

50) 변동명, 「삼국통일신라시기의 무등산과 광주」, 『무등산, 광주사람을 품다』, 전남대학교출판문화원, 2022, 72-77쪽.

광주지역에서 견훤 관련 구비 전승이 약화된 이유는 관련 증거물의 부재에 기인하는 측면이 크다고 보여진다. 다음으로 견훤이라는 인물이 역사적으로 패배한 인물이기 때문에 그로 인한 광주지역의 피해를 두려워한 지역민들이 마음놓고 견훤 설화를 전승하지 못한 것도 원인으로 지목할 수 있다. 그런데 전라북도 지역은 같은 상황임에도 견훤설화가 비교적 활발하게 전승되고 있어서 광주지역에는 또 다른 사정이 있을 것으로 여겨진다. 이와 관련하여 광주지역은 왕건이 고려를 세우는데 큰 기반이 되어주었던 나주와 인접한 지역으로서 두 지역간 후원 세력의 대립과 경쟁이 견훤설화 약화 요인으로 작용하였을 가능성이 있다.

마지막으로 김덕령설화로의 이입을 추정해 볼 수 있다. 김덕령설화는 김덕령의 출생부터 성장, 위업, 죽음, 사후 에피소드에 이르기까지 일생에 얽힌 전설이 다수 전한다. 김덕령과 관련된 설화적 증거물은 무등산과 충효동의 곳곳에 산재해 있다. 견훤과 연계 지을 수 있는 화소로는 먼저 출생담으로 호랑이 태몽을 꾼 후 김덕령을 잉태한 이야기, 김덕령을 낳을 때 호랑이가 산실産室 밖을 지킨 이야기 등이 전한다. 김덕령이 호랑이의 수호를 받은 인물로 그려지고 있음은 견훤설화의 호래유지와 연관지을 수 있는 대목이다. 성장담으로는 김덕령 못지않은 실력을 갖추었던 김덕령의 누이와 김덕령이 실력을 겨루는 이야기가 전한다.[51] 그리고 무등산에서 경양방죽으로

51) 김덕령설화에 나타나는 '오누이 힘내기' 화소는 김덕령이 누이의 죽음 후

쏘아놓은 화살을 용마가 찾지 못하자 이에 분노한 김덕령이 말을 베었는데 그 후에야 화살이 도착했다는 이야기 등이 전한다.

호랑이 화소, 오누이힘내기 화소, 용마 죽이기 화소 등 비극적 영웅을 기억하는 방식인 이러한 화소들이 견훤설화에서 김덕령설화로 이입되면서 그 이전에 전해오던 견훤설화는 자연스럽게 잊혀지게 되었을 것이라는 추정이다.

견훤과 김덕령은 용맹하고 지기를 갖춘 영웅이지만 뜻을 제대로 펼치지 못한 비극적 역사 인물이라는 점에서 유사성을 갖는다. 이에 비해 김덕령은 현종 2년에 신원되어 관직이 복구되었지만 견훤은 후백제 멸망과 투항이라는 비참한 최후를 맞이했다는 점에서 차이가 있다. 그런데 광주에서 전승되는 견훤설화에는 지렁이로부터 출계하는 것 외에는 견훤에 관한 부정적인 서사가 발견되지 않는다는 점을 간과해서는 안 된다. 광주지역에서 전승되는 견훤설화는 전승이 약화되어 있기는 하지만 광주 북촌에서 출생, 호랑이젖을 먹고 자란 성장, 후백제의 왕이 된 위업의 서사로 이루어져 있어 다른 지역에서 전승되는 실패와 죽음 서사가 빠져 있음을 확인할 수 있었다. 견훤을 역사적 패배자로 남기고 싶지 않았던 지역민들의 의식이 이러한 결과를 낳았을 것으로 이해된다.

자신의 잘못을 뉘우치고 의병에 참여하는 계기로 작용하고 있어 비윤리성을 어느 정도 해소하고 있다는 특징이 있다.

V. 맺음말

믿기 어려운 허구적 사건들을 이야기하는 설화는 실체적 진실을 담고 있기보다 설화를 전승하는 사람들의 의미적 진실을 담고 있는 언어적 상관물이라고 할 수 있다. 설화를 통해 역사를 재구할 수도 있으나 이 글에서는 구비전승되는 견훤설화의 서사구조와 화소를 분석하여 그 속에 반영된 의미적 진실을 찾고, 설화를 전승하는 지역의 로컬리티로 이해하고자 했다.

견훤설화의 서사구조는 '출생-성장-위업-실패-죽음'으로 구조화되어 있는데, 광주와 전라북도에서는 출생과 성장, 위업의 서사가 강조되고, 충청도와 경상북도는 출생과 실패, 죽음의 서사가 강조되고 있음을 확인할 수 있었다. 출생의 서사구조는 이류와 야래자의 존재와 정체 찾기라는 화소로 이어지는데 이 또한 대립 양상을 띠고 있음을 확인했다. 즉 충청북도 충주, 중원과 경상북도 지역에서는 야래자를 '초립동이', '몸이 찬 짐승', '지렁이'로 표현함으로써 견훤의 출계를 하찮고 미미한 집안으로 상정했다. 이를 통해 그 출계에서 나온 견훤의 위상 또한 격하시켜 이해했음이 드러난다. 반면에 견훤이 후백제를 세웠던 광주(무진주) 지역과 후백제의 수도였던 전주 인근의 지역에서는 야래자를 천상 혹은 왕과 연관 짓고, 지네와 금돼지로 표현함으로써 출계의 품위를 높이고 있었다. 이를 통해 그 출계에서 나온 견훤의 위상 또한 높이려는 의도를 갖고 있다는 점에서 전승지역의 로컬리티를 확인할 수 있었다.

견훤이 비범한 인물임을 드러내는 호래유지 화소가 발견되는 지역은 광주광역시와 전라북도 지역에 한정되며, 견훤의 패배, 고려 건국의 당위성을 강조해야 하는 그 외의 지역에서는 예외 없이 생략되었음을 확인했다. 이에 비해 대개 반체제적이며 비극적 역사인물과 접속하는 오누이 힘내기 화소와 용마 죽이기 화소가 전하는 지역은 충청도와 경상북도 상주지역이고, 광주와 전라북도에서는 발견되지 않고 있다는 점도 확인할 수 있다.

다음으로 견훤설화가 전승되는 지역의 증거물 양상을 살피고 현재적 시점에서 각 지역의 견훤 대응양상을 살펴보았다. 견훤설화의 증거물이 다수 전하는 경상북도 문경과 상주지역에서는 관련 유적을 정비하거나 문화재로 지정하고, 사당에서 제사를 지내오는 등 견훤에 대한 적극적인 대응양상을 보여왔지만 이 지역의 도로명 등 공식적인 지명이나 상호명에서 견훤이라는 명칭을 찾아보기 어렵다는 점에서 부정적인 의식을 갖고 있었다고 보여진다. 하지만 최근에는 과거의 인식에 균열이 일어나고 있음을 확인할 수 있었다. 안동지역에서는 견훤군을 패전으로 이끈 안동 출신 삼태사의 역할과 공로를 차전놀이의 유래와 결부짓고, 견훤 군대에게 술을 먹여 싸움에 지게 한 안구노인에 대한 서사를 강조함으로써 견훤과의 전투를 승리로 이끌어낸 것에 대한 안동지역의 자부심을 확인할 수 있었다. 충청남도 지역에서는 전견훤묘를 증거물로 후백제 왕으로서의 견훤의 면모를 강조하고 있음을 알 수 있었다.

후백제의 수도였던 전주지역에서는 몇 년 전부터 '후백제 견훤대왕 숭모제', '후백제 견훤대왕 표준영정 제작' 등을 통해 견훤 기리기에 열성을 보이고 있음이 확인되었다. 전주지역에는 실제로 견훤로 등 견훤 관련 지명들이 많이 쓰이고 있어 '견훤'에 대한 지역민들의 긍정적인 의식을 확인할 수 있었다. 이러한 노력에 힘입어 2022년 12월 후백제를 역사문화권에 포함시키는 '역사문화권 정비법' 개정안이 국회를 통과되었기 때문에 이후 더 활발한 움직임이 있을 것으로 보인다.

이에 비해 광주지역은 견훤설화의 구비성도 약화되어 있고 관련 증거물과 유적이 많지 않은 편이다. 다양한 이유가 있겠지만 견훤설화의 화소들이 유사한 속성을 가진 인물인 김덕령 설화로 이입되면서 그 이전에 전해오던 견훤설화는 자연스럽게 잊혀지게 된 것으로 보았다.

광주는 『삼국유사』에 기록된 견훤의 출생지이자 견훤이 후백제를 세운 시작지임에도 불구하고 다른 지역에 비해 견훤에 대한 지역의 대응이 그리 활발하지 않았다. 다른 지역에서 잘하고 있는데 굳이 광주가 동참해야 하는지에 대해 의문을 가지는 견해가 있을 수 있다. 그럼에도 불구하고 현재에도, 미래에도 광주가 견훤을 늘 상기해야 하는 이유는 광주의 로컬리티와 견훤의 후백제 건국의 배경이 연관되기 때문이다. 견훤이 무진주(광주)에서 왕이 된 892년(신라 진성왕 재위 6년)은 나라가 혼란하고 백성들이 어려움을 겪고 있을 때였다. "왕의 총애를 받는 이들이 왕의 곁에 있으면서 정권을 훔쳐 제 마음대로 하니 기강이 문란했다. 그에 더하여 기근으로 백성들이 떠돌아다니고, 떼도둑들이 벌떼처럼 일어났다. 이러한 현실에 각성한 견훤이 일어서자 이르는 곳마다 메아리처럼 호응하여 약 한 달 만에 무리가 5,000명에 달하니 드디어 무진주에서 후백제를 세웠던 것이다."[52)]『삼국사기』의 편찬자인 김부식은 신라의 입장에서 견훤이 무진주를 습격한 것으로 기록하였지만 "이르는 곳마다 메아리처럼 호응하여 무리가 5,000명에 달했다"는 기록을 통해 전라남도 여러 지역과 광주지역의 민심이 견훤을 통해 새로운 대안을 찾고 있었음을 알 수 있다.

견훤의 출신에 대해서는 문헌자료에서도 구비자료에서도 대립하고 있기 때문에 견훤이 문경 출신인지 광주 출신인지 실체적 진실은 정확하게 가려내기 어렵다. 하지만 광주가 후백제 건국의 모태母胎, 곧 후백제를 낳은 곳이라는 의미적 진실성은 부인할 수 없을 것이다. 광주지역에서 전승되는 설화에서 견훤의 광주 출생이 강조되고 실패와 죽음의 화소가 탈락된 이유도 여기에 있지 않을까 한다. 시대와 조건은 다르지만 견훤과 김덕령설화가 서사구조와 화소를 공유하게 된 것도 지역민들에게는 같은 의미와 속성을 지닌 인물로서 받아들여졌기 때문이 아닐까 한다. 견훤과 김덕령은 나라가 제 기능을 못하고 백성들의 삶이 도탄에 빠졌을 때 각성하고 행동으로 실천한 인물이기 때문이다. 이러한 성격은 광주지역의 로컬리티이기도 하다는 점에 시사하는 바가 크다고 할 수 있다.

52) 「892년 반기를 들고, 무주를 점령하다」, 『삼국사기』 권제50 열전 제10 (한국사 데이터베이스).

참고문헌

〈단행본〉

김용규, 『혼종문화론』, 소명출판, 2013.

『안동시사』, 안동시사편찬위원회, 1999.

『우리 전주 전주설화』, 전라문화연구소, 2000.

『한국구비문학대계 3-1 충청북도 영동군편』, 한국정신문화연구원, 1984.

『한국구비문학대계 3-1 충청북도 충주시, 중원군편』, 한국정신문화연구원, 1980.

『한국구비문학대계 5-1 전라북도 남원군편』, 한국정신문화연구원, 1980.

『한국구비문학대계 5-4 전라북도 군산시, 옥구군편』, 한국정신문화연구원, 1984.

『한국구비문학대계 5-6 전라북도 정주시, 정읍군편』, 한국정신문화연구원, 1987.

『한국구비문학대계 6-2 전라남도 함평군』, 한국정신문화연구원, 1981.

『한국구비문학대계 7-12 경상북도 군위군편』, 한국정신문화연구원, 1984.

『한국구비문학대계 7-8 경상북도 상주군편』, 한국정신문화연구원, 1983.

『한국구비문학대계 7-9 경상북도 안동시편』, 한국정신문화연구원, 1982.

『한국구전설화집 12 대전편 2』, 민속원, 2005.

『한국구전설화집 14 충남편 2』, 민속원, 2005.
『향토사료 조사 광주광역시 구전설화』, 전국문화원연합회 광주광역시지회, 2005.

〈논문〉

김월덕, 「전북지역 구비설화의 문화지형도」, 『실천민속학연구』 26, 실천민속학회, 2015.
김정신, 「이류고혼설화 연구-인수혼 모티브를 중심으로」, 이화여자대학교 석사학위논문, 1994.
김정호, 「김정호의 역사산책 8.진훤대와 방목평」, 『무등일보』 2013년 8월 22일.
나경수, 「마한의 성립과 건국신화」, 『남도민속학의 진전 -동은 지춘상박사 정년기념논총』, 태학사, 1998.
라인정, 「견훤설화의 구비전승상의 변이와 특성」, 『한국언어문학』 45, 한국언어문학회, 2000.
변동명, 「삼국통일신라시기의 무등산과 광주」, 『무등산, 광주사람을 품다』, 전남대학교출판문화원, 2022.
서대석, 「백제신화 연구」, 『백제논총』, 백제문화개발연구원, 1985.
서해숙, 『한국의 성씨시조신화 연구』, 전남대학교 박사학위논문, 2002.
서해숙, 「견훤설화의 전승양상과 역사인식」, 『후백제 견훤정권과 전주』, 주류성, 2001.
신해진, 「고전문학과 지역성-구전 견훤설화의 설화의식을 중심으로」, 『어문론총』 41, 한국문학언어학회, 2004.
이지영, 「〈야래자설화〉의 신화적 성격과 전승에 관한 연구」, 『고전문학연구』 20, 한국고전문학회, 2001.

이지영, 「오뉘힘내기 설화의 신화적 성격 연구」, 『한국고전여성문학연구』 7, 한국고전여성문학회, 2003.

지영하, 「이류교혼설화의 화소가 지닌 상징-야래자설화를 중심으로」, 『어문학보』 12 강원대학교 국어교육과, 1989.

천혜숙, 「견훤 출생담의 신화학적 검토 : 출생지 또는 출계 문제를 중심으로」, 『구비문학연구』, 한국구비문학회, 2019.

천혜숙, 「청도지역의 견훤전승과 사실 또는 형상의 역사」, 『실천민속연구』 33, 실천민속학회, 2019.

한미옥, 『백제 건국신화의 계통과 전승 연구』, 전남대학교 박사학위논문, 2003.

한정훈, 「정여립의 이야기 구성과 분기된 지역의 인물상」, 『한국문학연구』 68, 동국대학교 한국문학연구소, 2022.

〈자료〉

『전라일보』 2022년 12월 29일.

『전북일보』 2017년 10월 31일.

『전북일보』 2022년 6월 19일.

『한국일보』 2021년 1월 27일.

한국구비문학대계 사이트(https://gubi.aks.ac.kr/web/) ;

『중국역대인명대사전』

(https://terms.naver.com/entry.naver?docId=1709927&cid=62063&categoryId=62063)

『고려사』(한국사데이터베이스 사이트 https://db.history.go.kr/)

『한국민속신앙사전』(https://folkency.nfm.go.kr/kr/topic/detail/2264)

후백제 관련 자료의 현황과 쟁점

홍창우

Ⅰ. 머리말

학술연구의 대상이 된 이래 후백제와 견훤은 지금까지 꾸준한 관심을 받아왔다. 국사편찬위원회의 '한국사연구휘보'에서 이들을 검색해보면 400건을 웃도는 결과를 제공받을 수 있다.[1] '후백제역사문화권'이 포함된 「역사문화권 정비 등에 관

* 이 글은 「후백제 관련 자료의 현황과 쟁점」(『지방사와 지방문화』 26-1, 2023년)을 수정·보완한 것이다.

1) 2023년 6월 15일 15시 30분을 기준으로 '후백제'가 202건, '견훤'이 201건 검색된다. 물론 '후백제'나 '견훤'을 표제로 삼은 연구뿐만 아니라 논저의 목차나 주제어에 두 대상을 거론한 경우에도 검색된다는 점에서 정확한 수치라고 할 수는 없다. 아울러 이 둘은 서로 간의 표상이기도 하므로 결과치의 상당 부분 중복을 일소할 수 없다는 점에서 주의할 필요가 있다. 여하튼 일제강점기인 1913년에 津田左右吉이 후백제의 영역에 대한 역사·지리적 검토를 시도한 「後百濟疆域考」를 발표한 이래, 현재에 이르기까지 상당한 정도의 학술적 성과가 지속적으로 축적된 셈이다. 津田左右吉, 「後百濟疆域考」, 『朝鮮歷史地理』 1, 南滿洲鐵道株式會社, 1931 ; 『津田左右吉全集』 11, 岩波書店, 1964.

한 특별법」 개정안이 2022년 12월 28일 국회를 통과하여 올해 1월 17일 공포되었다.[2)] 견훤과 후백제를 내세운 학술행사가 해마다 개최되고 있으며, 『전북일보』는 후백제학회와 손을 잡고 후백제 역사를 '다시 일으키는' 작업을 통해 대중들에게 후백제 알리기에 나섰다.[3)] 후백제·견훤 연구에 대한 새로운 전기를 맞이하고 있는 즈음이다.

따라서 그동안 온축된 업적들의 연구 경향을 정리하고 이후 과제를 제시하는 시도가 뒤따랐던 것도 자연스럽다고 하겠다. 후백제와 관련하여 선구적인 업적을 쌓은 신호철의 박사학위논문[4)]을 위시하여 「후백제와 태봉 관련 연구동향과 전망」,[5)] 「후백제사 연구의 성과와 과제」,[6)] 「후백제사 연구의 쟁점과 과제」,[7)] 「후백제 연구 성과와 향후 과제」,[8)] 「후백제 고고학의 연구현황과 과제」[9)] 등이 이와 관련한 대표적인 성과라 할 수 있다. 이들에 짝하는 후고구려·궁예와 관련한 전문적인 연구사 검토가, 관련 박사학위논문[10)]을 제외한다면, 현재까지 별도

2) 이에 대해서는 다음의 논저가 도움을 준다. 조법종, 「역사문화권 특별법과 후백제 문화권 정립」, 『후백제와 견훤』, 서경문화사, 2021 ; 진정환, 「후백제역사문화권 정립과 추진 방향」, 『한국전통문화연구』 29, 2022.

3) https://www.jjan.kr/seriesList/007506

4) 申虎澈, 『後百濟 甄萱政權 硏究』, 서강대학교 사학과 박사학위논문, 1989 ; 『後百濟 甄萱政權 硏究』, 一潮閣, 1993.

5) 조법종, 「후백제와 태봉관련 연구동향과 전망」, 『新羅文化』 27, 2006.

6) 신호철, 「후백제사 연구의 성과와 과제」, 『대외관계로 본 후백제』, 공감, 2015.

7) 이도학, 「후백제사 연구의 쟁점과 과제」, 『후백제와 견훤』, 서경문화사, 2021 ; 『후백제사 연구』, 학연문화사, 2022.

8) 허인욱, 「후백제 연구 성과와 향후 과제」, 『全北學硏究』 4, 2021.

9) 차인국, 「후백제 고고학의 연구현황과 과제」, 『全北學硏究』 4, 2021.

로 이루어지지 않고 있는 점을 참작했을 때 매우 대조적이다.

그런데 지금까지 생산된 후백제·견훤 관련 연구나 그에 대한 전망에서 조금은 소홀했던 측면이 바로 '자료'의 문제가 아닌가 싶다. 당연한 말이지만, 후백제의 왕조사나 견훤의 개인사를 복원하고 이를 통해 후삼국시대 혹은 더 나아가 한국사의 어떠한 국면을 이해하고자 하는 이들은 먼저 관련 자료와 기록을 분석하는 것으로 연구의 첫 발을 내딛어야 한다. 기왕의 업적들이 이를 소홀히 했다는 말이 아니나, 이 문제를 종합적으로 살핀 연구는 한 손에 꼽을 정도이다.[11] 아울러 자료의 문제를 언급한 연구들도 많은 경우 특정 자료에 한정한 논의였다는 점을 기억하고자 한다.

이 글은 후백제와 견훤의 역사를 복원하기 위해 동원할 수

10) 李在範, 『後三國時代 弓裔政權 硏究』, 성균관대학교 사학과 박사학위논문, 1991 ; 『後三國時代 弓裔政權 硏究』, 혜안, 2007 ; 趙仁成, 『泰封의 弓裔政權 硏究』, 서강대학교 사학과 박사학위논문, 1991 ; 『태봉의 궁예정권』, 푸른역사, 2007 ; 홍창우, 『후고구려의 지향과 인식의 전개』, 전남대학교 사학과 박사학위논문, 2021.

11) 본문에서 언급되겠지만, 관련 연구를 제시해보면 다음과 같다. 史在東, 「「甄萱傳」의 形成에 對하여」, 『語文論志』 3, 忠南大學校 文理科大學 國語國文學科, 1978 ; 「「견훤전」의 형성과 문학적 전개」, 『삼국유사의 문예 현상과 문학의 갈래, 그 연행 양상』, 민속원, 2021 ; 申虎澈, 「後百濟 甄萱 硏究(Ⅰ)-甄萱 關係 文獻의 豫備的 檢討」, 『百濟論叢』 1, 1985 ; 「甄萱關係 文獻의 檢討」, 앞의 책, 1993 ; 朴敬子, 「三國遺事所在 甄萱傳의 檢討」, 『淑大史論』 16·17, 1992 ; 李康來, 「『三國遺事』 '後百濟 甄萱' 條의 再檢討」, 전북전통문화연구소 편, 『후백제 견훤정권과 전주』, 주류성, 2001 ; 「『삼국유사』 '후백제견훤조'의 자료 분석」, 『한국 고대의 시선과 시각』, 주류성, 2021 ; 전덕재, 「『삼국사기』 궁예·견훤열전의 원전과 편찬」, 『역사와 경계』 116, 2020 ; 「견훤열전의 원전과 찬술」, 『三國史記 잡지·열전의 원전과 편찬』, 주류성, 2021 ; 전덕재, 「『삼국유사』 기이편 후백제 견훤조의 원전과 편찬」, 『사학연구』 146, 2022.

있는 자료의 문제를 겨냥한다. 이에 이들과 관련한 자료의 현황을 점검하고 그간의 쟁점이 무엇이었는지 살펴보는 것을 목표로 설정한다. 『삼국사기』, 『삼국유사』, 『제왕운기』로 대변되는 고려시대 사서와 고려 일부 문인의 문집, 신라말~고려초의 불교 관련 금석문, 최치원 등 당대인의 편린 그리고 중국·일본 등 인접국의 자료에 관심을 베풀 것이다. 아울러 조선시대에 형성된 자료의 현황도 능력이 미치는 선에서 점검할 예정인바, 『조선왕조실록』을 위시한 왕실 자료, 『고려사』·『고려사절요』, 『동국통감』, 『동사강목』 등의 사서류와 지지류地誌類까지 손을 뻗어볼 작정이다.

끝으로 자료 혹은 기록의 관점에서 그간 논의가 분분했던 쟁점들을, 기존에 제출된 성과들을 중심으로 정리하고 나름의 의견을 보태보고자 한다. 가장 최근에도 '『삼국유사』 기이편 후백제 견훤조의 원전과 편찬'[12]에 대한 검토가 이루어진 만큼, 자료 자체의 분석이나 이에 대한 성과를 살펴보는 것은 현재 단계에서 여전히 유효한 문제의식이라고 생각한다. 이에 여기에서는 후백제 및 견훤과 관련한 수많은 연구 업적 가운데 오직 '자료'의 측면에 주목한 논저들을 분석의 대상으로 삼을 것이다.

후백제와 견훤은 최종적으로 패배하였고 오히려 이들을 패멸시킨 고려가 이들의 역사를 정리할 수 있는 권리를 획득하였다. 쿠데타로 흡수된 후고구려나 자발적으로 귀순한 신라와

12) 전덕재, 앞의 논문, 2022.

달리 후백제는 고려에 무력으로 저항하다 패멸하였으므로, 이들에 대한 고려의 적개심 정도에 차이가 있었을지도 모른다. 따라서 이 글에서는 현재 우리가 접할 수 있는 이들 관련 정보가 대부분 이들을 극복한 자들에 의해 생산되었다는 기본적인 한계를 언제나 염두에 두고자 한다. 즉, 자료 자체 못지않게 그것을 생산한 주체의 속성과 당대적 맥락에도 유의할 작정이며, 그것이 곧 관련 자료의 성격과도 밀접한 연관이 있음을 주의하려는 것이다.

Ⅱ. 자료의 현황과 특징

후백제나 견훤의 역사를 복원하기 위해서는 이들이 편찬 주체가 되어 생산해낸 기록물을 점검하는 것이 필요하다. 후백제사의 정당한 복원은 이들 본위의 기록물 검토로부터 시작해야 하는 것이다. 특정 사태를 경험한 주체와 이를 기록한 주체가 '동일'하거나 기록물이 사건 발생으로부터 멀지 않은 시점에 형성되었을 경우, 그것은 상대적으로 경험 주체의 인식과 기억에 기반하고 있을 가능성이 크기 때문이다.[13)]

그러나 현재 우리는 후백제인들이 남긴 직접적인 자료를 가지고 있지 못하다. 고대 삼국은 모두 자국 역사에 대한 편찬

13) 이강래, 『한국 고대의 경험과 사유 방식』, 전남대학교출판문화원, 2020, 72-73쪽.

경험이 있다고 전하지만, 견훤의 후백제가 그들의 사적을 자체적으로 정돈했다는 기록은 확인되지 않는다. 물론 실물의 경우 고대 국가의 사례에서도 남아 있는 것이 없긴 하다. 다만 전하는 실물이 존재하지 않는다거나, 장구한 역사를 향유했던 삼국의 사례와 직접적으로 비교한다거나, 편찬 사실을 언급한 기록이 없다는 이유만으로 후백제 왕실이 주도한 자료 생산 가능성을 일축해버리는 것은 온당하지 않겠다. 실제로 연구자들은 확인 가능한 자료들의 수많은 관련 정보 속에서 후백제 본위의 그것을 세심하게 가려내는 작업을 소홀히 하지 않는다. 그렇다고 해도 '실물의 부재'라는 자료 환경의 한계는 후백제 역사를 그들의 시선으로 복원하는 데 방해가 되는 요소임이 분명하다.

이와 같은 한계에 유념할 때, 견훤정권에서 사서 편찬이 '실제로' 이루어졌을 것이라는 견해에 귀를 기울일 필요가 있다. 이에 따르면 "후백제인이 자신의 역사를 기록했으며, 그들이 남긴 『후백제사』는 멸망 후에도 오랫동안 전해졌"으나 "고려가 후삼국을 통일한 후 고려인들에 의해 의도적으로 삭제되었거나 소멸"되어 "후백제의 역사는 점차 기억에서 멀어지게 되었고 고려 말에서 조선 초기에 이르는 시기에는 완전히 사라지게 되었"다. 그리고 기존의 자료를 (고려시대) 찬자들의 의도에 맞게 윤색·삭제·왜곡했을 『삼국사기』나 『삼국유사』 등과 비교했을 때 '『후백제사』'는 "그 체제와 내용이 크게 달랐을 것"이라고 한다. 『삼국사기』 견훤전에 전하는, 청태 2년(935) 10월 신검의 즉위 교서 속의 '대왕大王', '대군大君'과 같은 표현과 『삼국유사』 후백제견훤조의 '사십이년경인四十二年庚寅'이라는 연대 표기 방식에 주목한 결과이다.[14] 동의 여하는 차치하더라도, 후백제가 주도한 저작물의 생산과 후대의 활용 양상, 전승 가능성 등을 제시한 점은 우선 그 자체로 주목해야 한다고 본다. 이와 같은 성과를 유념하며 후백제·견훤 관련 자료들의 현황과 특징을 짚어본다.

그 전에 먼저 시종이 정비된 완결 형태의 전승을 적어도 후백제 자신들은 남길 수 없다는 점을 지적해두고자 한다. 물론 역사에서 명멸을 거듭했던 정치체 거의 대부분이 이로부터 무관할 수는 없겠다. 다만, 『삼국사기』 견훤전으로 대표되는 후백제사의 전말은 끝내 후대인들이 정리한 결과물인 것이다.

궁예의 후고구려를 전복시키고 등장한 왕건의 고려는 신라와 후백제를 차례로 제치고 후삼국 쟁탈전의 최종 승자가 되었다. 신라가 7세기 전쟁에서 최후까지 살아남은 왕조가 된 것과 방불하다. 실제로 "거의 모든 면에서 신라의 일통 관념을 답습"[15]했던 고려 태조는 7세기 신라가 그러했듯이 삼한을 합한 것을 자부하였다. "통일을 합리화하고 한편으로는 왕권의 전제화를 뒷받침"[16]하는 차원에서 신라가 자국을 중심으로 고구려와 백제의 역사를 정돈했던 것처럼,[17] 많은 부분에서 7세

---

14) 신호철, 앞의 논문, 2015, 9-15쪽.

15) 이강래, 앞의 책, 2020, 314쪽.

16) 趙仁成, 「三國 및 統一新羅時代의 歷史敍述」, 『韓國史學史의 研究』, 乙酉文化社, 1985, 21쪽.

17) 李基東, 「古代國家의 歷史認識」, 『韓國史論』 6, 국사편찬위원회, 1981, 12-14쪽 ; 申瀅植, 『統一新羅史研究』, 三知院, 1990, 220-228쪽.

기의 신라를 모방했던 건국기의 고려 역시 후백제를 포함한 전대前代의 역사를 자신들의 시각으로 재정리했을 것이다. 지금은 확인할 수 없지만, 그 결과는 아마 고려 초의 어느 시점에 편찬되었을 것으로 보이는 이른바 『구삼국사』나 김부식이 『삼국사기』를 지어 바치는 표문에서 극복의 대상으로 지목한 『고기』류 등의 책들에 구체적으로 반영되어 있었을 것이다. 『고려사』나 『고려사절요』의 토대가 된 고려 왕실의 실록을 비롯하여 다양한 계기를 만나 형성된 미지의 자료 또한 행세했을 것이다.

언급했던 것처럼, 그러나 우리는 이러한 자료들의 실체를 확인할 길이 없다. 역설적인 의미에서 『삼국사기』에 집중해야 하는 이유가 바로 여기에 있다. 『삼국사기』는 기성 자료들을 12세기 중엽의 사유 체계로 종합한 결과물 가운데 하나이다. 책의 이름에서도 짐작할 수 있듯이 12세기의 고려는 그들의 이전 역사를 오직 신라·고구려·백제의 삼국 중심으로 인식했다. 그런데 내용상으로 『삼국사기』는 후고구려와 후백제의 흥망까지를 아울렀다. 『삼국사기』에서의 삼국은 전·후를 모두 포괄하는 시간대인 것이다.

다만, 두 복국 왕조의 시말은 인물 전기 형태인 '열전'에 안배되어 있음을 놓쳐서는 안 된다. 서술 대상으로 포함했다고 하여 『삼국사기』 편찬자들이 궁예와 견훤에 의해 부활한 정치체에, 복국의 대상이 되는 '전前' 왕조와 동일한 위상을 부여한 것은 아니라는 말이다. 궁예와 견훤의 전기가 수록된 열전의 열 번째 권을 현재의 연구자들이 '반신전叛臣傳'18)이나 '역신전

逆臣傳'[19]으로 분류하는 것처럼, 『삼국사기』 찬자들은 후고구려와 후백제에, 본기에 기록될법한 왕조로 보지 않았던 것이다.

『삼국사기』의 견훤전은 견훤의 출신·성장과 자립 과정, 후백제의 건국과 대·내외 관계, 고려와의 대립, 부자간의 갈등과 지배층의 분열, 견훤의 고려 귀부와 멸망까지를 시간의 흐름에 맞춰 제시한 다음, 찬자의 궁예와 견훤 두 인물에 대한 논평을 배치하는 것으로 마무리되고 있다. 견훤의 활동은 신라와도 무관하지 않은지라, 신라본기에서도 후백제의 자취를 확인할 수 있다. 비록 2건에 불과하나 연표 역시 '백제'란에 이 복국 왕조에 대한 정보를 배려해두었다. 그러므로 『삼국사기』는 견훤의 일생과 그에 의한 백제 복국 운동의 자초지종이 정돈된 가장 풍부한 전승이라는 점에서, 현재의 연구자들에게 후백제 연구를 위한 '1차 자료'로서의 위상을 획득했다고 할만하다.[20] 뒤에서 다시 말하겠지만, 『삼국사기』 이후 만들어진 자료 가운데 후백제를 언급하고 있는 경우, 『삼국유사』와 같이 『삼국사기』에 보이지 않은 이종異種의 자료를 소개하는 사례도 있으나, 대부분이 『삼국사기』를 참고했거나 그를 편의적으로 인용한 것에 불과하다.

엄밀한 의미에서 본다면 『삼국사기』 역시 기성 자료를 토대로 한 '2차 자료'이다. 일찍이 이규보가 지적했던 것처럼 『삼국

---

18) 정구복, 「삼국사기 해제」, 『(개정증보)역주 삼국사기』 1, 한국학중앙연구원출판부, 2011, 39-40쪽.

19) 신형식, 『삼국사기의 종합적 연구』, 景仁文化社, 2011, 624쪽.

20) 이강래, 『三國史記 形成論』, 신서원, 2007, 58쪽.

사기』는 '국사國史'를 '다시 편찬한[중찬重撰]' 것이다.[21] 즉, 김부식을 중심으로 한 고려 인종 대의 편찬자들이 '창작'한 게 아니라, "기존 사료들을 수집蒐集하고 취사선택取捨選擇하고 편철編綴하고 체제에 맞"춘[22] 결과물이다. 따라서 견훤의 전기를 비롯하여 신라본기나 연표 등에 보이는 후백제·견훤 관련 기록 또한 기성의 자료를 참고하여 작성되었다는 것에 이론이 있을 수 없다. 그러나 그러한 기성물을 확인할 수 없는 현재 상황과 『삼국사기』를 대체할 만한 마땅한 대안이 부재한 현실에서, 후백제사의 복원과 관련해서는 『삼국사기』가 가장 유력한 자료인 것이다.

『삼국사기』에 저와 같은 위상을 부여했다 하여 여기에 수록된 정보들을 객관적인 사실로 가감 없이 수용해야 한다는 말은 아니다. 고려시대의 산물이라는 기본적인 한계를 차치하더라도, 『삼국사기』 내의 편목 별로 상충하거나 어느 한쪽에만 있는 정보들의 존재는 관련 기록의 세밀한 검토를 미룰 수 없게 한다. 간명한 예로 신검이 견훤을 유폐시킨 시점을 견훤전은 935년인 청태淸泰 2년 3월의 일로 기록했으나, 연표는 936년에 해당하는 병신丙申의 일이라 했다. 『삼국유사』나 『고려사』는 전자와 동일한 반면,[23] 『제왕운기』는 후자에 손을 들어주고 있다.[24] 916년(신덕왕 5) 8월에 견훤이 대야성을 공격했으나

21) 『東國李相國集』 3 古律詩 「東明王篇并序」.
22) 高柄翊, 「韓·中·日의 古代史書」, 『아시아문화』 2, 1987, 69쪽.
23) 『三國遺事』 王曆 後百濟甄萱. 『高麗史』 2 世家2 태조 18년 3월 및 6월.
24) 『帝王韻紀』 권下 東國君王開國年代 後百濟紀.

이기지 못했다는 정보나 918년(경명왕 2) 7월에 아자개가 고려 태조에게 항복했다는 정보는 오직 신라본기에만 기록되어 있을 뿐, 견훤전에서는 찾아볼 수 없다. 반대로 견훤전에만 보이고 신라본기에는 없는 기록은 훨씬 많다. 궁예가 세달사를 나와 의탁한 세력 가운데 '양길'의 경우 신라본기와 궁예전에는 '양길梁吉'로 기록되어 있지만, 견훤전에는 '양길良吉'로 쓰였으며, 이 인명 표기 방식은 뜻밖에도 『삼국유사』 왕력에 그 흔적을 남기고 있다.[25] '양길梁吉'과 '양길良吉'이 다른 인물일 수는 없겠지만, 양자의 차이는 오기誤記보다는 전거의 상이함에서 비롯되었다고 보이는 만큼 이러한 점에 유의한 채 '정보' 자체의 여러 측면을 점검할 필요가 있는 것이다.

『삼국사기』를 '본사本史'로서 존중한 『삼국유사』 역시 후백제·견훤의 역사 복원을 위해 빼놓을 수 없는 자료이다. 자료 문제를 논한 많은 연구에서 『삼국유사』가 거의 빠지지 않고 거론되었으며, 오히려 『삼국사기』보다도 『삼국유사』의 관련 기록에 훨씬 더 많은 관심이 베풀어졌다는 느낌마저 들 정도이다. 여러 가지 이유가 있겠지만, 역시나 『삼국유사』 찬자들은 후백제와 견훤 관련 정보를 배려하면서 그들이 참고했던 다종의 전거를 드러내놓고 있으며, 그 경우 『삼국사기』에 전하지 않은 내용들이 다수 포함되어 있기 때문일 것이다.

후백제견훤조 고유의 정보들 가운데 지금까지도 논란이 그치지 않고 있는 것이 아마도 견훤의 출신지 문제라 할 수 있

25) 『三國遺事』 왕력 後高麗弓裔.

다. 후백제견훤조 찬자는 '고기古記'를 인용하여 견훤의 이른바 '광주북촌설光州北村說'을 제시하였다. 이 설은 "어떠한 도전도 받지 않은 채 정설로 자리매김"[26]되어 왔던 『삼국사기』의 소위 '상주출신설尙州出身說'과 양립할 수 없다는 점에서 이른 시기부터 주목받았다.[27] 물론 일연은 후백제견훤조 서두에서 '삼국사본전三國史本傳', 즉 『삼국사기』 견훤전을 인용하여 견훤을 '상주 가은현' 사람이라 했지만, 동시에 '고기'를 통해 견훤을 광주 북촌 출신으로도 소개한 것이다. 그러면서 후백제견훤조 찬자는 이에 대해 별도의 고증을 하지 않았다. 『삼국유사』는 그 스스로가 견훤의 출신지와 관련해 양립할 수 없는 정보를 남긴 것이다. 두 가지 설 가운데 어느 하나는 잘못이다. 선학들이 이 가운데 어느 것이 맞고 틀렸는지에 대해 논쟁을 거듭해왔던 이유가 바로 여기에 있다.

여기에 『삼국유사』 자체의 문제도 후백제를 둘러싼 자료의 환경과 관련하여 거론해야 한다. 여러 차례 지적되었듯이, 『삼국유사』 찬자의 오인誤認[오인誤引]·오기나 간지·기년·재위 연수 착오를 비롯한 숱한 오류와 당착들은 물론 후대에 판본이 거듭 수정되거나 새롭게 판각되면서 저질러지는 물리적 오각誤刻의 사례들까지도 고려해야 하는 것이다.[28] 『삼국유사』의 편찬자 문제가 여전히 정돈되지 못하고 있는 실정[29] 역시 참

26) 邊東明, 「甄萱의 出身地 再論」, 『震檀學報』 90, 2000, 29-30쪽.

27) 金庠基, 「甄萱의 家鄕에 對하여」, 『가람李秉岐博士頌壽論文集』, 가람李秉岐博士頌壽論文集刊行委員會, 1966.

28) 이강래, 「『삼국유사』 '정보' 비판을 위한 제언」, 『한국 고대의 시선과 시각』, 주류성, 2021.

고할 일이다.

『삼국유사』와 같은 시기의 산물인 『제왕운기』는 중국 역사의 흥망을 기술한 상上권과 우리나라 역대 왕조의 성쇠를 서술한 하下권으로 구성되어 있다. 여기에서 견훤의 후백제는 하권의 동국군왕개국연대東國君王開國年代 중 백제기百濟紀의 바로 뒤에 배치된 후백제기後百濟紀에 그 사적이 정리되어 있다. 그리고 견훤이 신라 출신이므로 신라기新羅紀에도, 고려에 항복했으므로 고려 충렬왕 대까지의 사적을 기술한 본조군왕세계연대本朝君王世系年代에도 일부 거론되고 있다. 그러나 후백제기를 위시하여 『제왕운기』에 수록된 후백제 관련 기록은 대부분이 『삼국사기』의 정보를 축약한 것에 불과하다. 『삼국사기』 단계에서 가해진 견훤을 향한 부정적 사평과 그 논리가 여전히 답습되고 있기까지 하다.[30] 이승휴가 동국군왕개국연대의 서문에서 밝혔듯이, 고려 이전 역사의 서술이 대부분 '국사國史'인 『삼국사기』에 의거했기 때문이다. 『제왕운기』와 "거의 동시대同時代의 찬撰"[31]인 『삼국유사』에 인용된 후백제 관련 이종 자료들이 전혀 활용되지 않은 것도 특징이다. 따라서 『제왕운기』의 후백제·견훤 관련 정보는 『삼국사기』를 비롯한 기존의 자료에 수정을 가할 정도의 자질을 지니는 것은 아니라고 할 수 있다.

---

29) 河廷龍, 『三國遺事 史料批判』, 民族社, 2005.

30) 홍창우, 「『제왕운기』의 후고구려 인식 – '수용'과 '배제'의 논리에 주목하여」, 『전북사학』 65, 2022, 82-83쪽.

31) 崔南善, 『新訂 三國遺事』, 三中堂, 1943, 39쪽.

고려시대 문인의 문집 일부에도 후백제와 견훤에 대한 짤막한 언급이 확인된다. 『보한집補閑集』(1254)에는 최자崔滋가 당시 지추知樞였던 손변孫抃이라는 자로부터 태조가 직접 지은 글을 받아 실었다는 대목에서 이들이 거론되고 있는데, 후백제와의 교전에서 고려가 승리를 거두었다는 단편적인 사실과 견훤의 귀부에 이은 신검의 퇴축으로 후삼국이 통일된 것이 모두 태조의 '성덕盛德'에 의한 것이었음을 강조하는 내용이다.[32] 이제현李齊賢의 『익재난고益齋亂藁』(1363) 역시 견훤이 고려에 입조를 요청하자 태조가 후한 예로 대접하였고, 신검의 군대를 쳐서 후삼국이 합해졌으니 백성들이 기뻐했다는 범상한 역사적 사실이 기술되어 있을 뿐이다.[33] 최자는 후백제를 '흉광兇狂'의 무리로 묘사하였고, 이제현도 태조가 신검을 베어 죽인 뒤 '백제왕도百濟王都'에 이르러 "원흉元兇을 이제 멸했으니 백성들이 무슨 죄가 있으랴" 했다고 기록하였다. 이제현이 견훤을 거론한 대목에는 '흉패호란兇悖好亂 살주학민殺主虐民', '수적讎敵' 등의 부정적 표현들이 특히 눈에 띄는바,[34] 지극히 고려적인 관점이 투영된 것으로 여기에 보이는 정보들을 통해서는 이들에 대한 후대인들의 인식을 살펴볼 수 있을 따름이며, 이것이 후백제사의 객관적 복원에 기여할 사실 정보로서 기능하는 것은 아님을 알 수 있다.

---

32) 『補閑集』 上.

33) 『益齋亂藁』 9 世家「有元贈敦信明義 保節貞亮 濟美翊順功臣太師 開府儀同三司 尙書右丞相 上柱國忠憲王世家」.

34) 『益齋亂藁』 9 史贊「成王」.

한편, 견훤의 활동 당대나 그로부터 멀지 않은 시기에 형성된 자료와 기록에도 관심을 가져야 한다. 불교 관련 금석문 가운데 견훤이 거론된 사례들이 제법 있다. 「실상사편운화상탑승탑實相寺片雲和尙塔僧塔」에 새겨진 연호 정개正開를 후백제의 연호로 파악하고,[35] 이를 통해 실상산문과 견훤 정권 사이의 관계를 밝혀낸 성과는 후백제 역사를 입체적으로 복원해낸 대표적인 사례라 할 수 있다.[36] 그러나 많은 경우 신라가 기울어 가는 틈을 타 기강을 어지럽히고 이름을 도적질한 자의 표상으로서 궁예와 함께 거론되는 것이 일반적이었다(「대안사광자대사비大安寺廣慈大師碑」). 이들은 '원악元惡'이었고(「서운사요오화상비瑞雲寺了悟和尙碑」), 제거되어야 할 흉악스러운 적에 불과하였다(「비로사진공대사보법탑비毘盧寺眞空大師普法塔碑」). 특히 견훤과 같은 시대를 살았던 신라의 최치원은 방로태감防虜太監의 자격으로 지금의 함양 일대인 천령군天嶺郡 태수를 역임한 적이 있는바, 이때 승려 희랑希朗에게 보낸 서한 가운데 후백제가 가로막고 있어 그가 주관하는 화엄경 강설 현장을 방문할 수 없는 것에 애석함을 토로하는 대목에서 후백제 세력을 '오랑캐[로虜]'로 표현하고 있다.[37] 극단적인 적대감을 표출하고 있을

35) 金包光, 「片雲塔과 後百濟의 年號」, 『佛光』 49, 1928, 33-35쪽.

36) 裵宰勳, 「片雲和尙浮圖를 통해 본 實相山門과 甄萱政權」, 『百濟硏究』 50, 2008 ; 진정환, 「실상사 승탑 조영으로 본 실상산문과 정권」, 『불교미술사학』 23, 2017.

37) "希朗大德君 夏日於伽倻山海印寺 講華嚴經 僕以捍虜所拘 莫能就聽 一吟一咏 五側五平 十絕成章 歌頌其事 防虜太監 天嶺郡太守 遏粲 崔致遠"(崔英成, 「贈希朗和尙」, 『譯註 崔致遠全集』 2, 亞細亞文化社, 1999, 81-82쪽).

따름이며, 역시나 역사 복원을 위한 정보로서는 충분하지 않다.

지금까지 거론한 자료들은 사건 당사자 혹은 작성자가 직접 경험하거나 관찰한 것을 기록한 결과물이 아니다. 금석문과 같이 당대성이라는 측면에서 주목해야 하는 자료들은 사건 발생으로부터 가까운 시기에 형성되었다는 점에서 눈여겨보아야 하지만, 오히려 자료 생산 주체의 현재적 저치에 따라 사실의 과장이나 윤색이 저질러질 수도 있다는 것이다. 편찬 시기가 사건 당대에 근접했다고 하더라도 관점과 목적이 제한적일 경우, 더욱더 강도 높은 사료 점검이 필요한 이유가 여기에 있다.[38]

타국에서 작성된 문헌에 후백제 관련 정보가 확인되는 것에도 응당 주목해야 한다. 중화주의적 입장에 볼 때 중국의 주변국은 중국사의 일부이기도 했으므로,[39] 이민족들에 대한 정보를 대체로 열전의 형태로 배려해두었다.[40] 일본 역시 오래전부터 백제를 위시하여 한반도의 여러 정치체와 교섭한 전례가 있으며, 7세기 전쟁을 경유한 동아시아 질서의 재편을 계기로

38) 강진 무위사에 있는 先覺大師 迥微의 비문을 면밀하게 검토하여 10세기 초반 후고구려의 남부지방 경략을 궁예가 주도했다고 판단한 논고(최연식, 「康津 無爲寺 先覺大師碑를 통해 본 弓裔 행적의 재검토」, 『목간과 문자』 7, 2011 ; 이도학, 앞의 책, 2022, 12-13쪽)는 궁예정권의 해상 활동을 왕건이 주도했다는 기존의 이해에 대한 본격적인 반론이다. 그러나 그 궁예의 활약상이 정작 '고려 정종 원년'(946)에 세워진 형미의 탑비에 담길 수 있었던 맥락과 의도가 설명되어야 한다고 생각한다.

39) 이강래, 앞의 책, 2020, 238쪽.

40) 高柄翊, 『東亞交涉史의 硏究』, 서울大學校出版部, 1970, 5-9쪽 ; 全海宗, 『東夷傳의 文獻的 硏究－魏略·三國志·後漢書 東夷關係 記事의 檢討』, 一潮閣, 1980.

자국 중심의 천하관을 확보·천명했는바, 이러한 관점에서 한반도에 일어난 일들에 대해서도 일부 관심을 두고 있다. 이에 중국의 『구오대사舊五代史』(973~974), 『책부원귀冊府元龜』(1013), 『신오대사新五代史』(1036~1053), 『요사遼史』(1344) 등을 통해 후백제가 중국의 오월吳越, 후당後唐 그리고 북방의 거란과 교류를 진행했다는 기록을 확인할 수 있다.[41] 일본의 경우 평안平安시대에 편찬된 『부상략기扶桑略記』(1094)와 『본조문수本朝文粹』(1058~1065)에서 일본에 대한 후백제의 2차례에 걸친 사신 파견 정보가 확인된다.[42] 특히나 이들 자료에서 확인할 수 있는 기록들은 국내 측 자료들에서 보이지 않은 '외교' 관련 정보라는 점에서 국내 측 사서를 보완하고 있다는 평가를 받는다.

그러나 국내 전승들을 향해 제기할 수 있는 의문은 외국 측 자료에도 마찬가지로 적용할 수 있다. 중국이나 일본 측 정보에서'만' 확인되는 정보를 어떻게 받아들일 것인가 하는 문제

41) 후백제의 대외관계 특히 對중국 및 북방 세력과의 외교에 대해서는 수많은 연구가 발표되었다. 지면 관계상 대표적인 논저만을 소개하면 다음과 같다. 申虎澈, 「甄萱政權의 對外政策」, 앞의 책, 1993 ; 권덕영, 「後百濟의 海外交涉 活動」, 『후백제와 견훤』, 서경문화사, 2000 ; 윤명철, 「後百濟의 海洋活動과 對外交流」, 『후백제 견훤정권과 전주』, 주류성, 2001 ; 후백제문화사업회 편, 『후백제의 대외교류와 문화』, 신아출판사, 2004 ; 국립전주박물관 편, 『대외관계로 본 후백제』, 공감, 2015 ; 국립전주박물관 편, 『후백제와 오월』, 세종씨앤씨, 2016 ; 허인욱, 「後百濟의 對중국 교류 연구」, 『사학연구』 122, 2016 ; 김갑동, 「후삼국의 대중국 외교」, 『한국중세사연구』 49, 2017.

42) 『扶桑略記』 2 裡書 ; 같은 책 24, 醍瑚天皇 下. 『本朝文粹』 12 牒 「答新羅返牒」.

인 것이다. 특히 견훤이 일본에 사신을 보냈다는 정보는 오직 일본 측 자료를 통해서만 확인할 수 있다. 후고구려의 경우에도 거란과 교섭했다는 기록이 『요사』에서만 보이는바, 사실 자체를 수긍하지 않으려는 시각들이 오래전부터 제기되었고, 반대로 적극적인 의미 부여를 통해 후고구려의 외교사를 복원하는 시도 또한 있어 합의가 어렵다. 다만, 후백제에 대해서는 대체로 일본 측 정보를 '신뢰'하여 후백제의 대외관계 재구성에 적극적으로 활용하는 경향을 보인다.[43] 이렇듯 연구자들은 특정 자료를 통해서만 확보할 수 있는 정보를 제 나름대로 수용하는 방식과 논리에 대해서도 고민해야 하는 것이다.

중국의 몇몇 정사나 일본의 일부 사찬서에서 후백제의 역사가 배려된 것은 반가운 일이지만, 어디까지나 편찬 주체의 시선과 관심이 미치는 범위 내에서 선택적으로 서술된 내용에 불과하다는 것을 명심해야 한다. 역대 중국 사서들의 동이전이나 외국 열전은 중국 중심의 세계관에 따라 이민족에 대한 편견이 여실히 드러나 있다.[44] 즉, "중국인에 의하여 중국인의 관점에서 중국사로서 저술된 것"[45]이라는 명백한 제약에 유의

---

43) 中村榮孝,「後百濟及び高麗太祖朝の日本通聘」,『史學雜誌』38-8, 1927 ;『日鮮關係史の研究』上, 吉川弘文館, 1965 ; 申虎澈,「甄萱政權의 對外政策」, 앞의 책, 1993 ; 全基雄,「나말여초의 對日關係史 硏究」,『韓國民族文化』9, 1997 ; 권덕영, 앞의 논문, 2000 ; 윤명철, 앞의 논문, 2001 ; 신호철,「후백제」,『신편 한국사』11, 국사편찬위원회, 2002 ; 濱田耕策,「후백제왕 甄萱의 대일 외교 의의」,『후백제의 대외교류와 문화』, 신아출판사, 2004 ; 山崎雅稔,「甄萱政權과 일본의 交涉」, 같은 책, 2004 ; 박현숙,「외교문서를 통해 본 후백제와 일본의 외교 양상」,『歷史學報』236, 2017.

44) 문창로,「『삼국지』韓傳의 '三韓' 인식」,『동북아역사논총』55, 2017, 154쪽.

45) 이종욱,『한국 고대사의 새로운 체계』, 소나무, 1999, 85쪽.

하지 않으면 안 되는 것이다. 그리고 9~10세기의 중국 또한 오대五代·십국十國으로 나뉘어 패권을 다투던 혼란기였다. 분열이라는 점에서 당시 국내의 상황과 크게 다르지 않았으며, 그 때문에 중국 각국이 내륙의 주도권 다툼과 관련한 사안 이외의 것들에 대해서는 크게 관심을 두지 않았을 가능성도 크다.[46)]

이즈음 일본은 천황을 중심에 둔 율령 체제가 붕괴하고, 등원씨藤原氏를 비롯한 소수 귀족이 섭정攝政이나 관백關白의 자리에 올라 정치를 행하는 이른바 섭관攝關정치가 실시되었다. 경제적으로는 반전제班田制가 무너지고 장원莊園이 발달하여 대토지를 확보한 귀족들이 대거 출현하였으며, 이러한 '장원질서'를 유지하기 위해 자체적으로 무장 세력을 조직하는바, 이들이 무사단武士團이다. 이와 동시에 국풍문화國風文化가 등장하는데, 당(907)·발해(926)·신라(935) 등 그동안 일본과 교류했던 동아시아 여러 나라의 멸망이라는 국제 정세의 영향을 받은 결과였다. 즉, '고립'이라는 상황이 자국 문화의 숭상이라는 모순을 낳았으며, 이는 곧 폐쇄적 대외정책을 견지하는 배경이 된다.[47)] 이와 같은 상황에서 배려된 타국에 대한 정보란 그러므로 극히 제한적일 수밖에 없다고 생각한다.

조선시대로 넘어가게 되면 고려 왕조에 대한 공식 사서라 할 수 있는 『고려사』(1451)와 『고려사절요』(1452)에서 후백제·

46) 이기동, 「후삼국·고려 초기 한·중 해상교역 개황」, 『장보고와 21세기』, 혜안, 1999, 149쪽.

47) 閔斗基 編著, 『日本의 歷史』, 지식산업사, 1976, 33-41쪽 및 52-53쪽.

견훤과 관련한 기록들을 찾아볼 수 있다. 고려는 후백제를 패멸시킴으로써 후삼국의 통합을 이루어냈으며, 918년 건국 이후 936년 통일 이전까지의 전개는 거칠게 말하여 후백제와의 전쟁의 역사에 다름 아니므로 자연스럽게 고려의 역사를 담은 이 책들에 후백제의 사실이 일부 포함되고 있는 것이다. 물론 『삼국사기』나 『삼국유사』의 기록과 중첩되는 서술이 있는 것은 불가피하겠으나 『고려사』가 이들보다 더욱 소상한 내용을 전하는 경우도 있다는 점에서[48] 그 의의가 있다고 하겠다. 그럼에도 이 자료들은 '고려'의 관점에서 서술되어 있되, 어디까지나 조선시대의 산물이라는 한계가 있다.

조선 초의 저작들인 『동국사략東國史略』(1403), 『삼국사절요三國史節要』(1476), 『동국통감東國通鑑』(1485) 역시 기성 자료들에 보이는 관련 기록들을 나름의 방식으로 반복한 것이므로 사실 정보로서 가치는 크게 떨어진다고 하겠다. 동시에 신라를 배반한 인물, 고려의 통일 달성을 위한 조연적 존재로 그려지고 있어 인식의 측면에서는 『고려사』나 『고려사절요』와 별다른 차이가 없다.[49]

반면, 현실 통치를 담당하는 조선 왕실의 직접적 인식을 매개하는 『조선왕조실록』에서 견훤과 후백제는 언급이 거의 없다. 그마저도 대부분 『세종실록』 지리지에서 특정 지역과 관련한 역사를 상고할 때 이들이 단순하게 거론되는 사례들이

48) 申虎澈, 앞의 책, 1993, 192쪽 ; 조광, 『한국사학사의 인식과 과제』, 景仁文化社, 2010, 89쪽.

49) 조광, 위의 책, 89-90쪽.

다.[50] 성종 대에 왕이 석강夕講에 나가 주희朱熹의 『자치통감강목資治通鑑綱目』을 읽는 자리에서 이맹현李孟賢(1436~1487)이 전라도의 각박한 인심과 도적의 봉기를 거론하자, "전라도는 옛 백제 땅인데 견훤이 남긴 풍습을 백성들이 이제껏 모두 고치지 못하였으므로" 그러하다고 한 성종의 답변을 보면,[51] 고려시대에 규정된 이들에 대한 부정적 인식이 조선의 왕실에 여전히 강력한 영향을 미치고 있는 것을 짐작할 수 있겠다. 오히려 지배층의 관심에서 후백제와 견훤이 멀어져가고 있는 느낌이다.

조선 후기에 접어들면 기존의 정보들이 여전히 재활용되는 가운데, 성리학적 명분론과 정통론의 관점이 가미되어 부정적 평가 또한 한층 가미되고 있는 것을 확인할 수 있다. 후고구려·궁예와 함께 후백제·견훤을 정통正統에 반대되는 '무통無統'의 '도적盜賊'으로 설정한 안정복의 『동사강목東史綱目』이 대표적인 예일 것이다.[52] '암행어사'로 알려진 박문수朴文秀(1691~1756)가 영조에게 올린 상소문을 보면 견훤은 궁예와 함께 '극적劇賊'으로 표현되고 있기까지 하다.[53]

고려에서든 조선에서든 유교 관념에 입각한 군신 관계가 여전히 왕조사 운영의 변수로 작용하는 이상, 유교 사회에서 군

---

50) 『世宗實錄』 149 地理志 忠淸道 公州牧 恩津縣 ; 같은 책 150 지리지 慶尙道 安東大都護府 ; 같은 책 151 지리지 全羅道 및 전라도 全州府·羅州牧·長興都護府 및 장흥도호부 茂珍郡 등.

51) 『成宗實錄』 55 성종 6년 5월 17일 乙丑.

52) 『東史綱目』 凡例 統系 및 名號.

53) 『英祖實錄』 47 영조 14년 8월 9일 己丑.

주로서 균형을 크게 잃은 '원악元惡'으로서의 견훤과 그가 다스린 후백제에 대한 기왕의 일방적이고 통속적인 인식을 뒤집을 만한 변수는 없을 것이다. 이렇듯 조선시대에는 역사적 사실의 논증과 규명보다는 명분론과 정통론에 입각하여 후백제와 견훤의 행적에 대한 평가와 포폄이 주를 이루었다. 후백제의 '사실'과 관련한 기성 자료 간의 간극과 착종이 별다른 진전을 보이지 못한 채 그대로 답습된 이유가 바로 여기에 있다.[54)]

지지류 역시나 대부분이 기존의 자료들에 의존한 기술임을 부정할 수 없다. 물론 지지의 특징 중 하나가 바로 해당 지역의 전승이나 구전을 포함하고 있다는 점에서,[55)] 이를 통해 문헌의 기록을 보완하거나 문헌에 없는 정보를 획득할 수도 있다. 6~7세기의 신라 진평왕과 9~10세기의 견훤을 같은 시대의 인물로 기록[56)]하는 등 명백한 오류를 차치한다면, 후백제·견훤과 관련한 지명의 연원을 파악하거나 당시 전투 양상을 이해하는 데 도움을 받을 수 있다. 그러나 견훤은 신라를 배신한 역적이자[57)] 경애왕을 무참히 살해한 극악무도한 인물로 회자되는 것이 일반적이었다.[58)] 이전의 후백제나 견훤에 들씌워진 '고려적 편적'이 여전히 관류하고 있었던 것이다.

다만, 조선시대에 형성된 지지류나 문집 등의 자료들은 후백제사의 입체적인 복원을 위해 동원될 수 있다는 점에서 앞

54) 이강래, 「백제사에 대한 후대의 인식」, 앞의 책, 2020.

55) 조광, 앞의 책, 2010, 93쪽.

56) 『輿地圖書』 慶尙道 淸河縣 山川 및 古跡.

57) 『新增東國輿地勝覽』 24 慶尙道 安東大都護府 樓亭.

58) 『신증동국여지승람』 21 경상도 慶州府 古跡 ; 경상도 蔚山郡 古跡.

으로도 면밀한 분석과 활용이 요구된다. 『완산지完山誌』, 「전주성황사중창기全州城隍祠重創記」 등의 자료를 적극적으로 활용하여 후백제의 수도 전주도성에 서려있는 '사령四靈신앙'을 분석한 조법종의 연구,[59] 『여지지輿地志』, 『무경집無竟集』의 「운주산용장사사적기雲住山龍藏寺事蹟記」 등에 보이는 관련 기록들을 매개로 정읍 용장사龍藏寺가 후백제 정권기에 창건되었다고 논증한 허인욱의 성과,[60] "견훤이 방죽을 쌓았다[견훤축언甄萱築堰]"는 『영주지瀛州誌』의 기록을 토대로 후백제의 고부 지역 경영을 살펴본 송화섭의 논문[61] 등은 이와 관련한 대표적인 업적일 것이다.

요컨대, 현재 우리들 앞에 놓인 후백제와 견훤 관련 자료란 이들의 역사가 종결된 이후, 이들을 패멸시켰거나 혹은 이들과 적으로서 대치했거나 혹은 이들에게 무관심했던 자들에 의해 형성되었다. 즉, 이들에 비우호적인 세력들이 자신들의 어떠한 필요에 따라 작성된 기록물을 통해 우리들은 후백제의 사적을 짐작할 수밖에 없다는 기본적인 특성과 한계를 유념할 필요가 있다고 생각한다.

---

59) 조법종, 「後百濟 全州의 都城구성에 나타난 四靈체계－전주 거북바위의 성격을 중심으로」, 『한국고대사연구』 29, 2003.

60) 허인욱, 「井邑 山內 龍藏寺 관련 기록의 검토－後百濟代 창건을 중심으로」, 『전북사학』 48, 2016.

61) 송화섭, 「후백제 견훤 정권의 고부 경영과 해상교통」, 『전북사학』 49, 2016.

Ⅲ. 자료와 관련한 쟁점 – '원전原典' 문제를 중심으로

자료의 문제와 관련하여 그간 쟁점이 되어 왔던 부분은 대체로 '원전原典'의 문제가 아니었을까 한다. 앞 장에서 말했듯이 후백제 혹은 견훤과 관련하여 현재 단계에서 '원전'의 지위에 있는 사서는 김부식의 『삼국사기』이다. 그리고 일연의 『삼국유사』가 이를 보완하는 맥락에 서 있다. 그러므로 "이후의 각종 전승 자료들은 이들 고려의 저작물들의 내용 범위를 크게 벗어나지 않았다고 평가해도 좋다."[62]

그러나 동시에 이러한 자료들도 그들에게 '원전'의 지위를 지닌 자료가 분명히 있었을 것이다. 『구삼국사』나 『고기』를 위시한 미지의 수많은 자료가 『삼국사기』나 『삼국유사』 등의 사서 편찬에 활용된 것은 주지의 사실이다. 다만, 우리가 전거의 실물을 현재 확보해놓지 못할 뿐이다. 이와 관련하여 일찍부터 연구자들의 이목을 끈 자료는 『삼국유사』의 후백제견훤조였다. 크게 두 가지 이유에서였다고 생각한다. 『삼국사기』 견훤전과는 달리, 『삼국유사』 후백제견훤조는 인용 전거를 쉽게 확인할 수 있다는 점이다. 그리고 여기에 더하여 『삼국사기』에 보이지 않는 내용이 『삼국유사』에 수록되어 있다는 점이다. 즉, 견훤전과 비교했을 때 "편찬 체제라든가 인용 자료, 그리고 그 주체적인 내용에 있어서는 큰 차이점을 갖고 있"는[63]

62) 이강래, 앞의 책, 2020, 444쪽.
63) 申虎澈, 앞의 책, 1993, 183쪽.

후백제견훤조의 특징이 이 조목에 대한 비상한 관심을 불러일으켰다고 보고자 한다.

『삼국유사』와 관련한 가장 대표적인 논쟁이 견훤의 출신지 문제라는 점에 대해서는 2장에서 언급했다.[64] 연구자들은 『삼국사기』에는 없는 『삼국유사』만의 고유한 정보를 매개로 후백제의 시선과 호흡이 녹아있는 자료의 존재를 짐작해낸다. 동어반복이지만, 『삼국사기』나 『삼국유사』의 편찬 주체들이 후백제·견훤 관련 정보를 수록함에 기성의 자료를 활용했다는 점은 기지의 사실이다. 그러나 현재 우리는 그 기성 자료를 확보하고 있지 못하므로 그것이 무엇이었는지, 어떠한 내용과 인식이 담겨 있었을지 등의 질문을 계속해서 던진다. 이에 후백제·견훤 관련 정보의 원전 가운데 신호철이 말한 '주체적인 내용'을 담고 있을 자료가 존재했을 가능성에 귀를 기울이는 것이다.

이와 관련하여 사재동의 성과를 먼저 살펴보아야 한다.[65] 그는 『삼국유사』의 후백제견훤조가 '형성'되기까지의 과정을 살폈는데, 이를 위해 필연적으로 수행할 수밖에 없는 『삼국사기』 견훤전과의 비교는 물론이고 이 견훤전의 '초안草案'이 되

64) 견훤의 출신지를 둘러싼 논쟁에 대해서는 다음의 논고에 잘 정리가 되어 있다. 申虎澈, 「後百濟와 관련된 여러 異說들의 종합적 검토」, 『國史館論叢』 29, 1991 ; 「甄萱關係 諸異說의 檢討」, 위의 책 ; 邊東明, 앞의 논문, 2000 ; 李道學, 「甄萱의 出身地와 그 初期 勢力 基盤」, 『후백제 견훤정권과 전주』, 주류성, 2001 ; 앞의 책, 2022 ; 허인욱, 「견훤의 出自 관련 논의 재검토」, 『후백제와 견훤』, 서경문화사, 2021.

65) 史在東, 앞의 책, 2021.

었을 기성 자료들의 존재를 거론하였다는 점에서 주목해야 한다. 우선 근원사료로서 후백제의 '사록초史錄草'가 실존했을 가능성을 제기하였다. 이 '사록초'를 근거로 '사기史記'나 '견훤실록甄萱實錄'과 같은 사서가 편찬되었을 것이며, 이러한 기록물은 『삼국사기』 견훤전이나 『삼국유사』 후백제견훤조에 어떠한 형태로든 반영되었을 것이라는 게 저자의 생각이다.

특히 저자는 '사십이년경인四十二年庚寅'으로 시작하는 기사에 주목한다. 이 기년은 중국식 연호를 채택했던 후백제견훤조의 일반적인 연대 표기 경향을 감안했을 때 대단히 돌발적이다. 일찍이 이병도가 "진성여왕 3년(889) 군도가 봉기하던 때에서 기산起算하여 42년"이라 하였고,[66] 삼품창영三品彰英도 "42년은 무엇을 잘못 쓴 것인지 분명하지 않으나 문장의 전후로 볼 때 '장흥長興 원년元年 경인庚寅'으로 고쳐야 할 것이다. 장흥 원년 경인(930)은 신라 경순왕 4년에 해당한다. 다만, 42년을 주목해 생각하면 진성여왕 3년에 군도가 봉기할 때로부터 계산된 연대인가?"라고 의문을 표하기도 했다.[67]

진성왕眞聖王 3년의 봉기는 조세 독촉을 거부하여 전국적으로 일어난 반란을 가리키며,[68] 연구자에 따라서는 이 해가 후삼국시대의 기점으로 지목되기도 한다.[69] 그러나 저자는 이것

66) 李丙燾, 『原文并譯註 三國遺事』, 東國文化社, 1956; 『譯註·原文 三國遺事』, 明文堂, 2000, 275쪽.

67) 三品彰英, 『三國遺事考証』 中, 塙書房, 1979, 278-279쪽.

68) 『三國史記』 11 신라본기11 진성왕 3년.

69) 정청주, 「신라말·고려초 海上勢力의 대두와 그 역사적 의미－왕건의 海上勢力 장악을 중심으로」, 『歷史學研究』 59, 2015, 28쪽.

이 "견훤의 즉위 42년을 표기한 것이라고 판단"한다. 후백제견훤조에는 견훤이 자서한 시점을 '용기龍紀[70] 원년元年 기유己酉'라고 한 대목이 있는데[71] 이 해가 889년이므로, '42년 경인'은 바로 이를 기점으로 계산한 연대라는 것이다. 그리고 이러한 측면이 바로 『삼국사기』와 『삼국유사』의 원전이라 할 수 있는 '실록'의 초안에 담겼을 것이라고 추정하였다.

저자의 견해 중 또 하나 살펴볼 것이 『구삼국사』에 대한 의견이다. 견훤 관련 '실기實記'가 『구삼국사』에도 반영되었을 것이라고 한 저자는 『구삼국사』가 "삼국의 본기를 주축으로 연표·지·열전까지를 두루 포괄"한 사서지만, "결코 본기의 체제와 내용을 취하지는 못했을 것"으로 보았다. 즉, 후백제의 정보는 "축약·재편되어 열전 중의 하나로 수록"되었을 것이라는 것이다. 그러므로 『구삼국사』의 후백제 관련 기록은 이에 대한 "중찬적重撰的 성격을 지니고 있는 『삼국사기』 열전 견훤조甄萱條와 거의 동일한 체재와 내용"일 것이라 한다.

유사한 맥락에서 황형주는 『삼국사기』 견훤전과 궁예전의 원자료를 추적하였다.[72] 『삼국사기』 열전의 편찬에 기존의 『구삼국사』가 빈번하게 활용되었을 것으로 판단하는 그는 사재동과 마찬가지로 『삼국유사』 후백제 견훤조의 '삼국사본전'

70) 정덕본 『삼국유사』의 원문에는 '龍化'라고 판각되어 있는데, 이는 '龍紀'의 오각이다. 당 昭宗의 연호인 용기는 889년을 원년으로 하며, 오직 이 해에만 사용되었다.

71) 『삼국유사』 2 紀異 후백제견훤.

72) 黃亨柱, 『『三國史記·列傳』 撰述過程의 研究』, 성균관대학교 한문학과 박사학위논문, 2002.

에 주목한다. 그리하여 『삼국사기』 견훤전과 『삼국유사』 후백제견훤조의 내용 사이에 일치하지 않은 사례를 열거하고,[73] '삼국사본전'을 『삼국사기』 견훤전으로 판단했던 견해를 비판적으로 검토하는 방식을 취하여, 최종적으로 '삼국사본전'은 '『구삼국사』 견훤전'이라고 주장하였다. 이러한 이해를 바탕으로, 후백제견훤조에 있는 궁예와 견훤 관련 사론 역시 『구삼국사』 견훤전의 논찬을 옮겨 실은 것이며, 따라서 『삼국사기』 궁예전 역시 『구삼국사』 궁예전을 토대로 찬술한 것이라고 결론하였다.

현재 우리는 『구삼국사』의 면모를 잘 알지 못한다. 의천義天의 『대각국사문집大覺國師文集』이나 이규보의 「동명왕편東明王篇」 등 극히 일부 자료에 그 일문逸文이 전해질 뿐이며 편찬의 경위와 관련한 어떠한 정보도 확인되지 않아 이 책의 편찬 주체를 비롯하여 편찬 시기, 서술 대상, 체제, 내용 등이 명확하게 밝혀지지 않은 것이다. 그마저도 의천이나 이규보가 『구삼국사』의 내용을 그대로 수록했는지 혹은 저자의 사소한 표현 변개나 문구 수정 등이 있었는지 확인하기 어렵다고 생각한다.

사실 『구삼국사』에 열전이 있었는지도 연구자들마다 의견이 엇갈리고 있다. 이규보가 '동명왕본기東明王本紀'를 읽었다는 구절 등을 통해 『구삼국사』가 기전체 사서였다고 한 다음, 그러므로 본기가 있었으므로 열전도 존재했을 것으로 추론하는 정도이다.[74] 무엇보다도 『구삼국사』의 내용과 사론을 '전재轉載'

73) 黃亨柱, 앞의 논문, 14-23쪽.

한 『삼국사기』는 그렇다면 '중찬重撰된 국사國史'로서의 위상을 상실하고, 단지 고려 전기의 사실과 인식을 답습한 결과물에 지나지 않게 된다. 이는 김부식이 기존 문헌들에 대한 극복을 겨냥했던 『삼국사기』 편찬의 당위와도 거리가 멀다. 『구삼국사』를 고스란히 반복할 것이라면 구태여 『삼국사기』를 편찬해야 하는 어떠한 이유도 없을 것이다.

잠시 논의를 『구삼국사』의 문제로 돌려보면, 일찍이 정구복이 『구삼국사』에 후백제의 정보가 기록된 양상을 추론한 바 있다.[75] 『구삼국사』를 '『삼국사三國史』'로 명명하는 그는 본기, 지, 열전 등 현행 『삼국사기』와 방불한 체제를 갖추고 있다고 판단하되, 『삼국사기』와는 달리 "궁예와 견훤을 열전으로 다

74) 金庠基, 『高麗時代史』, 東國文化社, 1961, 855-856쪽 ; 李基白 外, 『우리 歷史를 어떻게 볼 것인가』, 三星美術文化財團, 1976, 45쪽의 이우성의 발언. 田中俊明, 「『三國史記』撰進と『舊三國史』」, 『朝鮮學報』 83, 1977 ; 三品彰英, 앞의 책, 1979, 260-261쪽 ; 김석형, 「구『삼국사』와 『삼국사기』」, 『력사과학』 1981-2, 1981 ; 강인숙, 「구『삼국사』의 본기와 지」, 『력사과학』 1985-4, 1985 ; 金貞培, 「檀君記事와 관련된 古記의 性格」, 『韓國上古史의 諸問題』, 韓國精神文化硏究院, 1987, 168쪽 ; 옥명심, 「『삼국사기』와 구『삼국사』의 관계에 대하여」, 『력사과학』 1993-1, 1993 ; 黃亨柱, 앞의 논문, 2002 ; 이도학, 「檀君 國祖 意識과 境域 認識의 變遷 - 『舊三國史』와 관련하여」, 『韓國思想史學』 40, 2012. 한편, 말송보화는 『구삼국사』를 본기 만을 갖춘 고구려 중심의 사서로 판단하였고, 고병익은 본기 뿐인 편년체의 사서라 보았다. 末松保和, 「舊三國史と三國史記」, 『朝鮮學報』 39·40, 1966, 10쪽 ; 高柄翊, 「『三國史記』에 있어서의 歷史敍述」, 李佑成·姜萬吉 編, 『韓國의 歷史認識』 上, 創作과批評社, 1976, 48쪽. 『구삼국사』가 기전체의 고구려 중심적 내용을 담고 있었을 것이라는 점에는 이기백도 동조하고 있다. 李基白, 『韓國史學의 方向』, 一潮閣, 1978, 22-28쪽.

75) 鄭求福, 「高麗 初期의 『三國史』 編撰에 대한 一考」, 『國史館論叢』 45, 1993 ; 「고려 초의 『구삼국사』」, 『(개정증보)韓國中世史學史』 I, 景仁文化社, 2014.

루지 않고 백제본기의 말미와 고려본기의 말미에 서술하였을 가능성이 높다"고 한다. 그리고 그 이유는 "견훤과 궁예를 반역자로 쓴 김부식의 서술 태도와 『삼국사』 편찬자들의 관점은 분명히 달랐"기 때문이라 한다. 후백제와 견훤을 열전에서 다루었는지 혹은 본기에서 수용했는지의 차이가 있을 뿐, 『구삼국사』에 이들이 어떠한 형태로든 기록되었을 것이라는 점에는 황형주와 정구복의 견해가 일치하고 있다.

후삼국의 통합(936) 직후, '창업'과 '수성'을 모두 달성한 태조의 업적에 대한 문서 형태의 정리 작업을 서둘렀음 직하다.[76] 아마도 『태조실록太祖實錄』과 같은 자료가 우리에게 주어졌더라면 그 내용을 쉽게 확인할 수 있었을 것이다.[77] 이 실록류 자료가 『고려사』·『고려사절요』의 편찬에 근간이 되었다는 점은 잘 알려져 있다. 여러 연구자가 지적했듯이, 특히 이들 자료에는 『삼국사기』나 『삼국유사』에 확인되지 않거나 오히려 이보다 더 상세한 정보가 수록된 경우들도 있다. 다만, 그 상세함이란 대체로 고려 태조의 신성함과 위대함을 돋보이게 하는 맥락이라는 점에 유의할 필요가 있다. 고려 태조의 등장 이후 그가 후삼국을 통합해가는 과정에서 후백제와 견훤은 '부차적'으로 다뤄지고 있다는 것을 명심해야 하는 것이다.

물론 "기존 자료의 전재轉載를 원칙"으로 하는 『고려사』와

76) 홍창우, 「『삼국사기』의 궁예 가계 및 출생 관련 정보에 대한 후대의 수용 방식 문제」, 『韓國史研究』 199, 2022, 70쪽.

77) 金成俊, 「『高麗七代實錄』 編纂과 史官」, 『韓國中世政治法制史研究』, 一潮閣, 1985 ; 김광철, 「고려 초기 실록 편찬」, 『석당논총』 56, 2013 ; 김갑동, 「고려의 『7대사적』과 『태조실록』」, 『고려 현종 연구』, 혜안, 2022.

『고려사절요』의 객관성[78]을 부정하는 것은 아니다. 사실 관계를 비롯하여 고려 왕실이 주도했을 편향적 해석과 그 의도를 세밀하게 가려내야 함을 말하고자 하는 것이다. 「고려세계高麗世系」에서도 짐작할 수 있는 것처럼, 왕건 가문의 절대적인 신성화 양상이나 『고려사』 곳곳에서 발견되는 후백제·견훤에 대한 혹독한 비판적 서술이 단적인 예일 것이다. 이와 더불어 태조가 왕실 자손들을 위해 남긴 10개 조목의 훈요訓要 가운데 제8조가 고려에 통합된 것에 불만을 품은 '후백제인'을 경계하는 조목임도 염두에 두어야겠다. 이처럼 태조를 중심에 두고 정리된 자료들에서 후백제와 견훤은 태조의 통합을 위한 보조자로 규정되었으며, 이것이 바로 고려 초의 이들에 대한 기록과 인식의 양상이라 하겠다.

무엇보다도 『구삼국사』에서 견훤이나 후백제의 정보를 본기에서 다루었을 것이라는 주장과 그 때문에 『구삼국사』에서는 견훤이 반역자로 취급되지 않았을 것이라는 주장은 별개의 문제일 것이다. 어떠한 인물의 정보를 기전체 사서의 본기에 수록했다 하더라도 내용상으로는 얼마든지 반역자의 범주에서 다룰 수 있고, 열전에 실었다 하더라도 반역자가 아니라는 설정은 얼마든지 가능한 것이기 때문이다. 그 사서가 어떠한 체제를 선택했는가와 무관하게, 내용을 담고 기록한 자의 속성과 성향이 결정할 문제가 아닌가 한다.

78) 邊太燮, 「高麗史 編纂에 있어서의 客觀性의 問題 – 高麗史 評價의 肯定的視覺」, 『『高麗史』의 硏究』, 三英社, 1983.

또한, '사초', '실록', '『후백제사』' 등이 후백제 계통의 자료에서 연원했을 것으로 판단하는 주장에도 주목할 필요는 있지만, 거기에 수록된 내용이나 인식이 과연 현행 『삼국사기』나 『삼국유사』와 달랐을 것으로 볼 수 있는지는 의문이다. 물론 이러한 자료들은 후백제의 입장이 충실하게 반영되어 있었겠으나, 어쨌거나 고려가 이를 좌우할 수 있는 권한을 가졌다는 점에서 이들 자료에 '고려적 편견'이 개입되었을 가능성이 매우 큰 것이다. 앞서 살펴보았듯이, 연구자들 가운데에는 『삼국유사』 후백제견훤조의 '사십이년경인四十二年庚寅'를 매개로 후백제 계통에서 연유했을 자료의 존재 가능성을 타진하기도 하는바, 정작 '42년 경인'을 기년으로 삼는 이 기사는 "고려 측 관점이 강하게 노출된 정보"이다.[79] 왕건을 '태조太祖'라고 지칭한 것 또한 후백제 계통에서 연유했다면 사용될 수 없는 용어이다. 따라서 '42년 경인'이 "견훤의 즉위 42년을 표기한 것"[80]이라 할 때, 후백제의 기년법을 적용한 후백제 계통 기사에서 고려 편향적 내용이 담겨 있다는 모순에 대해 설명할 필요가 있는 것이다.

견훤이 궁예와 함께 반역자로서 크게 강조·선전되어야 할 때는 『삼국사기』나 『삼국유사』가 편찬되는 고려 중·후기보다는 오히려 고려 건국기라고 생각한다. 신라나 후고구려가 존속하는 이상 왕건은 본디 왕이 될 수 없는 위치에 있었고, 엄

79) 이강래, 앞의 책, 2021, 268쪽.

80) 사재동, 앞의 책, 2021, 392-393쪽.

밀한 의미에서 왕건의 창국과 즉위는 유교에서 '불인不仁'으로 간주하는 '이신살(시)군以臣殺(弑)君'으로부터 비롯되었다.[81] 그러므로 고려 태조는 견훤과 궁예를 적극적으로 부정하고 신라의 권위를 존숭함으로써 고려 건국의 정당성을 확보하고자 했던 것이다.[82] 고려 태조는 경순왕이 귀부하면서 바친 진평왕의 천사옥대天賜玉帶를 '고려화'하며 신라의 권위를 온전히 승습했다고 자부했을 것이다. 따라서 고려 초에도 견훤과 후백제는 긍정적으로 서술될 이유가 거의 없었을 것이다.[83]

요컨대, 현재 전하지 않는 『구삼국사』 등의 자료가 현행 『삼국사기』나 『삼국유사』와는 내용이나 체제 등이 크게 달랐을 것이고, 이들 자료가 어떠한 의도로 전술前述된 것들과는 다르게 작성되었다는 보는 시각들이 있지만, 그렇게 판단할 이유는 충분하지 않은 것 같다. 현재 우리가 볼 수 있는 『삼국사기』, 『삼국유사』 등의 후백제·견훤 관련 정보와 이들을 향한 평가는 고려 초에 형성된 기록들이 충실하게 전승되어 고려 중기 혹은 후기의 사유방식에 따라 기록물로 정착한 결과라고 생각한다.

---

81) 『史記』 61 伯夷列傳. 신채호, 『단재 신채호 전집』 1, 독립기념관 한국독립운동사연구소, 2007, 637쪽.

82) 홍창우, 「『삼국사기』의 후고구려 인식 – 왕조의 '계승'과 '극복'이라는 양면성의 맥락에 유의하여」, 『한국중세사연구』 68, 2022.

83) 이강래, 앞의 책, 2007, 218쪽.

Ⅳ. 맺음말

현재의 단계에서 후백제·견훤과 관련한 자료들은 몇 개의 층위로 구분할 수 있다. 『삼국사기』와 『삼국유사』와 같이 비록 2차 자료지만 '원전'의 위상을 점하고 있는 자료들을 우선 들 수 있다. 『제왕운기』나 일부 문인들의 문집 속 후백제 관련 기록들도 확인되나, 역사 복원에 기여할 수 있는 인자는 아니다. 즉, 후백제를 패망시켰던 고려의 관점이 충실하게 투영된 자료들이 그것이다.

두 번째로는 조선시대에 찬술된 자료들이다. 왕조실록이나 관·사찬 사서, 다양한 문집, 각종 지리서 등에 조선의 전대사前代史로서 후백제와 견훤이 기록되었다. 그러나 내용의 측면에서는 『삼국사기』의 정보가 절대적으로 반복되고 있다고 해도 과언이 아니다. 이전 시기의 비판적 사평이 재현되거나 조선의 맥락에서 강화되는 양상도 보인다. 조선시대의 자료들은 『삼국사기』나 『삼국유사를 보조하는 역할을 하고 있는 셈이다.

후백제 당대로부터 멀지 않은 시기에 형성된 자료들도 거론해야 한다. 후삼국으로의 분립을 초래한 신라는 후백제의 거센 도전을 지속해서 받아왔던바, 최치원 등 당대 지식인들은 이들을 '오랑캐'로 인식하고 경계하였다. 비슷한 맥락에서 고려 초에 건립된 여러 금석문 속의 후백제 역시 고려의 통일 위업 달성을 위해 소멸해야 하는 존재로 그려졌다. 후백제와 교류했던 타국 역시 오직 '조공과 책봉'의 관계 속에서 단편적인 혹은 일방의 정보들을 배려하는 데 그쳤다. 즉, 후백제의 역사를 종결시켰거나 후백제와 적으로 맞섰거나 후백제에 무관심했던 자들에 의해 후백제와 견훤에 대한 자료가 형성되었다는 점을 숙고해야 하는 것이다.

자료 측면에서의 쟁점은 대개 '원전'의 문제로 귀결되는 듯하다. 후고구려·궁예와 달리 후백제·견훤 관련 정보들은 전거의 명칭을 다소 수월하게 확인할 수 있다는 점에서 여러 논의를 불러 모았다고 본다. 여기에는 『삼국사기』나 『삼국유사』 등 한국 고대사를 복원하는 데 필수 불가결의 자료에 대한 사학사적 논의와 연계되어 있다는 점에서 간단한 문제는 아니다.

연구자들은 후백제와 견훤의 호흡과 필치로 작성된 자료들이 존재했고, 그것이 어떠한 형태로든 이후의 자료들 속에 반영되었을 것으로 짐작한다. 온당한 추론이라고 생각한다. 후백제는 '천년 왕조' 신라의 권위를 무너트리겠다는 명분을 내걸고 건국하였으므로, 자신들이 새로운 통치 주체로서 신라의 대안이 되어야 하는 나름의 당위를 선전할 필요가 있었을 것이다. 궁예가 자신을 미륵의 화신으로서 신성화시켰던 것처럼, 견훤 역시 불교의 미륵 사상을 적극적으로 수용하였고 독특한 역사 인식을 바탕으로 민심을 끌어보았다. 이렇듯 건국주에 대한 신성화 작업이 그에 대한 나름의 대답일 수 있으며, 후백제의 건국과 체제 정비 등의 과정을 기록화하는 데에도 소홀하지 않았다고 본다.

다만, 현재 존재하지 않는 『구삼국사』의 여러 측면을 추론함에 『삼국사기』와의 '차이'만을 강조해서는 안 된다고 생각한다. 『구삼국사』의 편찬 시기를 대부분 '고려 초기'로 보고 있으며, 후백제와 후고구려에 대한 비판의 정도는 오히려 고려 중기의 그것을 넘어섰을 것이기 때문이다. 후백제·견훤 관련 '원전'의 문제를 다룰 때 이러한 점 역시 고려할 필요가 있을 것이다.

참고문헌

〈문헌〉

『高麗史』, 『高麗史節要』, 『東國李相國集』, 『東史綱目』, 『史記』, 『三國史記』, 『三國遺事』, 『成宗實錄』, 『世宗實錄』, 『新增東國輿地勝覽』, 『補閑集』, 『本朝文粹』, 『扶桑略記』, 『輿地圖書』, 『英祖實錄』, 『益齋亂藁』, 『帝王韻紀』.

〈논문〉

강인숙, 「구『삼국사』의 본기와 지」, 『력사과학』 1985-4, 1985.
高柄翊, 『東亞交涉史의 研究』, 서울大學校出版部, 1970.
高柄翊, 「『三國史記』에 있어서의 歷史敍述」, 『韓國의 歷史認識』 上, 創作과批評社, 1976.
高柄翊, 「韓·中·日의 古代史書」, 『아시아문화』 2, 1987.
김갑동, 「후삼국의 대중국 외교」, 『한국중세사연구』 49, 2017.
김갑동, 『고려 현종 연구』, 혜안, 2022.
김광철, 「고려 초기 실록 편찬」, 『석당논총』 56, 2013.
金庠基, 『高麗時代史』, 東國文化社, 1961.
金庠基, 「甄萱의 家鄕에 對하여」, 『가람李秉岐博士頌壽論文集』, 가람李秉岐博士頌壽論文集刊行委員會, 1966.
김석형, 「구『삼국사』와 『삼국사기』」, 『력사과학』 1981-2, 1981.
金成俊, 『韓國中世政治法制史研究』, 一潮閣, 1985.
金貞培, 「檀君記事와 관련된 古記의 性格」, 『韓國上古史의 諸問題』, 韓國精神文化研究院, 1987.
金包光, 「片雲塔과 後百濟의 年號」, 『佛光』 49, 1928.
末松保和, 「舊三國史と三國史記」, 『朝鮮學報』 39·40, 1966.

문창로, 「『삼국지』 韓傳의 '三韓' 인식」, 『동북아역사논총』 55, 2017.

閔斗基 編著, 『日本의 歷史』, 지식산업사, 1976.

朴敬子, 「三國遺事所在 甄萱傳의 檢討」, 『淑大史論』 16·17, 1992.

박현숙, 「외교문서를 통해 본 후백제와 일본의 외교 양상」, 『歷史學報』 236, 2017.

裵宰勳, 「片雲和尙浮圖를 통해 본 實相山門과 甄萱政權」, 『百濟研究』 50, 2008.

邊東明, 「甄萱의 出身地 再論」, 『震檀學報』 90, 2000.

邊太燮, 『『高麗史』의 研究』, 三英社, 1983.

濱田耕策, 「후백제왕 甄萱의 대일 외교 의의」, 『후백제의 대외교류와 문화』, 신아출판사, 2004.

史在東, 「「甄萱傳」의 形成에 對하여」, 『語文論志』 3, 忠南大學校 文理科大學 國語國文學科, 1978.

사재동, 『삼국유사의 문예 현상과 문학의 갈래, 그 연행 양상』, 민속원, 2021.

山崎雅稔, 「甄萱政權과 일본의 交涉」, 『후백제의 대외교류와 문화』, 신아출판사, 2004.

三品彰英, 『三國遺事考証』 中, 塙書房, 1979.

송화섭, 「후백제 견훤 정권의 고부 경영과 해상교통」, 『전북사학』 49, 2016.

신채호, 『단재 신채호 전집』 1, 독립기념관 한국독립운동사연구소, 2007.

申瀅植, 『統一新羅史研究』, 三知院, 1990.

신형식, 『삼국사기의 종합적 연구』, 景仁文化社, 2011.

申虎澈, 『後百濟 甄萱政權 研究』, 서강대학교 사학과 박사학위논문, 1989.

申虎澈, 「後百濟와 관련된 여러 異說들의 종합적 검토」, 『國史館論叢』 29, 1991.
申虎澈, 『後百濟 甄萱政權 研究』, 一潮閣, 1993.
신호철, 「후백제」, 『신편 한국사』 11, 국사편찬위원회, 2002.
신호철, 「후백제사 연구의 성과와 과제」, 『대외관계로 본 후백제』, 공감, 2015.
옥명심, 「『삼국사기』와 구『삼국사』의 관계에 대하여」, 『력사과학』 1993-1, 1993.
李康來, 『三國史記 典據論』, 民族社, 1996.
이강래, 『三國史記 形成論』, 신서원, 2007.
이강래, 『한국 고대의 경험과 사유 방식』, 전남대학교출판문화원, 2020.
이강래, 『한국 고대의 시선과 시각』, 주류성, 2021.
李基東, 「古代國家의 歷史認識」, 『韓國史論』 6, 국사편찬위원회, 1981.
이기동, 「후삼국·고려 초기 한·중 해상교역 개황」, 『장보고와 21세기』, 혜안, 1999.
李基白, 『韓國史學의 方向』, 一潮閣, 1978.
李基白 外, 『우리 歷史를 어떻게 볼 것인가』, 三星美術文化財團, 1976.
이도학, 「檀君 國祖 意識과 境域 認識의 變遷－『舊三國史』와 관련하여」, 『韓國思想史學』 40, 2012.
이도학, 『후백제사 연구』, 학연문화사, 2022.
李丙燾, 『譯註·原文 三國遺事』, 明文堂, 2000.
李在範, 『後三國時代 弓裔政權 研究』, 성균관대학교 사학과 박사학위논문, 1991.
李在範, 『後三國時代 弓裔政權 研究』, 혜안, 2007.

이종욱, 『한국 고대사의 새로운 체계』, 소나무, 1999.
全基雄, 「나말여초의 對日關係史 硏究」, 『韓國民族文化』 9, 1997.
전덕재, 「『삼국사기』 궁예·견훤열전의 원전과 편찬」, 『역사와 경계』 116, 2020.
전덕재, 『三國史記 잡지·열전의 원전과 편찬』, 주류성, 2021.
전덕재, 「『삼국유사』 기이편 후백제 견훤조의 원전과 편찬」, 『사학연구』 146, 2022.
田中俊明, 「『三國史記』撰進と『舊三國史』」, 『朝鮮學報』 83, 1977.
全海宗, 『東夷傳의 文獻的 硏究－魏略·三國志·後漢書 東夷關係 記事의 檢討』, 一潮閣, 1980.
鄭求福, 「高麗 初期의 『三國史』 編撰에 대한 一考」, 『國史館論叢』 45, 1993.
정구복, 「삼국사기 해제」, 『(개정증보)역주 삼국사기』 1, 한국학중앙연구원출판부, 2011.
정구복, 『(개정증보)韓國中世史學史』(Ⅰ), 景仁文化社, 2014.
정청주, 「신라말·고려초 海上勢力의 대두와 그 역사적 의미－왕건의 海上勢力 장악을 중심으로」, 『歷史學硏究』 59, 2015.
조광, 『한국사학사의 인식과 과제』, 景仁文化社, 2010.
조법종, 「後百濟 全州의 都城구성에 나타난 四靈체계－전주 거북바위의 성격을 중심으로」, 『한국고대사연구』 29, 2003.
조법종, 「후백제와 태봉관련 연구동향과 전망」, 『新羅文化』 27, 2006.
조법종, 「역사문화권 특별법과 후백제 문화권 정립」, 『후백제와 견훤』, 서경문화사, 2021.
趙仁成, 「三國 및 統一新羅時代의 歷史敍述」, 『韓國史學史의 硏究』, 乙酉文化社, 1985.

趙仁成,『泰封의 弓裔政權 研究』, 서강대학교 사학과 박사학위논문, 1991.

조인성,『태봉의 궁예정권』, 푸른역사, 2007.

中村榮孝, 「後百濟及び高麗太祖朝の日本通聘」, 『史學雜誌』 38-8, 1927.

中村榮孝,『日鮮關係史の研究』上, 吉川弘文館, 1965.

津田左右吉,「後百濟疆域考」,『朝鮮歷史地理』1, 南滿洲鐵道株式會社, 1931.

津田左右吉,『津田左右吉全集』11, 岩波書店, 1964.

진정환,「실상사 승탑 조영으로 본 실상산문과 정권」,『불교미술사학』23, 2017.

진정환,「후백제역사문화권 정립과 추진 방향」,『한국전통문화연구』29, 2022.

차인국,「후백제 고고학의 연구현황과 과제」,『全北學硏究』4, 2021.

崔南善,『新訂 三國遺事』, 三中堂, 1943.

최연식,「康津 無爲寺 先覺大師碑를 통해 본 弓裔 행적의 재검토」,『목간과 문자』7, 2011.

崔英成,『譯註 崔致遠全集』2, 亞細亞文化社, 1999.

河廷龍,『三國遺事 史料批判』, 民族社, 2005.

허인욱,「後百濟의 對중국 교류 연구」,『사학연구』122, 2016.

허인욱,「井邑 山內 龍藏寺 관련 기록의 검토-後百濟代 창건을 중심으로」,『전북사학』48, 2016.

허인욱,「견훤의 出自 관련 논의 재검토」,『후백제와 견훤』, 서경문화사, 2021.

허인욱,「후백제 연구 성과와 향후 과제」,『全北學硏究』4, 2021.

홍창우,『후고구려의 지향과 인식의 전개』, 전남대학교 사학과 박사학위논문, 2021.

홍창우, 「『삼국사기』의 궁예 가계 및 출생 관련 정보에 대한 후대의 수용 방식 문제」, 『韓國史研究』 199, 2022.

홍창우, 「『삼국사기』의 후고구려 인식 – 왕조의 '계승'과 '극복'이라는 양면성의 맥락에 유의하여」, 『한국중세사연구』 68, 2022.

홍창우, 「『제왕운기』의 후고구려 인식 – '수용'과 '배제'의 논리에 주목하여」, 『전북사학』 65, 2022.

黃亨柱, 『『三國史記·列傳』 撰述過程의 研究』, 성균관대학교 한문학과 박사학위논문, 2002.

간행후기

귀가 먹먹하다. 분간하기 힘든 아우성으로 가득하다. 주고받는 말은 사라지고 고집불통의 악다구니만 난무한다. 아수라장이 따로 없다. 점잖은 차림으로 단상에 올라서서는 폭언을 내뱉는다. 부끄러운 줄을 모른다. 과격함으로 선명성을 뽐낸다. 끼리끼리 모여 우쭐댈 뿐 겨레와 나라는 뒷전이다. 사랑이며 관용이니 배려니 하는 말은 사전에만 모셔진 지 오래이다. 힘자랑하며 거들먹거리는 게 딱 시정市井 수준이다. 패거리만 있을 뿐 이웃은 없다. 인간과 사회를 고민해본 적조차 없는 망나니가 칼을 휘두르며 설쳐댄다. 애초의 예상에서 한 치를 벗어나지 않은 채 어찌 그리 한결같은가. 놀랍도록 수미일관이다.

대한민국은 민주공화국이다. 국민이 주인이며 권력의 원천이다. 일체의 독재를 배격한다. 모든 사람은 평등하며 그러한 바탕에서 자유를 누린다. 평등 없이는 자유가 불가능하며, 자유 없는 평등은 무의미하다. 그것이 민주주의다. 틀에 박힌 상투어이지만, 문명의 국가에서는 반드시 지켜져 마땅한 원칙이다.

언필칭 자유를 내세우며 자신과 다른 생각을 가진 이는 권력으로 억누른다. 일제日帝의 침탈과 만행은 지난 일이니 그만 잊어 마땅하다. 친일했어도 독립유공자이다, 좌익만 아니면. 항일투쟁에 목숨 걸었어도 독립유공자 아니다, 좌익이면. 오염의 내용조차 불분명한 일제日製 핵폐수는 마셔도 된다, 안전하니까. 원전은 친환경이니 장려해야 하고, 태양광발전과 같은 신재생에너지 시설은 비리의 온상이니 척결 대상이다. 북녘은 힘으로 제압해야 할 적일 따름이다. 협상이고 교류며 지원이라니 무슨 말라빠진 개뼈다귀인가. 겨레의 아픔이란 종북 좌파의 선동 문구에 지나지 않는다.

요즘 유행하는 말로, 괴담이다. 퇴행이다. 문명의 21세기 대낮을 시대착오의 낯익은 유령이 어슬렁거린다. 상국上國에 조공 바치고 노래로 재롱떨며, 지레짐작에 부추김으로 이웃에게 불끈 주먹질하면서 앞장서다가, 문득 뒤돌아보니 아무도 없이 혼자다. 국제적 희극이다. 잘한 일이야, 웃음을 줬으니. 겨레의 비극이다.

모든 건 변한다. 찰나도 멈춤이 없으며, 움직이지 않는 건 없다. 그 방향이 궁금한가. 현재를 성찰하라. 현재는 열매이자 씨앗이다. 오늘이 불만인가. 어제를 돌아보라. 내일은 오늘과 다르길 원하는가. 지금 먼저 스스로 바뀌어라. 오늘 스스로 바뀌지 않으면서 다른 내일을 기대하지 말라. 내 하기 나름이다.

지역사연구소에서 총서 제3권을 간행하게 되었다. 폭력이 난무하는 가운데 전쟁도 불사하겠다는 자들이 날뛰는 나라에 살지만, 배우고 익힘을 향한 발걸음을 멈출 수는 없다. 박은식 선생은 학문이란 "실로 천지를 개벽하고 세계를 좌우하는 능력"이 있는 것이라고 하였다. 또한 선생의 "학술로써 천하를 구한 자도 있고, 학술로써 천하를 살殺한 자도 있다"는 무거운 가르침도 전한다. 요즘 들어 새삼 되뇌는 경구警句인 바, 이 작은 책자가 어제를 돌아보며 밝은 내일로 향하려는 힘겨운 몸부림의 하나로 받아들여지기를 바라 마지않는다.

지역사연구소에서는 지난 1월 6일 견훤의 '후백제 건국과 광주'를 주제로 학술대회를 열었다. 후백제의 광주 도읍 1,130주년을 기념하는 조촐한 자리였다. 이 책은 거기에서 발표된 글들을 수정 보완하여 엮은 것이다.

매서운 추위에도 많은 분들이 함께 하시어 나름 성황이었다. 노구를 이끌고 먼 길을 달려와 축사를 보태 주신 강정채 전 총장님을 비롯하여, 행사를 공동 주관하는 책임자로서 환영의 말씀을 아끼지 않으신 정명중 전남대 호남학연구원장, 종합토론의 좌장으로 수고하신 최인선 순천대 교수, 학술대회 때면 으레 사회를 자임해 오신 여병창 청운대 교수, 발표와 토론에 열성을 다하신 열두 분의 연구자들, 그리고 행사를 준비하느라 수고하신 관계자 여러분 및 원근 각처에서 방청을 위해 모이신 수많은 선생님들께 삼가 엎드려 감사드린다. 제대로 잘 해 보라는 채찍으로 받아들이며, 온 힘을 쏟아 매진할 것을 거듭 다짐한다.

학술대회를 열고 또 이 책을 간행하기까지 도움을 주신 분들이 무척 많다. 온갖 역경 속에서도 학문을 향한 열정 하나로 이 길을 함께 걸어온 발표자들께 먼저 감사드린다. 그 순정한 마음 길이 이어가 학계의 큰 별로 남기를 기원한다. 지역사연구소의 취지에 공감하며 따뜻한 조언을 아끼지 않은 토론자들의 우정도 잊지 않으려 한다. 발표 자료집을 인쇄하고 현장을 준비하는 등에 필요한 경비를 후원하며 여러 면에서 도움을 주신 호남학연구원 및 관계자 여러분의 은덕은 말로 다 표현할 수가 없다. 그 고마움 길이 간직하겠다. 중견 학자로서 손꼽히는 위치임에도 연구소의 궂은 일을 군말 없이 거들어 준 후배들에게 면목이 없다. 도움은 주지 못하면서 성가시게 굴기만 하는 못난 선배를 도리어 위로하며 북돋워주는 속 깊은 정이 도탑기 그지없다. 깊이 감사드린다. 특히 연구소 창립 이래 이제까지 월례발표회와 학술대회 준비를 도맡아 왔으며, 총서를 발간하기 위한 원고 수합에서 그 편집과 출판사 접촉에 이르도록, 일체를 총괄해 수고한 최영주 선생께 각별한 사의를 표하는 바이다. 더불어, 연구소의 운영과 총서 발간에 작은 정성이나마 보태도록 마음을 남긴 밝은이[明娥] 고영숙 전 기독간호대 교수의 맑은 뜻을 기리며 또한 그 명복을 빈다.

끝으로 한 가지 흔쾌한 소식을 전한다. 그동안 연구소에서 대들보와 같은 역할을 하며 갖은 수고를 마다하지 않던 최영주 선생이 선문대 교수로 부임하게 되었다. 한마음으로 기뻐하며, 학문의 장도에 빛나는 연구자로서 길이 남기를 소망해 마지않는다. 즐겁기 한량없다. 재삼 축하드린다.

2023. 8.

변동명